Harald Rüggeberg

Marketing für Unternehmensgründer

Von der ersten Geschäftsidee
zum Wachstumsunternehmen

GABLER

Bibliografische Information Der Deutschen Bibliothek
Die Deutsche Bibliothek verzeichnet diese Publikation in der Deutschen Nationalbibliografie;
detaillierte bibliografische Daten sind im Internet über <http://dnb.ddb.de> abrufbar.

Prof. Dr. Harald Rüggeberg ist Inhaber der Professur für Marketing an der Fachhochschule für
Wirtschaft Berlin.

1. Auflage Oktober 2003

Alle Rechte vorbehalten

© Springer Fachmedien Wiesbaden 2003
Ursprünglich erschienen bei Betriebswirtschaftlicher Verlag Dr . Th. Gabler/GWV Fachverlage GmbH,
Wiesbaden 2003.

Lektorat: Barbara Roscher / Renate Schilling

www.gabler.de

Umschlaggestaltung: Ulrike Weigel, www.CorporateDesignGroup.de

Gedruckt auf säurefreiem und chlorfrei gebleichtem Papier

ISBN 978-3-409-12409-6   ISBN 978-3-322-91014-1(eBook)
DOI 10.1007/978-3-322-91014-1

Harald Rüggeberg

Marketing für Unternehmensgründer

Vorwort

Dieses Buch ist das Ergebnis einer Vielzahl von Veranstaltungen zum Marketing von Unternehmensgründungen sowie kleinen und mittleren Unternehmen (KMU), die ich seit 1990 in Hochschule und Unternehmenspraxis gehalten habe. In dieser Zeit ist durch zahlreiche Gespräche mit angehenden Gründern die Erkenntnis gereift, dass die meisten Standardwerke des Marketing nur bedingt für Unternehmensgründer von Nutzen sind. Der Hauptgrund hierfür besteht in der fehlenden Berücksichtigung des Gründungsprozesses sowie der spezifischen Ausgangssituation eines Gründers. Wenn man über nicht mehr Ressourcen als die eigene Arbeitskraft verfügt und gleichzeitig nicht genau weiß, ob die noch grobe Vorstellung der eigenen Geschäftsidee erfolgreich umsetzbar ist, dann benötigt man einen Leitfaden, mit dem das Gründungsprojekt auf seine Erfolgschancen am Markt überprüft und anschließend aus der Marketingperspektive konsequent umgesetzt werden kann.

Deswegen bestand das Ziel dieses Buches in der Erstellung eines Leitfadens für das Gründungsmarketing, der die marketingrelevanten Entscheidungen im Gründungsprozess darstellt und einfache, für Gründer praktikable Methoden anbietet, mit denen diese Entscheidungsprobleme in einer für die Gründungspraxis ausreichenden Ergebnisqualität gelöst werden können.

Für wen wurde dieses Buch geschrieben? Die größte Zielgruppe sind angehende Gründer, die einen praktisch anwendbaren und theoretisch fundierten Wegweiser durch das Marketing suchen.

Darüber hinaus gehören Studierende des in Deutschland stark an Bedeutung gewinnenden Faches Entrepreneurship an Universitäten und Fachhochschulen zur Zielgruppe, die mehr über die Marketingperspektive einer Unternehmensgründung erfahren möchten.

Schließlich eignet sich das Buch auch für Berater in öffentlichen und privaten Organisationen, die in ihrer täglichen Praxis mit marketingrelevanten Fragestellungen von Gründern und Unternehmern aus kleinen und mittleren Unternehmen zu tun haben. Sie erhalten Hinweise für die konsistente Entwicklung einer Marketingkonzeption in für KMU angepasster Form.

Das Buch ist so konzipiert, dass es im ersten Teil einen Überblick über das Marketingkonzept und die besonderen Aufgaben des Gründungsmarketing gibt. Anschließend werden die spezifischen Marketingprobleme in den Phasen des Gründungsprozesses dargestellt und Methoden zu ihrer Lösung erklärt. Es wurde darauf geachtet, möglichst viel an Fallbeispielen zu erklären, um die Umsetzung in die Unternehmenspraxis möglichst einfach zu machen. Dabei finden sowohl männliche als auch weibliche Bezeichnungen („der Gründer", „die Existenzgründerin") im Sinne einer geschlechtsneutralen Darstellung Anwendung.

Ohne die Einflüsse einer Vielzahl von Menschen wäre dieses Buch nicht entstanden. Allen Unternehmensgründern, die ich im Verlauf des letzten Jahrzehnts kennen gelernt habe, allen Studierenden des Faches „Gründungsmarketing" im Studiengang Wirtschaft und allen Teilnehmern des Master of Business Administration (MBA)-Programms "Entrepreneurial Management" an der Fachhochschule für Wirtschaft in Berlin sei auf diesem Weg für ihre Anregungen, kritischen Beiträge und Fallschilderungen gedankt. Besondere Unterstützung habe ich durch viele konstruktive Diskussionen mit Prof. Dr. Sven Ripsas erfahren, dessen Ansichten zur Erweiterung der Perspektive dieses Buches maßgeblich beigetragen haben. Bei Frau Renate Schilling vom Gabler-Verlag bedanke ich mich für die vielen konstruktiven Hinweise bei der Gestaltung des Buches.

Wenn es überhaupt eine Lehre aus den Erlebnissen mit angehenden und tatsächlichen Unternehmensgründern in Forschung, Aus- und Weiterbildung der vergangenen Jahre gibt, dann den Satz Einsteins:

Phantasie ist wichtiger als Wissen!

Deshalb wäre der Zweck dieses Buches erreicht, wenn es Gründern helfen würde, „unmögliche Geschäftsideen" am Markt durchzusetzen.

Harald Rüggeberg

Inhaltsverzeichnis

1. Überblick über das Gründungsmarketing

1.1 Warum braucht ein Unternehmensgründer Marketingkenntnisse?

Marketing ist ein Erfolgsfaktor für Unternehmensgründungen. Unternehmen werden von einer Vielzahl von Menschen unterschiedlichster Fachrichtungen und Ausbildungsstufen gegründet. Auch wenn sich der Marketinggedanke in den letzten 25 Jahren in Deutschland in der Ausbildung von Studenten des Faches Betriebswirtschaft an Universitäten und Fachhochschulen etabliert hat, so kann man das außerhalb dieses Bereiches und in der Gründungspraxis bei weitem nicht sagen. Das gilt, obwohl die Bedeutung des Marketing für den Erfolg von Unternehmensgründungen seit längerem empirisch nachgewiesen wurde (vgl. Roberts 1991, Rüggeberg 1997) und auch immer wieder vereinzelt darauf hingewiesen wird (z.B. Dowling 2002 S. 21). Leider wird der Disziplin Marketing - zieht man als Indikator die Anzahl der Veröffentlichungen zum Thema heran - im Vergleich zu Fragen der Finanzierung und der Gründerpersönlichkeit in Deutschland (noch) nicht die Bedeutung zugemessen, die sie für den betriebswirtschaftlichen Gründungserfolg tatsächlich hat. Inzwischen findet sich jedoch in jedem umfangreicheren Werk zum Gründungsmanagement zumindest ein kurzer Beitrag zum Marketing.

Marketingfehler werden häufig erst mit Verzögerung sichtbar und sind dann schwer korrigierbar. Fehlende Marktorientierung ist bei Großunternehmen ressourcenvernichtend, wenn man an die Flopraten von Neuprodukten großer Unternehmen von durchschnittlich 25-45% denkt (Cooper 2002, S. 11). Bei Unternehmensgründern wird jedoch nicht nur (geliehenes) Geld "verbrannt", sondern vor allem die Existenz der Gründer nachhaltig in Gefahr gebracht, die nach einer misslungenen Unternehmensgründung oftmals mehrere Jahre am Existenzminimum leben. Auch die **Ursache von Finanzierungsproblemen** junger Unternehmen liegt häufig im mangelnden Verständnis von Märkten. Wenn Umsatzprognosen erheblich verfehlt werden, heißt es dann: „Man hatte sich die Anfangsphase niemals so schwierig vorgestellt... ".

Zu beachten ist ferner, dass Bankkredite, Venture Capital und eine Vielzahl von Fördermitteln der öffentlichen Hand das Leben einer nicht am Markt ausgerichteten Geschäftsidee bestenfalls verlängern können. Die Erfahrung mit Start-Ups z.B. am ehemaligen Neuen Markt zeigt, dass häufig ausgefeiltere, besser an den Markt angepasste Geschäftsideen, die die Ansatzpunkte für eine erfolgreiche Vermarktung klar identifiziert haben, langfristig erfolgreicher sind als technologieorientierte, mit großen Finanzmitteln ausgestattete Gründungsprojekte ohne exzellentes Marktverständnis.

Jedes Unternehmen macht Marketing. Der Unterschied zwischen dem Marketing eines großen, etablierten Unternehmens und dem Gründungsmarketing besteht im wesentlichen darin, dass im Gründungsfall meist mit minimalem Aufwand und durch wenige oftmals nicht im Marketing ausgebildete Schlüsselpersonen eine den Anforderungen des Marktes entsprechende Marketingkonzeption zu entwickeln ist. Das setzt exzellente Kenntnisse der für diesen Spezialfall anwendbaren Methoden voraus.

Marketing ist nicht Werbung. Gerade in technischen und sozialwissenschaftlichen Fachrichtungen wird Marketing immer noch mit Werbung, Verkauf oder im weiteren Sinne Kommunikation verbunden und gilt als eher "anrüchig". Auch heute hört man leider noch immer an den Gründer-Stammtischen die Auffassung junger Unternehmer, dass Produkte nur gut genug sein müssten - dann würde sie sich schon verkaufen. Ist das dann nicht der Fall, versteht der Kunde das Produkt nicht und die "Werbung war schlecht"?!

So verfolgt dieses Buch das Ziel, gründungsrelevantes Marketingwissen so einfach wie möglich und dabei so präzise wie nötig aufzubereiten und für den Gründungsprozess handhabbar zu machen. Ausgangspunkt hierfür ist der dem Buch zugrundeliegende Marketingbegriff.

1.2 Das Marketing-Konzept

1.2.1 Der Marketingbegriff

Marketing bedeutet marktorientierte Unternehmensführung und verfolgt als wesentliche Grundgedanken,

- das Unternehmen mit allen seinen Mitarbeitern auf die Erfüllung der Kundenwünsche auszurichten,

- es in der Vorstellungswelt seiner Kunden als die beste erhältliche Alternative zu positionieren und

- möglichst einzigartige Vorteile gegenüber dem Wettbewerb zu entwickeln,

- die die Grundlage für eine dauerhafte Gewinnerzielung bilden (s. auch Becker 2001, S. 3; Kotler / Bliemel 2001, S. 12ff.).

Marketing sollte einen festen Platz im Denken und Handeln der Führungskräfte eines Unternehmens haben. Deshalb braucht ein Unternehmen auch nicht unbedingt eine Marketingabteilung, wenn es diese Überlegung verinnerlicht hat. Schon von Vance Packard, dem Gründer von Hewlett & Packard (HP), stammt der Satz: "Marketing ist zu schade, um es der Marketingabteilung zu überlassen". Ein Unternehmen kann hoch marketingorientiert sein, ohne das Türschild "Marketing" ein einziges Mal aufgehängt zu haben.

Für Gründer ist es erforderlich, die Grundgedanken des Marketing zu verstehen, um sie von Beginn an in das tägliche Handeln einfließen zu lassen. Deshalb besteht eine wesentliche Aufgabe der Führungskräfte eines jungen Unternehmens darin, diese Grundgedanken permanent zu kommunizieren und vor allem durch das eigene Verhalten nach außen **und** innen zu demonstrieren. Versäumnisse an dieser Stelle lassen sich später nur sehr schwierig korrigieren, da einmal verfestigte Einstellungen nur schwierig änderbar sind. Das gilt für Menschen allgemein, bei Kunden und Mitarbeitern ist diesem Punkt aufgrund des hohen Einflusses auf den Unternehmenserfolg besondere Bedeutung beizumessen.

Für den Aufbau eines neuen Unternehmens sollten diese Grundgedanken in auf die Geschäftsidee bezogene Fragen umformuliert werden:

- Welches **Kundenbedürfnis** wird durch die Geschäftsidee erfüllt?
- Welchen **Kundennutzen** bietet die Geschäftsidee?
- Wie **verhalten** sich die verschiedenen am Markt der Geschäftsidee agierenden Menschen bisher und wie werden sie sich in Zukunft verhalten?
- Welche **Wettbewerbsvorteile** bietet die Geschäftsidee für die potentiellen Kunden?
- Wie verhalten sich die Menschen des jeweiligen Marktes, wenn sie sich zwischen der Geschäftsidee und einem Alternativangebot von Wettbewerbern **entscheiden** müssen und was sind die Gründe für dieses Verhalten?
- Wie kann der Entscheidungsprozeß der an der Geschäftsidee interessierten Menschen zugunsten des eigenen Angebots **beeinflusst** werden?

Zusammengefasst besteht der **Zweck des Marketing** darin, Menschen ein für sie passendes Angebot zu machen und alles zu tun, diese Menschen anschließend für das eigene Angebot zu gewinnen. Deshalb bestehen die Hauptaufgaben eines Marketing für Unternehmensgründungen in

- der **Entwicklung eines Geschäftskonzeptes**, das die Bedürfnisse der potentiellen Kunden **mit möglichst hohem Kundennutzen** befriedigt, so dass das zugrundeliegende Angebot mit einem vom Markt akzeptierten Preis- / Leistungs-Verhältnis verkauft werden kann und
- im möglichst schnellen **Aufbau eines** unverwechselbaren und positiv mit der zu treffenden Kaufentscheidung verbundenen Vorstellungsbildes (**Images**) des Unternehmens und seiner Leistungsangebote in der Wahrnehmungswelt der Zielkunden.

Dieses Wahrnehmungsbild ist die Grundlage für die Entstehung von **Kundenvertrauen**, dem größten Engpass für den Erstkauf eines Leistungsangebotes von einem jungen und unbekannten Unternehmen. U.a. deshalb bestimmt nicht die objektiv erbrachte Leistung, sondern die **Wahrnehmung der erbrachten Leistungen durch den Kunden** den Markterfolg. Dieser Markterfolg drückt sich dann in einer erreichten Marktposition aus und lässt sich auf vielfältige Weise (z.B. ökonomisch durch Absatz, Umsatz und Marktanteil oder psychografisch durch Bekanntheitsgrad, Imageposition oder Kundenzufriedenheit) bestimmen.

1.2.2 Gründungsmarketing

Gründungsmarketing ist durch folgende **Rahmenbedingungen** charakterisiert:

Das gegründete **Unternehmen** ist in den meisten Fällen den potentiellen Zielkunden **unbekannt**. Es gibt vereinzelt persönliche Beziehungen zwischen Gründern und potentiellen Kunden. Im **schwierigsten Fall** ist nicht nur das Unternehmen den Zielkunden unbekannt, sondern auch das **Leistungsangebot unterscheidet** sich bei innovativen Unternehmensgründungen **erheblich** von bisher im Markt existierenden Lösungen.

Daraus folgt, dass Gründungsmarketing eine **besondere Form des Innovationsmarketing** ist, da zumindest das Unternehmen den meisten Zielkunden neu ist und ggf. sogar die Leistungsangebote einen hohen Innovationsgrad für den Kunden aufweisen können.

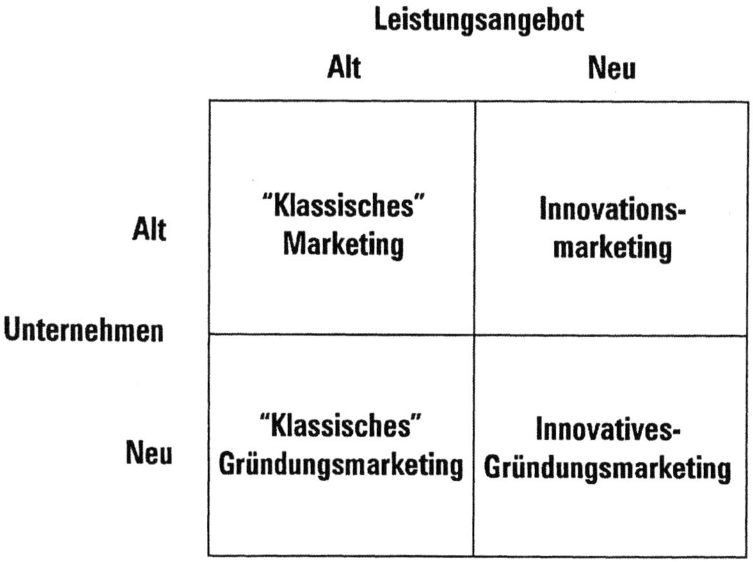

Leistungsangebot

	Alt	**Neu**
Unternehmen Alt	"Klassisches" Marketing	Innovations-marketing
Unternehmen Neu	"Klassisches" Gründungsmarketing	Innovatives-Gründungsmarketing

Abb. 1-1: Einordnung des Gründungsmarketing

Ein etabliertes Unternehmen betreibt „klassisches" Marketing, wenn es seine vorhandene Produktlinie vermarktet. Entwickelt und vertreibt es neue Leistungsangebote betreibt es

Innovationsmarketing. Eine Unternehmensgründung ist per se ein neues Unternehmen und kann einerseits imitativ gründen, indem z.b. bekannte Produkte und Dienstleistungen in einem Handelsunternehmen verkauft werden („Klassisches" Gründungsmarketing). Hier ist nur die Neuartigkeit des Unternehmens dem Kunden zu vermitteln. Im innovativen Gründungsmarketing ist dagegen nicht nur das Unternehmen für den Kunden neu, sondern auch beim Leistungsangebot handelt es sich um eine Innovation. Dieses ist der schwierigste Fall, mit dem häufig technologieorientierte Unternehmensgründungen zu tun haben, die neuartige Technologien in z.T. erst entstehenden Märkten verkaufen wollen.

Darüber hinaus wird Marketing in Unternehmensgründungen nur von sehr **wenigen Personen** mitunter unter Zuhilfenahme externer Spezialisten (z.B. Kreative für Werbegestaltung) durchgeführt. Eine Marketingabteilung und ein etabliertes Netzwerk an Marketing-Dienstleistern existiert nur in äußerst seltenen Fällen. Weiterhin liegt das zur Verfügung stehende **Marketingbudget** meist **an der unteren Grenze** dessen, was von etablierten Unternehmen eingesetzt wird.

Aus diesen besonderen marketingspezifischen Rahmenbedingungen einer Unternehmensgründung ergeben sich verschiedene Anforderungen an das Gründungsmarketing:

Marketing in Unternehmensgründungen muss **auf das Wesentliche konzentriert und exzellent organisiert** sein, da Fehlschläge viel weniger als in etablierten Unternehmen kompensiert werden können.

Marketing in Unternehmensgründungen muss **hoch effizient** sein, so dass eine Vergeudung von Arbeitskraft, **dem** Engpass für Unternehmensgründer, vermieden wird, wenn mitunter nur eine Person mit der Umsetzung des Gründungsmarketing befasst ist.

Marketing in Unternehmensgründungen muss **besonders schnell** sein, da am Markt vorhandene Nischen mitunter nur für kurze Zeit vom Wettbewerb unentdeckt bleiben.

Das bedeutet, dass die Personen, die das Marketing einer Unternehmensgründung steuern, dieses viel besser beherrschen müssten als Marketing-Mitarbeiter in etablierten Unternehmen, da sie im schwierigsten Fall innovatives Gründungsmarketing mit sehr geringen Mitteln realisieren müssen. Erschwerend kommt hinzu, dass die erforderliche Infrastruktur zur Marketingumsetzung (u.a. Vertrieb, Beziehung zu Marketing-Dienstleistern) während dieses Umsetzungsprozesses zusätzlich aufzubauen ist.

1.2.3 Wichtige Marketingdisziplinen

Abhängig davon, ob sich ein junges Unternehmen am Markt als Händler, Dienstleister oder Produzent betätigt, benötigt es über das Gründungsmarketing hinaus zusätzliches Wissen einzelner Marketingdisziplinen.

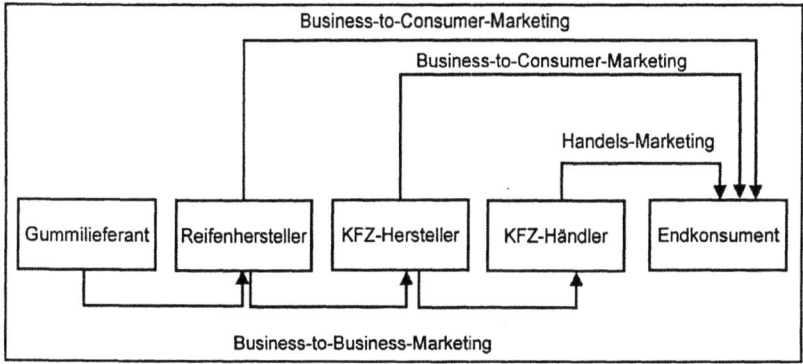

Abb. 1-2: Marketingdisziplinen in einer Wertschöpfungskette

Ist die Geschäftsidee vor allem für Organisationen von Bedeutung, die damit wieder die Bedürfnisse ihrer Kunden erfüllen, befindet sich der Gründer im Bereich des **Business-to-Business-Marketing** (hierzu besonders Backhaus 1999, Godefroid 2000, Pepels 1999). Sind eher Endkonsumenten die Käufer der Geschäftsidee, dann handelt es sich um eine Vermarktung im **Business-to-Consumer-Bereich** (hierzu besonders Becker 2001, Kotler / Bliemel 2001). Diese Differenzierung ist insofern von Bedeutung, da zwischen dem Marketing gegenüber Organisationen und dem bei Endkonsumenten große Unterschiede bestehen. Darüber hinaus kann für Gründer, die die Gründung eines Handelsgeschäftes planen, das **Handelsmarketing** von Nutzen sein, das vielfältige Hinweise für das Agieren als Zwischenhändler speziell gegenüber Endkonsumenten gibt (hierzu vgl. Haller 2001, Berekoven 1995). Da nicht alle Unterschiede zwischen diesen Marketingdisziplinen in vollem Umfang beschrieben werden können, wird in den entsprechenden Kapiteln auf die jeweilige Spezialliteratur verwiesen.

1.2.4   Der Marketingprozess

Ausgangspunkt des Marketingprozesses ist die Philosophie einer marktorientierten Unternehmensführung, die als Denkhaltung dem Prozess zugrunde liegt.

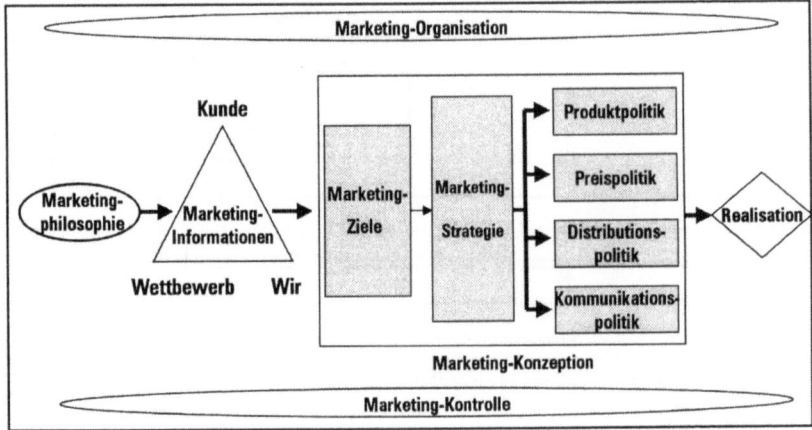

Abb. 1-3: Der Marketingprozess

Mit dieser Denkweise wird die zukünftige Eintrittsbranche des neuen Unternehmens schwerpunktmäßig in Bezug auf Kunden und Wettbewerber unter Berücksichtigung der zur Verfügung stehenden Ressourcen des eigenen Unternehmens (Wir) analysiert. Das Ergebnis ist eine Informationsgrundlage, die es ermöglicht, die Entwicklung der Eintrittsbranche zu prognostizieren und die Position für die eigene Geschäftsidee in der Branche zu bestimmen. Anschließend kann dann systematisch eine sogenannte Marketingkonzeption erarbeitet werden. Diese besteht aus Marketingzielen, einer Marketingstrategie und einer Umsetzungsplanung. Die Umsetzungsplanung bezeichnet man als

Marketing-Mix mit den Elementen Produkt-, Preis-, Distributions- und Kommunikationspolitik. Im Anschluss an den Markteintritt erfolgt die Realisierung dieser Konzeption. Um Anhaltspunkte über den Erfolg der Umsetzung zu erreichen, ist in regelmäßigen Abständen die Erreichung der Marketingziele (z.b. ein bestimmter Umsatz mit einem Leistungsangebot, das Ergebnis von Akquisitionsmaßnahmen) zu kontrollieren. Parallel ist eine mehr oder minder umfangreiche Marketingorganisation im Unternehmen aufzubauen. Kernproblem vieler Gründungen ist die Tatsache, dass den vielfältigen Aufgaben eines Gründungsmarketing keine entsprechende Organisation gegenübersteht, so dass in der Praxis im schwierigsten Fall der Gründer alleine den gesamten Marketingprozess ohne Unterstützung durchlaufen muss. Aufgrund dieser Ressourcenmängel kommt es darauf an, dass nur die unbedingt notwendigen Teilaufgaben dieses Prozesses im Gründungsverlauf mit möglichst hohen Synergien zueinander durchgeführt werden, um das Gründungsmarketing möglichst effizient zu realisieren.

1.3 Marketingaufgaben im Gründungsprozess

1.3.1 Der Gründungsprozess

In Anlehnung an Zacharias (2001, S. 38) wird der Gründungsprozess in eine Ideenentwicklungsphase, die Phase der Gründungsplanung und -durchführung, eine Frühentwicklungs- und eine Wachstumsphase unterteilt.

In der **Ideenentwicklungsphase,** die auch als Vorgründungsphase bezeichnet wird, entsteht aus einer vorläufigen Geschäftsidee durch Zusammenstellung vielfältigster Informationen ein mehr oder minder ausgefeiltes Geschäftskonzept. Dieses Geschäftskonzept bezeichnet man neuerdings auch als sogenanntes Geschäftsmodell (zum Begriff ausführlich Stähler 2001).

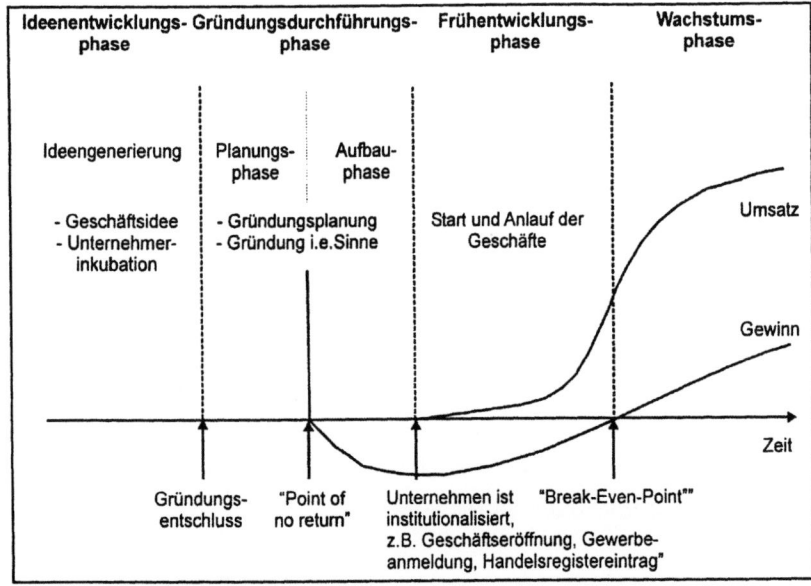

Abb. 1-4: Phasenmodell der Unternehmensentwicklung (Zacharias 2001, S. 38)

Die Übergänge zur folgenden **Gründungsdurchführungsphase** sind fließend, jedoch markiert der Markteintritt das Ende einer Zeitspanne, in der vor allem die Planung aller Realisierungsschritte im Vordergrund der Aktivitäten des Gründers steht und schließlich der Gründungsentschluss gefasst wird. Ob in dieser Zeit ein schriftlich niedergelegter Geschäftsplan entsteht, hängt vor allem davon ab, in wieweit dem Gründer externe Kapitalgeber (Banken, Venture Capital Gesellschaften, Förderinstitutionen, ggf. Business Angel) Geld zur Verfügung stellen sollen. Meist ist für eine derartige Unterstützung ein detaillierter Geschäftsplan erforderlich, um diese Finanzierungsquellen für das Gründungsvorhaben zu gewinnen. Wenn die Gründung mit vergleichsweise geringem Risiko behaftet ist und die Anlaufkosten mit Eigenmitteln des Gründers oder auf anderem Wege erbracht werden können, kann es durchaus sein, dass eine detaillierte Geschäftsplanung unterbleibt. Allerdings bedeutet das nur, dass die schriftliche Niederlegung des Geschäftsvorhabens in einem Business Plan fehlt (zur Erstellung eines Geschäfts- oder Businessplan, vgl. Struck 2001). Eine genaue Vorstellung von der Vorgehensweise im weiteren Verlauf des Gründungsvorhabens und vor allem der Markterschließung sollte zumindest gedanklich vorhanden sein.

Am Ende dieser Phase steht der Eintritt in den jeweiligen Zielmarkt, womit die Neugründung als Marktteilnehmer von anderen Unternehmen erstmalig wahrgenommen werden kann. Damit beginnt die sogenannte **Frühentwicklungsphase**, in der normalerweise das junge Unternehmen die ersten Aufträge akquiriert und erste betriebswirtschaftliche Erfolge aufweisen kann. Bei gelungenen Marketingbemühungen ist damit oft ein rasantes Auftragswachstum verbunden, das mitunter die vorhandenen Abwicklungskapazitäten überschreiten kann und Anpassungsmaßnahmen erforderlich macht.

Mit dem Erreichen der Gewinnschwelle (Break-Even-Point) hat sich das neu gegründete Unternehmen etabliert. In der folgenden **Wachstumsphase** geht es um eine kontrollierte Expansion auf ein den Zielvorstellungen der Gründer entsprechendes Niveau. Je nach angestrebter Expansionsgeschwindigkeit treten sehr unterschiedliche interne wie externe Herausforderungen auf. Im folgenden Abschnitt werden die wesentlichen in diesen vier Phasen auftretenden Marketingaufgaben beschrieben.

1.3.2 Marketingaufgaben in den Phasen des Gründungsprozesses

In den verschiedenen Phasen des Gründungsprozesses sind ganz unterschiedliche Aufgaben von den Gründern zu bearbeiten, die in einem „klassischen" Unternehmen von Mitarbeitern aus dem Marketing zu erledigen wären.

1.3.2.1 Marketingaufgaben in der Ideenentwicklungsphase

In der Ideenentwicklungsphase geht es um die **Ausformulierung einer Geschäftsidee** zu einem marktreifen Geschäftskonzept. Dazu ist es erforderlich, sich ein **Bild von der Eintrittsbranche**, den vorhandenen Wettbewerbern mit ihren Alternativlösungen und dem eigentlichen **Zielmarkt** mit seinem **Marktpotential** zu machen. Im Idealfall hat man die Möglichkeit, die Reaktion der Zielkunden auf das vom Gründungsunternehmen

angebotene Leistungsangebot zu testen. Dadurch erhält man genauere Informationen ü-
ber vermeintliche Widerstände der Zielgruppe gegen das eigene Angebot bzw. oftmals
auch neue Ideen für eine optimale Anpassung des Angebots an deren Bedürfnisse. Darüber hinaus ist es erforderlich, in dieser Phase erste **Kontakte zu potentiellen Ge-
schäftspartnern** (z.B. Lieferanten, Vertriebspartner) zu knüpfen und deren Reaktion in
Bezug auf eine Unterstützung des Gründungsvorhabens einzuholen. Die Verfügbarkeit
eines **Netzwerkes strategischer Partner** zur Umsetzung der eigenen Geschäftsaktivitäten verändert meistens das Geschäftskonzept des jungen Unternehmens erheblich. Ergebnis dieses Informationsprozesses ist eine klare Formulierung des der Zielgruppe angebotenen Kundennutzens und der Vorteilhaftigkeit des eigenen Angebotes gegenüber
dem Wettbewerb sowie eine Konzeption der wesentlichen Prozessabläufe des jungen
Unternehmens in einem sogenannten **Geschäftsmodell**. Erfahrungsgemäß entsteht dadurch meist eine genaue Vorstellung, wie das Leistungsangebot des jungen Unternehmens den Zielkunden präsentiert werden muss, um auch gegenüber dem Wettbewerb Erfolg zu haben. Mindestens genauso oft erkennt der Gründer jedoch bei dieser
Konfrontation mit der Realität des Marktes erheblichen **Veränderungsbedarf** an der
Geschäftsidee bzw. im Extremfall auch die Undurchführbarkeit seines Vorhabens. Diese
für den Gründer negative Erfahrung ist jedoch einem Flop mit dann meist erheblichen
finanziellen Nachteilen in jedem Fall vorzuziehen. Es gibt Gründer, die bis zu 15 Jahre
an einer Idee „gefeilt" haben, bevor diese nach ihrer Überzeugung marktreif war. Nicht
umsonst gilt das in Gründerkreisen geflügelte Wort: „Nichts ist erfolgreicher als eine I-
dee, deren Zeit gekommen ist". Nachfolgend sind die wesentlichen Aufgaben eines
Gründungsmarketing in der Ideenentwicklungsphase zusammengefasst:

Marketingaufgaben in der Ideenentwicklungsphase
– Einarbeitung in die Eintrittsbranche (Branchenanalyse),
– Analyse von Leistungsangeboten und Unternehmen des Wettbewerbs (Konkurrenzanalyse),
– Analyse des Entrittsmarktes mit seinem Marktpotential und Abschätzung der Größe der Marktnische (Eintrittsmarktanalyse),
– Analyse des Verhaltens von Kunden auf das eigene Leistungsangebot (Akzeptanztest) und möglicher Kooperationspartner (z.B. im Vertrieb),
– Formulierung von Kundennutzen und Wettbewerbsvorteilen des eigenen Leistungsangebotes als Kern eines Geschäftsmodells.

Abb. 1-5: Marketingaufgaben in der Ideenentwicklungsphase

1.3.2.2 Marketingaufgaben in der Gründungsdurchführungsphase

In der anschließenden Gründungsdurchführungsphase gilt es, einen Marketingplan für die Einführung des Leistungsangebotes auf dem Eintrittsmarkt zu formulieren.

Ausgangspunkt ist die Entwicklung von **Absatz- und Positionierungszielen**. Unter einer Positionierung versteht man die Anordnung eines Leistungsangebotes in einem Eigenschaftsraum (Becker 2001, S. 242). Dieser wird anhand der für die Zielkunden wichtigsten zwei oder drei Kaufentscheidungskriterien des Leistungsangebotes gebildet. Beispielsweise kann sich ein Unternehmen als besonders preisgünstig oder im Gegensatz dazu als besonders serviceorientiert und exklusiv positionieren. Auf diesen Zielen aufbauend kann eine **Marketingstrategie** konzipiert werden, die...

- den Umfang des Leistungsangebotes der Neugründung für den Zielmarkt festlegt,
- die angestrebte Positionierung von Leistungsangebot und Unternehmen im Zielmarkt beschreibt,
- die möglicherweise unterschiedlichen Zielgruppen des Zielmarktes klar definiert,
- den Expansionspfad des Unternehmens, z.B. in Bezug auf internationale Aktivitäten, formuliert und
- den optimalen Markteintrittszeitpunkt bestimmt.

Zur Konkretisierung der Marketingstrategie ist es in dieser Phase erforderlich, eine Umsetzungsplanung zu formulieren, die auch als Marketing-Mix bezeichnet wird. Damit wird die genaue Vorgehensweise beim Markteintritt formuliert, so dass mit Hilfe dieses Plans die Marketing-Aktionen zum Verkauf des Leistungsangebotes realisiert werden können.

Um die Ergebnisse der Realisierung des Marketing-Mix verfolgen zu können, ist es schon zu diesem Zeitpunkt sinnvoll, erste Bausteine eines Marketing-Controlling-Systems aufzubauen. Kern eines solchen Systems ist eine **Kundendatenbank,** in der wesentliche Informationen über die wichtigsten Abnehmer gespeichert werden. Darüber hinaus sind einige wenige **Zielgrößen** zu definieren, anhand derer sich der Erfolg des Marketing in der Eintrittsbranche ablesen lässt. Anhand der regelmäßigen Auswertung dieser Zielgrößen können die Ergebnisse der Marketingaktivitäten erfasst und bewertet werden. Die wichtigen Marketingaufgaben in dieser Phase sind:

Marketingaufgaben in der Gründungsdurchführungsphase
– Entwicklung konkreter Marketingziele,
– Entwicklung einer Marketingstrategie mit Festlegung des Leistungsangebotsumfanges, Ausformulierung der Positionierung von Leistungsangebot und Unternehmen, Festlegung der Kundenzielgruppen für die Marktbearbeitung, Beschreibung des (ggf. internationalen) Expansionspfades und des optimalen Markteintrittszeitpunktes,
– Entwicklung eines Realisierungsplans für die Marketing-Mix-Instrumente (Produkt, Preis, Distribution und Kommunikation),
– Entwicklung erster Bausteine eines operativen Marketing-Controlling.

Abb. 1-6: Marketingaufgaben in der Gründungsdurchführungsphase

1.3.2.3 Marketingaufgaben in der Frühentwicklungsphase

In der Frühentwicklungsphase steht die Realisierung des Markteintrittes mit der Umsetzung des Marketing-Mix im Vordergrund. Es geht vor allem um den **Aufbau von Geschäftsbeziehungen** zu den potentiellen Abnehmern (**Relationship-Marketing**). Dabei liegt der Schwerpunkt auf den **Akquisitionsaktivitäten,** da den Zielkunden in dieser

Phase das neue Unternehmen mit seinem Leistungsangebot bekannt gemacht und der wesentliche Kundennutzen mit seinen Wettbewerbsvorteilen vermittelt werden muss. Die klare Kommunikation des „Mehrwertes" des Angebotes ist und die Gewinnung des Kundenvertrauens sind entscheidend, um die Vorbehalte gegen den neuen Marktteilnehmer bei den Zielkunden auszuräumen.

Für die Absicherung des erzielten Akquisitionserfolges ist es erforderlich, sich schon zu diesem Zeitpunkt Gedanken über ein Konzept zur **Bindung der gewonnenen Kunden** für die jeweilige Branche zu machen. Grundlage eines solchen Systems ist die Entwicklung einer Kundenklassifikation in A-, B- und C-Kunden anhand erfolgsrelevanter Merkmale. Auf dieser Grundlage kann dann z.B. gezielte Akquisition in Bezug auf besonders erfolgversprechende A-Kunden vorgenommen werden. Wesentlicher Bestandteil ist dabei ein funktionierendes Beschwerdemanagement, da zur Unzufriedenheit der Kunden verlaufende Reklamationsprozesse das Image eines jungen Unternehmens mitunter schon in der Anfangsphase schwer beschädigen können.

Nun sind auch erste Schritte für den Aufbau eines **marktbezogenen Früherkennungssystems** zu leisten. Bei geschäftsbedrohenden Entwicklungen sind möglichst schnell die Ursachen für die positive bzw. negative Entwicklung zu analysieren, um geeignete Gegenmaßnahmen ergreifen zu können. Die wesentlichen Marketingaufgaben der Frühentwicklungsphase sind nachfolgend zusammengefasst.

Marketingaufgaben in der Frühentwicklungsphase
– Umsetzung des Marketingplanes unter Berücksichtigung der vorhandenen Ressourcen mit dem Schwerpunkt Aufbau von Geschäftsbeziehungen durch Relationship-Marketing,
– Entwicklung eines Kundenbindungskonzeptes mit Kundenklassifikation und Beschwerdemanagement,
– Aufbau eines marktbezogenen strategischen Früherkennungssystems zur Identifikation von geschäftsbedrohenden Risiken oder zur Nutzung von Chancenpotentialen.

Abb. 1-7: Marketingaufgaben in der Frühentwicklungsphase

1.3.2.4 Marketingaufgaben in der Wachstumsphase

In der Wachstumsphase hat sich das junge Unternehmen innerbetrieblich stabilisiert und marktbezogen etabliert. Nun ist ein substantieller Wachstumsprozess einzuleiten, der eine **Verstärkung von Vertrieb und Service** zur weiteren Durchdringung der bearbeiteten Märkte erforderlich macht. Dazu gehört der Aufbau eines breiten **Partnernetzwerkes** für ein ggf. internationales Distributionssystem und die Nutzung zusätzlicher Absatzkanäle. Weiterhin ist ggf. das Marketing- und Vertriebspersonal aufzustocken, um einen nachhaltigen Vertriebsaufbau zu realisieren.

Weitere Aufgabe ist die **Einführung neuer Produkte und Dienstleistungen.** Dieses spielt nicht nur in technologieorientierten Unternehmensgründungen eine Rolle, wo die entwickelte Produktgeneration mitunter schon nach ein bis zwei Jahren hoffnungslos veraltet ist, sondern auch überall dort, wo kurzfristige Trends die Nachfrage bestimmen. Damit verbunden ist die Frage der Standardisierung des Leistungsangebotes und die Erzielung von Effizienzvorteilen, um ggf. Massenmärkte zu erschließen.

Weiterhin ist über die **Standardisierung kunden- und wettbewerbsbezogener Unternehmensprozesse** zu entscheiden. Das bedeutet, dass Routinen (z.B. zur Ermittlung von Kundenzufriedenheit) zu entwickeln sind, da eine breite Kundenbasis (speziell in Massenmärkten) nicht mehr durch die Führungskräfte betreut werden kann.

Marketingaufgaben in der Wachstumsphase
– Aufbau neuer Vertriebskanäle und Erweiterung des Servicenetzwerkes,
– Verstärkung der Marketing- und Vertriebsmannschaft,
– (Internationale) Erweiterung des Vertriebs (z.B. um Distributionspartner),
– Einführung neuer Leistungsangebote,
– Standardisierung von Feedbackprozessen (z.B. Kundenzufriedenheitsmessungen, Markt- und Wettbewerbsforschung).

Abb. 1-8: Marketingaufgaben in der Wachstumsphase

Da es sich in der Wachstumsphase schon um ein etabliertes Unternehmen handelt, wird nachfolgend vor allem auf die ersten drei Phasen Bezug genommen wird.

2. Marketing in der Ideenentwicklungsphase

2.1 Formulierung der Geschäftsidee

Notwendige Voraussetzung für das Gründungsmarketing ist das Vorliegen einer Geschäftsidee. Ohne diese Geschäftsidee kann das Instrumentarium des Gründungsmarketing nicht sinnvoll angewendet werden. Nach Erfahrung des Autors passiert fast keine Geschäftsidee unverändert die nachfolgend beschriebenen Analyseschritte im Prozess des Gründungsmarketing. Deswegen ist die erste Formulierung der Geschäftsidee durch den Gründer als Beginn eines Entwicklungsprozesses anzusehen, in dem die zugrundeliegende Idee zur Marktreife entwickelt wird, um sie später in Form eines ausgereiften Geschäftskonzepts anderen Menschen vermitteln zu können.

Eine **Beschreibung der Geschäftsidee** wird durch folgende Frage möglich:

- **Welches Leistungsangebot soll**
- **für welche Zielkunden (-gruppen)**
- **mit welchem Nutzen für diese Zielkunden und**
- **mit welchen Vorteilen gegenüber existierenden Lösungen (z.B. des Wettbewerbs)**
  angeboten werden?

Die Anwendung der Frage soll am Beispiel der Kurzbeschreibung einer Geschäftsidee für eine neue Software zur Erstellung von Steuererklärungen demonstriert werden:

- „Unser Unternehmen bietet eine PC-Software auf Basis von Microsoft Windows
- speziell für Arbeitnehmer
- zur Erstellung einer vom Finanzamt anerkannten Steuererklärung an,
- mit der der Nutzer diese ohne Steuerberater und mindestens doppelt so schnell wie mit vergleichbaren Programmen erstellen kann."

Wenn der Gründer schon bei der Beschreibung seiner Geschäftsidee unsicher über die Kombination von Leistungsangebot, Zielgruppe, Nutzen und Wettbewerbsvorteilen ist, sollten die folgenden Analyseschritte in jedem Fall durchlaufen werden. Die Schwierigkeiten lassen darauf schließen, dass meist noch weitere und tiefgreifendere Unklarheiten bestehen.

Anzumerken ist, dass die folgenden Schritte nicht zwingend durchlaufen werden müssen. Es gibt Unternehmer, die nur aufgrund des schnellen Erkennens und Ausnutzens einer Marktchance ohne größere Vorbereitung es geschafft haben, erfolgreich ein Unternehmen aufzubauen. Jedoch kannten sich diese Gründer meistens sehr gut in der Eintrittsbranche aus und / oder hatten einfach Glück! Deshalb ist vor allem branchenfremden Gründern anzuraten, in der Ideenentwicklungsphase eine **sorgfältige Analyse der Eintrittsbranche** vorzunehmen. Diese dient dazu, die herrschenden Branchenspielregeln zu verstehen und eine Vorstellung von der Situation der etablierten Marktteilnehmer zu erhalten.

2.2   Branchenanalyse

2.2.1   Übersicht über die Branchenteilnehmer

Bei einer Branche handelt es sich allgemein um einen bestimmten Wirtschaftszweig einer Volkswirtschaft, zu dem regelmäßig Daten durch die amtliche Statistik gesammelt werden. Porter (1996, S. 303) versteht den Begriff der Branche enger und bezeichnet damit einen Markt, auf dem ähnliche oder eng verwandte Leistungsangebote verkauft werden. Unter Verwendung der letztgenannten Begriffsauffassung haben eine Reihe von Studien im In- und Ausland die Notwendigkeit und Erfolgswirksamkeit einer gründlichen Einarbeitung in die Eintrittsbranche für Gründer belegt (u.a. Kulicke 1993, zusammenfassend Dowling 2002, S. 27). Gerade Jungunternehmer ohne langjährige Branchenerfahrung (z.B. aus Universitäten) können durch die Einbindung erfahrener

„Brancheninsider" in den Gründungsprozess und / oder durch eine intensive Einarbeitung in die Branchenspielregeln dieses fehlende Know-how kompensieren. Für den
Gründer ist es für einen ersten Überblick entscheidend, die relevanten Branchenteilnehmer und die verschiedenen Segmente der Eintrittsbranche zu identifizieren. Dadurch
wird das Verständnis für die Stellung der Geschäftsidee in dieser Eintrittsbranche maßgeblich gefördert.

Ausgangspunkt einer Branchenanalyse ist eine erste **geographische Abgrenzung der
Eintrittsbranche.** Diese beschränkt sich bei Gründern meist auf den Heimatmarkt, dessen räumliche Ausdehnung je nach Geschäftsidee jedoch stark schwanken kann. Bei der
Geschäftsidee eines lokal agierenden Blumenladens handelt es sich dabei um ein Stadt-
viertel oder die jeweilige Heimatstadt. Bietet der Gründer z.b. einen Blumenversandser-
vice über das Internet an, dann könnte die verwendete Sprache der Website ausschlaggebend für die geographische Abgrenzung sein. Bei Verwendung der deutschen Sprache
müsste man folgerichtig alle Akteure der Branche Blumenversandhandel im deutsch-
sprachigen Raum einer Analyse unterziehen.

Der nächste Schritt ist die **Identifizierung der Branchenteilnehmer in diesem geographischen Gebiet.** Dazu hat es sich bewährt, den Versuch zu unternehmen, die eigene
Geschäftsidee am Markt zu kaufen. Neben einer Internetrecherche nach den Stichworten
der eigenen Gründungsidee bietet sich vor allem die Suche in Branchen- (u.a. wer liefert
was?) und lokalen Anbieterverzeichnissen an. Außerdem gibt es für fast jede Branche
mehrere Fachzeitschriften, die z.T. in Sonderheften eigene Markt- und Leistungsange-
botsübersichten herausgeben. Damit ist es nicht nur möglich, Konkurrenzanbieter für die
eigene Geschäftsidee zu finden. Fast immer identifiziert man Fachautoren, die sich gut in
der Eintrittsbranche auskennen und über vielfältige Informationen über das Branchenge-
schehen der letzten Jahre und die Aussichten für die Zukunft verfügen. Auf diesem Weg
findet man oftmals Unternehmen, die den Gedanken der eigenen Geschäftsidee schon
hatten und das geplante eigene Leistungsangebot z.T. sogar schon komplett oder in Tei-
len anbieten. Das bedeutet jedoch noch lange nicht, dass diese auch in direkter Konkurrenz stehen. Deswegen sollte eine **vertiefende Betrachtung** des sogenannten **Werter-**

stellungssystems (zum Begriff Porter 1996, S. 60f.) einer Branche vorgenommen werden, um die von potentiellen Wettbewerbern verwendeten Vertriebskanäle und die bevorzugten Abnehmergruppen der Branchenteilnehmer zu analysieren. Der Analysezweck besteht darin, die Branche in einzelne Teilsegmente zu zerlegen, um festzustellen, wer mit wem wirklich konkurriert.

Da von miteinander im Wettbewerb stehenden Unternehmen immer um Kunden konkurriert wird, ist hierfür der **Kundenkreis der jeweiligen Wettbewerber** zu bestimmen. Im Handel und Gaststättengewerbe kann man z.b. durch längere Beobachtung zu unterschiedlichen Tageszeiten in und vor dem jeweiligen Geschäft relativ problemlos ein präzises Bild der Kundengruppen erhalten.

Im Business-to-Business-Bereich können **Referenzlisten** ein sehr aussagekräftiges Bild der von einem Unternehmen (zumindest in der Vergangenheit bearbeiteten) Abnehmergruppen bieten. Da die Branchenteilnehmer ihre Referenzen meist so wählen, dass vor allem neu zu akquirierende Kunden den Anbieter als seriös, vertraut mit der Kundenbranche und kompetent empfinden, geben diese meist gute Hinweise über den jeweiligen Kundenfokus. Allerdings sind Referenzlisten häufig nur schwer und dann meist nur von potentiellen Kunden zu bekommen. Deshalb hilft für eine schnelle Einschätzung das **Gespräch mit dem Vertriebspersonal** des Branchenteilnehmers viel schneller weiter, um zu erfahren, für welche Kunden der Anbieter spezielle Lösungen anbietet.

Nach diesen grundsätzlichen Erkundigungen kann der Gründer das Werterstellungssystem einer Branche, also eine „Landkarte" der Branchenbeteiligten, zeichnen. Es bildet ab, welche Unternehmen ähnliche Produkte an wen und über welche Vertriebskanäle verkaufen. Eine solche Darstellung (nachfolgend ein Beispiel aus der Analytikbranche) kann dem Gründer in vielfältiger Hinsicht hilfreich sein:

Erstens kann er eine **Bestimmung der angestrebten Position** seines zukünftigen Unternehmens in der Eintrittsbranche vornehmen und die heutige und zukünftige Attraktivität dieser Position mit Hilfe einer Branchenanalyse (s. Porter 1992) abschätzen. Darüber hinaus erhält er Hinweise, welche **Eintrittsbarrieren** auf dem Weg zur Erreichung dieser Position zu überwinden sind. Das ist z.b. dann der Fall, wenn nur ein oder zwei sehr große Unternehmen einen Großteil des Zielmarktes unter sich aufteilen und dadurch über entsprechende Marktmacht verfügen.

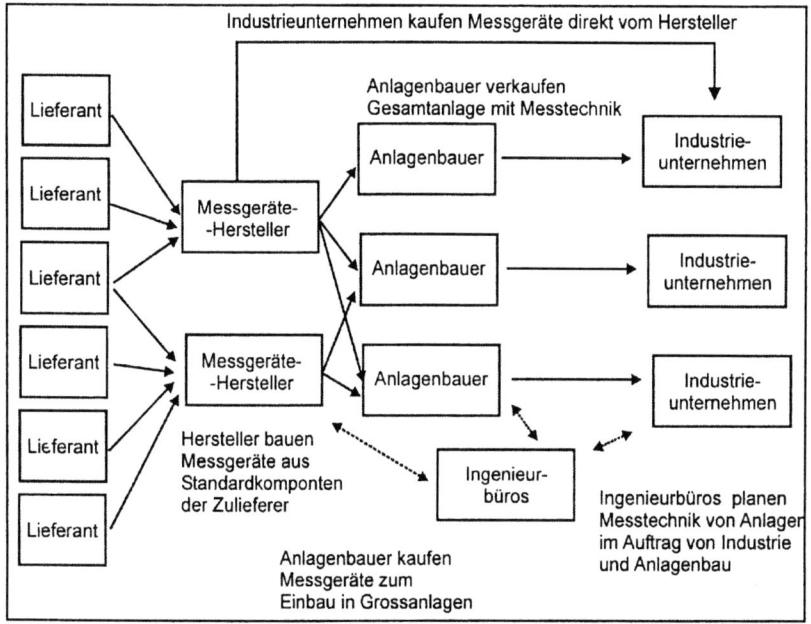

Abb. 2-1: Ausschnitt des Werterstellungssystems der Analytikbranche

Zweitens versteht der Gründer das **Zusammenspiel der Branchenbeteiligten** im Werterstellungssystem der Branche besser. Damit ist gemeint, das z.b. der Gesamtpreis, den der Endabnehmer für ein Meßsystem zahlt, sich im Beispiel des Analysentechnikmarktes aus einer Vielzahl von Tätigkeiten verschiedener Branchenbeteiligter zusammensetzt. U.a. fallen neben den Kosten für den eigentlichen Messgerätekauf einer Produktionsüberwachungsanlage zusätzlich Kosten der Integrationsplanung durch ein spezialisiertes Ingenieurbüro, ggf. Bauleistungen und zusätzliche Sicherheitsprüfungen von Spezialfirmen an.

Drittens ist es möglich, aus der Betrachtung des Werterstellungssystems der Branche, **Ideen für eine Steigerung der Attraktivität der Geschäftsidee** zu erhalten. Es wäre im oben genannten Beispiel denkbar, nicht nur ein Messgerät anzubieten, sondern eine Komplettlösung aus Gerät, Planung, Einbau und Sicherheitsprüfung, die für den Kunden einen viel höheren Wert schafft, wodurch der Marktzugang sich möglicherweise erheblich leichter gestaltet.

Branchenexperten mit langjähriger Erfahrung können ein solches Werterstellungssystem mit den tonangebenden Unternehmen und den existierenden Geschäftsbeziehungen innerhalb kürzester Zeit erklären, da sie alle Akteure einer Branche seit langem kennen und ihr Verhalten relativ exakt – zumindest in der Rückschau - beschreiben können.

2.2.2   Wettbewerbskräfte in der Eintrittsbranche

Sind die Hauptakteure einer Branche bekannt, dann kann mit Hilfe der bewährten Methodik der Branchenanalyse nach Porter (1980, 1992) die Situation der Branche beschrieben werden.

Porter identifiziert fünf Wettbewerbskräfte (Porter 1992, S. 26):

- die Intensität der Rivalität zwischen den Branchenteilnehmern,
- die Verhandlungsstärke der Abnehmer,
- die Verhandlungsstärke der Lieferanten,
- die Gefahr der Substitution des Leistungsangebotes der Branche durch Ersatzprodukte und -dienste sowie
- die Bedrohung durch neue Anbieter.

Je größer das Verständnis des Gründers für das Zusammenwirken dieser Wettbewerbskräfte ist, desto besser kann er eine für das Gründungsunternehmen besonders rentable Position innerhalb der Branche zu suchen. Allerdings verändert sich die Betrachtungsweise, da nun nicht aus der Sicht eines Branchenteilnehmers, sondern aus der **Position eines potentiellen neuen Konkurrenten** die Branche analysiert wird.

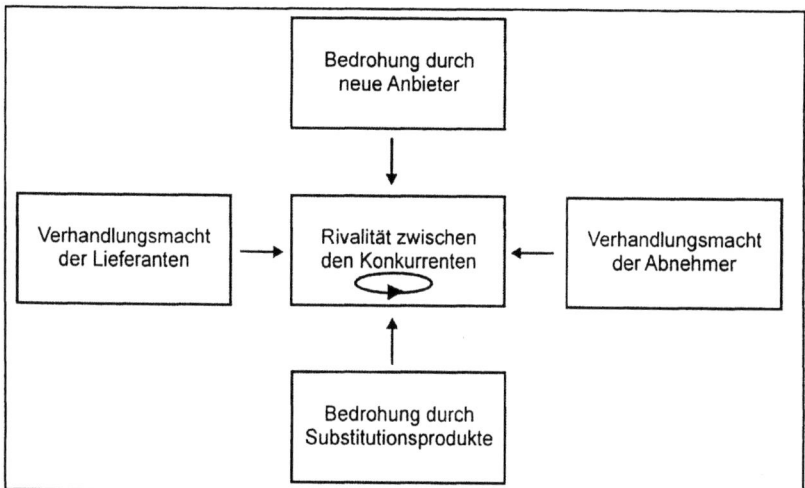

Abb. 2-2: Wettbewerbskräfte nach Porter

Aus der Perspektive eines Neueinsteigers in eine Branche ist vor allem die **Rivalität zwischen den Konkurrenten** relevant. Diese Rivalität kann der Gründer an starkem Preisverfall, hohen Werbeaufwendungen, zahlreichen und meist für die Abnehmer kostenlosen Zusatzleistungen und beschleunigter Einführung neuer Leistungsangebote in den letzten Monaten und Jahren erkennen (Porter 1992, S. 42). Es ist also zu prüfen, ob Kennzeichen harten Konkurrenzkampfes in der Eintrittsbranche vorliegen, um dann deren Ursachen zu verstehen. Porter (1992, S. 42-45) nennt als Ursachen:

- geringes Marktwachstum,

- hohen Fixkostendruck auf die etablierten Branchenteilnehmer (durch z.B. Überkapazitäten oder volle Lager),

- viele und / oder gleichartig agierende Wettbewerber in der Branche,

- sehr ähnliche Leistungsangebote,

- extrem unterschiedliche Strategien der Wettbewerber und keine Einigung der Wettbewerber untereinander über die „Spielregeln der Branche",

- die Abhängigkeit der Wettbewerber vom Erfolg in **dieser** Branche und

- einen schwierigen und / oder mit hohen Kosten verbundenen Branchenaustritt für den einzelnen Wettbewerber.

Darüber hinaus ist vom Gründer zu prüfen, welche Konsequenzen sich aus der Einführung der Gründungsidee für die Branche ergeben würden. Weist z.B. die **Gründungsidee den Charakter eines Substitutionsgutes** auf, d.h. die bisherigen Leistungsangebote werden durch ein erheblich leistungsstärkeres Angebot mit im Idealfall erheblichen Kosteneinsparungen für den Abnehmer ersetzt, dann kann dieser hohe Innovationsgrad der Gründungsidee zur Veränderung der Branchenstruktur und vor allem zu einem Anheizen des Wettbewerbs führen. Damit verbunden kann jedoch auch eine starke Reaktion der etablierten Wettbewerber einhergehen, die sich in ihrer zukünftigen Lebensfähigkeit durch die Gründungsidee bedroht sehen. Hat die Gründungsidee dagegen nur ein sehr geringes Substitutionspotential dann stellt sich für die Gründer die Frage, wie schnell die Geschäftsidee durch andere Alternativlösungen ersetzt werden kann. Beispielsweise hatte ein später Einsteiger in den Markt für hochwertige analoge Plattenspieler erhebliche Probleme durch die wenige Jahre später stattfindende Umstellung auf die digitale Compact Disc (CD).

Ferner ist vom Gründer zu überdenken, wie stark die Branche und im Gegensatz dazu seine Gründungsidee von Lieferanten in ihrer Qualität oder in ihrem Preis beeinflusst werden kann. Diese sogenannte **Verhandlungsstärke der Lieferanten** bezeichnet deren Machtpotential, die Kosten der Branchenteilnehmer durch Preissteigerungen erheblich zu erhöhen. Die Ursachen sieht Porter (1992, S. 54) in:

– hoher Konzentration der Lieferanten mit wenigen dominierenden Unternehmen,

– geringer Substituierbarkeit der Leistungsangebote der Lieferanten,

– geringer Bedeutung der gesamten Branche als Kunde für die Lieferanten,

– essentieller Bedeutung des Leistungsangebotes des Lieferanten für die Kunden des Branchenteilnehmers,

– hoher Abhängigkeit vom Lieferanten durch hohe Wechselkosten des Branchenteilnehmers und

– hoher Gefahr, dass die Lieferanten selbst als Branchenkonkurrenten auftreten (sogenannte Vorwärtsintegration).

Im Gegensatz dazu ist vom Gründungsunternehmen zu ermitteln, wie weit eine etwaige Lieferantenstärke umgegangen oder signifikant gesenkt werden kann. Diese Senkung der

Abhängigkeit oder sogar die vollständige Substituierbarkeit einzelner Lieferantenleistungen (z.b. durch Verwendung einer neuen patentierten Technologie) ist häufig eine Quelle für Wettbewerbsvorteile gegenüber etablierten Branchenteilnehmern und damit verantwortlich für eine signifikante Senkung der Verhandlungsstärke der Zulieferer.

Letztes Element einer Branchenanalyse ist die Betrachtung der **Verhandlungsstärke der Abnehmer**. Diese Verhandlungsstärke ermöglicht es Kunden, Forderungen (z.B. niedrigere Preise, höhere Qualität, weitere Zusatzleistungen) an die Branchenteilnehmer zu stellen und ggf. die Gewinnmargen auf diesem Weg empfindlich zu drücken. Abnehmmer sind nach Porter (1992, S. 50-53) umso verhandlungsstärker,

- je unbedeutender das Leistungsangebot der Wettbewerber normalerweise für die Abnehmer ist,
- je weniger Abnehmerunternehmen es gibt und je höher die Anteile einzelner Abnehmer am Gesamtumsatz der Wettbewerber sind,
- je höher die Zahl der Alternativlieferanten für die Abnehmer,
- je niedriger ihre Wechselkosten zwischen verschiedenen Wettbewerbern sind,
- je leichter ihnen der Eintritt in die Wettbewerberbranche fällt (Rückwärtsintegration, z.B. eigene Herstellung von Ersatz- oder Zubehörteilenteilen)
- je niedriger die Gewinne der Abnehmer sind und
- je besser diese über das Marktangebot der Wettbewerber informiert sind.

Anzumerken ist, dass aus der Perspektive eines Neueinsteigers es unter bestimmten Bedingungen sehr wichtig sein kann, ob **andere potentielle Konkurrenten** einen Brancheneinstieg planen. Jedoch erhält man dieses Wissen gerade bezogen auf Unternehmensgründungen eher zufällig und die Recherche zu noch nicht am Markt tätigen Unternehmen gestaltet sich als sehr schwierig. Meist lohnt sie sich nur dann, wenn es sich um Erfindungen mit hohem Innovationsgrad handelt. Dann kommt es darauf an, festzustellen, in welchem Entwicklungsstadium sich die jeweilige Idee befindet und welche Auswirkungen sie ggf. auf die eigene Geschäftsidee hat.

Anders verhält es sich mit Statements von in anderen Branchen etablierten Unternehmen, die ankündigen, in der für die Geschäftsidee interessanten Branche Fuß fassen zu wollen. Derartige Verlautbarungen, die eher zufällig z.B. beim Lesen von Interviews mit Unternehmensmitgliedern in der Fachpresse auffallen, sollten systematisch gesammelt werden und die genannten Unternehmen diesbezüglich beobachtet werden. Die Auseinandersetzung mit etablierten als auch potentiellen Branchenkonkurrenten setzt eine detaillierte Beschäftigung mit den einzelnen Unternehmen voraus, woraus sich die derzeitige und die zukünftige Branchenstruktur ergibt.

2.2.3   Struktur der Eintrittsbranche

Die Tatsache, dass in einer Branche eine Vielzahl von Unternehmen aktiv sind, bedeutet nicht immer, dass sich diese Unternehmen auch erhebliche Konkurrenz machen. Mitunter kann der Gründer durch geringfügige Modifikation der Geschäftsidee einem harten Wettbewerb beim Markteinstieg aus dem Weg gehen. Das ermöglicht ihm den Brancheneintritt, ohne sich zu stark im Fokus etablierter Unternehmen zu bewegen und Vergeltungsmaßnahmen zu provozieren. Deshalb liegt der Schwerpunkt der Branchenstrukturanalyse für einen Neueinsteiger auf den folgenden Fragen:

–   Mit welchen Unternehmen der Branche steht die Geschäftsidee wirklich im Wettbewerb?

–   Über welche besonderen Stärken und Schwächen verfügen die Unternehmen, mit denen ein Wettbewerb unvermeidbar ist?

–   Welche Eintrittsbarrieren sind für einen erfolgreichen Eintritt zu überwinden?

–   Wie werden voraussichtlich die etablierten Unternehmen auf den Markteintritt des Gründers reagieren?

2.2.3.1   Leistungsangebots- / Kundensegment-Analyse

Mit welchen Unternehmen der Gründer mit seiner Geschäftsidee wirklich im Wettbewerb steht, kann durch Betrachtung der einzelnen Branchenkonkurrenten mithilfe einer **Leistungsangebots- / Kundensegment-Analyse** mit den Dimensionen **Angebotsleistung** und **Bediente Kundengruppe** vorgenommen werden. Bei der Bestimmung der **Angebotsleistung** können in Anlehnung an Porter (1992, S. 174-175) folgende Kriterien herangezogen werden:

Angebotsspektrum (Breite und Tiefe): Welche Produkte und Dienstleistungen bilden zusammen mit welchen unbezahlten Serviceleistungen das Leistungsangebot der Branchenwettbewerber?

Art des Wettbewerbsvorteils: Welche Wettbewerbsvorteile haben die jeweiligen Branchenwettbewerber? Denkbar sind z.b. extrem niedrige Preise, eine einzigartige, von keinem Wettbewerber erreichte Besonderheit im Leistungsangebot oder ein „optimales" Preis- / Leistungsverhältnis ohne herausragende Eigenschaften.

Integrationsgrad: Kann der Wettbewerber „Alles aus einer Hand" anbieten und hat er ggf. auch vorgelagerte bzw. nachgelagerte Wertschöpfungsstufen unter Kontrolle? Vorgelagert können z.b. Informationsanbieter im Internet den sogenannten Content nicht nur zukaufen, sondern durch konzerneigene Verlage oder Nachrichtenredaktionen erhalten. Nachgelagert bedeutet eine hohe Integration aus der Sicht eines Produzenten, so dass dieser ebenfalls die Vertriebskanäle (z.B. durch eine eigene Handelskette) mit kontrolliert.

Die **bediente Kundengruppe** kann mittels folgender Kriterien beschrieben werden:

Bearbeitete Marktsegmente: Welche Kundengruppen sprechen die jeweiligen Branchenwettbewerber schwerpunktmäßig an? Gibt es z.B. Spezialisierungen von Unternehmen auf bestimmte Abnehmerbranchen oder bestimmte Marktsegmente von Konsumenten oder werden die gleichen Marktsegmente von allen Wettbewerbern ähnlich stark bearbeitet?

Geographische Lage: Welche Wettbewerber sind auf dem anvisierten geographischen Gebiet für die Geschäftsidee mit welchen regionalen Schwerpunkten tätig? Decken alle Branchenteilnehmer dieses Gebiet vollständig oder nur teilweise ab?

Das **Ergebnis einer Leistungsangebots- / Kundensegment-Analyse** der Branchenstruktur einer Existenzgründerin eines Reiseunternehmens mit der Zielgruppe der über Fünfzigjährigen zeigt die folgende Abbildung.

Leistungsangebots- / Kundensegment-Analyse der Branchenstruktur				
Leistungs-angebote der Anbieter / Marktsegmente	Sportreisen	Sprachreisen	Bildungsreisen	Pauschalreisen
Kinder bis 12 Jahre	Anbieter A	Nicht besetzt	Nicht besetzt	Nicht besetzt
Jugendliche (12-17 Jahre)	Anbieter A, B, C	Anbieter R, S, T	Anbieter S	Anbieter S
Jüngere Er-wachsene (18-30 Jahre)	Anbieter B und C	Anbieter R, Q, T	Anbieter Z (spezialisiert auf Studenten)	Anbieter E, F, G, H
Ältere Erwach-sene (31-50 Jahre	Anbieter B und C	Anbieter R, N, Q	Anbieter Y	Anbieter E, F, G, H
50 +	Anbieter D	Nicht besetzt	Anbieter D, Y	Anbieter E, F, G, H, und K

Abb. 2-3: Leistungsangebots- / Kundensegment-Analyse der Branchenstruktur

Unternehmer, die ähnliche Kombinationen aus Leistungsangebotsspektrum, Art des Wettbewerbsvorteils und Integrationsgrad aufweisen, bezeichnet Porter als **Strategische Gruppe** (1992, S. 177f.). Auf der Grundlage einer solchen Analyse ist es möglich, die Frage zu beantworten, welche Branchenteilnehmer mit welchem Angebotsprogramm welche Kundengruppen in welchem geographischen Raum bearbeiten. Es ist schnell er-kennbar, in welchen Segmenten des Marktes ein sehr starker Wettbewerb herrscht und welche Teilmärkte bisher noch wenig oder sogar unbesetzt sind. Darüber hinaus kann man feststellen, welche Unterschiede es in den Leistungsangeboten der Branchenteil-nehmer (z.b. Spezialisten versus Vollsortimentanbieter) gibt. Bei den Recherchen zur Erstellung dieser Analyse erfährt man zusätzlich, welche **Unternehmen in der Ein-trittsbranche marktführend** bzw. marktgestaltend sind, die höchste Nähe zur Ge-schäftsidee des Gründers aufweisen bzw. am leichtesten die Idee nachahmen können. Dadurch kann man die direkten Konkurrenten für die Geschäftsidee identifizieren und überlegen, ob es möglicherweise andere Felder gibt, die weniger starkem Wettbewerb ausgesetzt sind.

2.2.3.2 Die Analyse von Konkurrenten

Wenn man die Unternehmen kennt, die ein ähnliches oder sogar das gleiche Leistungsangebot an die von der Unternehmensgründung ins Auge gefassten Kundengruppen verkaufen, dann sind die Wettbewerbsvorteile dieser Unternehmen zu identifizieren und das Potential der eigenen Geschäftsidee damit zu vergleichen. Ein solcher Vergleich wird als **Konkurrenz- oder Wettbewerbsanalyse** bezeichnet und umfasst folgende Schritte:

- Identifizierung der relevanten Konkurrenten,
- Festlegung eines Kriterienkatalogs für den Wettbewerbsvergleich,
- Festlegung der Informationsquellen und Datenbeschaffung,
- Festlegung der Bewertungsmaßstäbe und
- Datenauswertung und Ergebnisdarstellung.

2.2.3.2.1 Identifizierung der Konkurrenten

Die im letzten Abschnitt dargestellte Leistungsangebots- / Kundensegment-Analyse beantwortet in der jeweiligen Eintrittsbranche die Frage, welche Unternehmen maßgeblich im Wettbewerb mit der Gründungsidee stehen. Erfahrungsgemäß handelt es sich dabei um Unternehmen, deren Leistungsangebot schon vom Gründer als sehr ähnlich zur Gründungsidee wahrgenommen wird. Darüber hinaus sind aber auch die wichtigsten Anbieter solcher Leistungen einer Detailanalyse zu unterziehen, die **von potentiellen Kunden als vergleichbar mit der Gründungsidee** eingestuft werden bzw. zur Lösung des zugrundeliegenden Kundenproblems Verwendung finden. Beispielsweise konkurriert ein Anbieter eines Flughafen-Shuttlebusses in einer Großstadt nicht nur direkt mit den anderen Anbietern von Shuttle-Services, sondern ebenso mit den Bussen und Bahnen des Öffentlichen Personennahverkehrs und den vor Ort tätigen Taxiunternehmen. Um herauszufinden, was aus Kundensicht als mit der Gründungsidee vergleichbar eingestuft wird, bietet es sich an, mit einigen Personen der Zielgruppe über die Geschäftsidee zu sprechen und sie darüber zu befragen, was sie als Alternative zum Leistungsangebot der Gründer sehen.

Hat man die relevanten Konkurrenten aus der eigenen und ggf. aus Kundensicht zusammengestellt, erfolgt nun ein systematischer Vergleich der Leistungsangebote sowie der jeweiligen Anbieterunternehmen anhand eines Kriterienkatalogs.

2.2.3.2.2 Festlegung von Vergleichskriterien

Porter (1992, S. 80) unterscheidet für die Durchführung eines Wettbewerbsvergleiches zwischen Zielsetzungen und Annahmen des Konkurrenten und seinem tatsächlichen Verhalten auf der Basis der zugrundeliegenden Fähigkeiten.

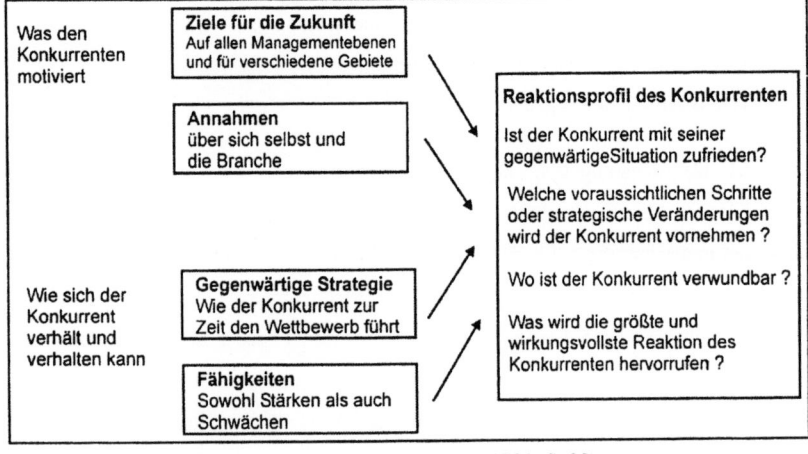

Abb. 2-4: Elemente der Konkurrentenanalyse (Porter 1992, S. 80)

Dabei dienen **Zielsetzungen und Annahmen des Konkurrenten** mehr dem Verständnis der Motivation des Wettbewerbers. Je weniger das Unternehmen, z.B. aufgrund von Publizitätspflichten am Kapitalmarkt, gezwungen ist, zukünftige Ziele und Planungsannahmen offen zu legen, desto schwieriger wird die Beschaffung derartiger Informationen. Bei sehr hierarchisch organisierten und / oder eigentümergeführten Unternehmen kennt mitunter nur die geschäftsführend tätige Person diese Informationen und dementsprechend schwer ist es, sie zu beschaffen. Im Vergleich deutlich leichter kann das **aktuelle Konkurrenzverhalten am Markt** beobachtet und auf die **Fähigkeiten eines Wettbewerbers** zurückgeschlossen werden. Für eine systematische Analyse finden sich in der Literatur viele Kriterienkataloge (Kairies 2002, S. 60ff., Macharzina 1995, S. 244, Porter 1992, S. 98-99). Meist sind diese nach Unternehmensfunktionen (Marketing, Produktion, Finanzen etc.) gegliedert und verfolgen das Ziel, ein Fähigkeitsprofil des Konkurrenzunternehmens zu erstellen. Allerdings muss hinzugefügt werden, dass je nach Branche und Leistungsangebot eine mehr oder weniger starke Modifizierung dieser Kataloge vorzunehmen ist. Oftmals sind die dargestellten Kriterien für produzierende Unternehmen ausgelegt und damit für einen Dienstleistungsbetrieb nur noch begrenzt anwendbar.

Will man der grundlegenden Fragestellung einer Konkurrenzanalyse „**Welches sind die marktführenden Unternehmen und warum?**" näher kommen, ist es besonders wichtig, die **Vergleichskriterien aus der Perspektive der Kunden** zu wählen. Je mehr die beim Wettbewerbsvergleich verwendeten Kriterien denen der Kunden bei der Auswahl eines Anbieters entsprechen, desto eher erklären sich die Unterschiede in den Marktpositionen der relevanten Konkurrenten aus der Analyse. Deshalb kann ein das Kundenentscheidungsverhalten berücksichtigender Wettbewerbsvergleich häufig erst nach Durchführung einer Kundenbefragung und Bestimmung der Wichtigkeit von Kaufentscheidungskriterien durchgeführt werden. Z.B. ist ein Kriterium „Unternehmensgröße" in manchen Branchen für die Kunden weitgehend irrelevant. Andererseits kann es für eine Beauftragung entscheidend sein, wenn der Kunde Unternehmensgröße als Anhaltspunkt für die zukünftige Existenz des Unternehmens interpretiert und ggf. dadurch wiederum seinen Auftraggebern beweisen will, dass er einen zukunftssicheren Qualitätslieferanten beauftragt hat.

U.a. deshalb sind die Kriterien für einen Wettbewerbsvergleich immer branchenspezifisch anzupassen und aus Kundensicht bzgl. ihrer Bedeutung für die Anbieterauswahl zu gewichten.

Beispielhafter Kriterienkatalog für einen Wettbewerbsvergleich	
Bereiche / Funktionen	Mögliche Kriterien
Produktleistung	Einzigartige Produktmerkmale, Verarbeitungsqualität, Technologische Qualität, Preisniveau, Umfang der Garantieleistungen, Erfüllungsgrad der Kundenbedürfnisse, Modernität usw.
Unternehmensleistung	
Marketing	Breite und Tiefe des Angebotsprogramms und des Service, bearbeitete Zielgruppen, Branchenschwerpunkte, Marktanteile, Bekanntheitsgrad und Reputation bei Kunden, Anzahl Referenzkunden, Internationalisierungsgrad, Vertriebsstärke, Kommunikationsauftritt und -budget usw.
Forschung und Entwicklung (F&E)	Mitarbeiterzahl, F&E-Kompetenz, Anzahl Neuentwicklungen pro Jahr, Patente, ggf. F&E-Budget usw.
Leistungserstellung	Mitarbeiterzahl, Fertigungstiefe, Produktionskapazität, vertikaler Integrationsgrad, Produktivität, Abhängigkeit von Lieferanten, usw.
Organisationsstruktur	Anzahl Geschäftsbereiche, Aufbauorganisation, Abteilungsgröße und –entwicklung der Mitarbeiterzahlen, Zugehörigkeit zu Großunternehmen, Beteiligungen, usw.
Finanzen und Kostenstruktur	Umsatz nach Bereichen und / oder Produkten im Zeitverlauf, Kostenstrukturen (Fix- zu variable Kosten), Anteil Personalkosten, usw.
Standort	Anzahl und Qualität usw.
Zukunftspotential	Kernkompetenz, Unternehmensziele und –strategie, Managementkompetenz usw.

Abb. 2-5: Kriterien für einen Wettbewerbsvergleich

Hat man sich für bestimmte Vergleichskriterien passend zur jeweiligen Branche entschieden, bilden diese den Ausgangspunkt für einen Konkurrenzvergleich. Dazu werden die Kriterien nach Funktionen sortiert und in eine Tabelle für den Wettbewerbsvergleich aufgenommen. Ein Auszug aus einem solchen Konkurrenzvergleich eines jungen Unternehmens mit dem wichtigsten Konkurrenten und dem Marktführer ist in der nachfolgenden Abbildung dargestellt.

U-Funktion	Kriterien	Meßgröße / Indikator	Informations-quellen	Ausprägung Wir	WB	MF**)	Bewertungs-skala	Bewertung**)
Produktion	Standort	Entfernung in Autostunden zu Großabnehmern	Intern: Kundendienstabteilung	2	1	5	5 ─┤ 3 ├─ 1 (-- 0 ++)	Gut (+)
Produkte/ Marketing	Sortiments-Vielfalt	Anzahl der Produktvarianten	Extern: Prospektdurchsicht	3	1	12	1 ─┤ 6 ├─ 12 (-- 0 ++)	schlecht (-)
Entwicklung	Nutzung Entwicklungs-Partnerschaften	Anzahl der Gemeinschaftsentwicklungen	Extern: Infos von Zulieferern, Pressemitteilungen	3	1	5	1 ─┤ 3 ├─ 5 (-- 0 ++)	durchschnittlich (0)
Finanzen	Umsatz / Jahr	in Mio EUR	Extern: Eigene Recherche	12,5	2	50	1 ─┤ 25 ├─ 50 (-- 0 ++)	schlecht (-)

*) MF = Marktführer; WB= Wettbewerber **) Eigenes Unternehmen im Vergleich zum Marktführer

Abb. 2-6: Auszug aus einem Kriterienkatalog zum Wettbewerbsvergleich

Bei der Festlegung von Kriterien für einen Wettbewerbsvergleich kommt das **Problem der Messbarmachung (Operationalisierung)** einzelner Vergleichskriterien **mittels Indikatoren** auf. Bei einem direkt messbaren Kriterium wie dem Umsatz ist eine weitergehende Messbarmachung nicht nötig, da 50 Mio EUR direkt interpretierbar sind. Häufig lassen sich jedoch bestimmte Kriterien (z.b. Führungsqualität des Managements) nicht oder nur sehr schwierig direkt messen. Dann ist es erforderlich, sich leichter beobachtbare Indikatoren zu suchen, die mit der jeweilig zu messenden Größe möglichst nah in Beziehung stehen, ohne zu große Interpretationsspielräume zuzulassen. Beispielhaft könnte zur Messung der Managementqualität bei börsennotierten Unternehmen die Einhaltung von Prognosen der Geschäftsentwicklung (von Jahren mit Naturkatastrophen oder Terrorereignissen abgesehen) in den letzten fünf Jahren herangezogen werden. Weiterhin ist zu beachten, dass sich Vergleichskriterien (z.B. Standortqualität im Handel) nur über mehrere unterschiedliche Indikatoren vergleichen lassen. Das bedeutet, dass man die Standortqualität z.B. durch Verwendung der Indikatoren „Durchschnittliche Höhe des Publikumsstroms pro Stunde" und „Durchschnittlicher Anteil der Zielgruppe am Publikumsstrom" bestimmen könnte. Hilfsweise sind Kriterien wie die „Entfernung zum nächsten öffentlichen Verkehrsmittel" bzw. die „Entfernung zu stark besuchten Einrichtungen" verwendbar. In diesen Fällen reicht es für eine Abschätzung, wenn man ein quantitatives Kriterium (Höhe des Publikumsstroms) und ein qualitatives (Zielgruppenanteil) verwendet.

Ist ein bestimmtes **Kriterium von besonderer Wichtigkeit** für den Erfolg in der Branche sollte der Gründer versuchen, möglichst mit mehreren Indikatoren dieses Kriterium zu bestimmen. Beispielsweise kann die Leistungsfähigkeit eines technischen Vertriebs nicht nur über die Anzahl von Vertriebsingenieuren, sondern vor allem auch über deren Qualifikation und Dauer der Branchenzugehörigkeit bestimmt werden.

Eine derartige Messbarmachung von Vergleichskriterien ist vor allem deshalb von Bedeutung, da auf diesem Weg dem Gründer deutlich wird, woran **genau** die positive oder negative Einschätzung eines Konkurrenzunternehmens und seiner Leistungsangebote im Vergleich zum geplanten Gründungsunternehmen festgemacht wird. Anschließend ist es dann möglich, präzise Ziele festzulegen, um den ermittelten Unterschied zur Konkurrenz substanziell zu verringern oder die eigenen Stärken systematisch voranzutreiben.

2.2.3.2.3 Informationsquellen und Datenbeschaffung

Nach der Festlegung der Kriterien mit anschließender Operationalisierung kommt nun auf den Gründer das Kernproblem zu - die Beschaffung der notwendigen Informationen über die einzelnen Wettbewerber. Für jedes Kriterium mit seinen Indikatoren ist zu überlegen, auf welchem Weg man die entsprechenden Informationen erhalten kann.

Normalerweise beginnt man mit der **Analyse von Sekundärmaterial** (also z.b. Fachzeitschriften der Branche, Druckschriften der Unternehmen, Website der Anbieter und Analyse von Informationen aus Suchmaschinenanfragen im Internet). Erhält man unterschiedliche Aussagen zu einem Analysekriterium (z.b. zu Verkaufszahlen einer Branche), ist zu überlegen, welcher Quelle man mehr vertrauen sollte. Dazu muss man sich meist mit den der Studie zugrundeliegenden Annahmen oder der Erhebungsmethode auseinandersetzen. Diese intensive Auseinandersetzung lohnt jedoch nur, wenn es um essentielle Informationen geht, von denen elementare Managemententscheidungen des Gründungsvorhabens abhängen. Dieses ist z.B. bei der Schätzung von Verkaufszahlen oder Marktanteilen wichtig, wenn für die Finanzierungszusage einer Bank ein fundierter Geschäftsplan erstellt werden muss, der später dem Kapitalgeber als Orientierungsgrundlage für die Einschätzung des Geschäftserfolges des Gründungsunternehmens dient.

Ansonsten übernimmt man aus betriebswirtschaftlicher Vorsicht normalerweise diejenigen Informationen, die für das eigenen Vorhaben eher den „worst case" bedeuten. Auf diese Art kann es auf jeden Fall nicht geschehen, dass man einen Konkurrenten unterschätzt, was sich im Geschäftsverlauf viel negativer bemerkbar macht als die Tatsache, dass der Konkurrent doch nicht so gut ist wie anfangs angenommen.

Nach einer Auswertung und Zuordnung des gefundenen Materials der einzelnen Konkurrenzunternehmen zu den Analysekriterien und –indikatoren erhält man fast immer „weiße Flecken", zu denen kein oder nur unzureichendes Sekundärmaterial existiert. Je nach Wichtigkeit der jeweiligen Kriterien ist dann zu überlegen, ob man durch **eigene Erhe-**

bung (Primäranalyse) diese fehlenden Informationen beschafft. Diese Entscheidung ist immer unter dem Gesichtspunkt abzuwägen, was der Zuwachs an Information für den Fortgang des Gründungsprojektes bedeutet und wie viel Arbeit in eine Datenbeschaffung zu investieren ist. Dabei lohnt sich mit zunehmendem Risiko bei größeren Bankfinanzierungen für die Gründer auch die Durchführung von Vorstudien, wenn Kapitalgeber diese Informationen als Grundbedingung für ein Investment verlangen.

Eine derartige Primäranalyse wird üblicherweise zur Ermittlung der Ausprägung **branchenspezifischer Erfolgsfaktoren** eingesetzt. Erfolgsfaktoren sind **Schlüsselgrößen des Unternehmenserfolges**, bei denen eine besondere Leistung normalerweise zu überdurchschnittlichen Wettbewerbsvorteilen führt. Dieses können spezifische in den Produkten bzw. im jeweiligen Unternehmen eingesetzte Technologien sein oder besondere Geschäftsabläufe. Möchte man derartiges zumindest ansatzweise erfahren, bedeutet das fast immer, den persönlichen Austausch mit seinen späteren Konkurrenten zu suchen. Gerade bei persönlichen Gesprächen mit Führungskräften von Konkurrenzunternehmen ist es möglich, –professionelles Auftreten vorausgesetzt – Umsatz- oder Verkaufszahlen **anderer** Branchenbeteiligter zu erfahren und auf diesem Weg die eigenen Informationen zu vervollständigen. Bei Gründungen im Handelsbereich wird z.B. die Beobachtung der Kundenfrequenz einer Konkurrenz-Einkaufsstätte vorgenommen, um dann auf Basis einer durchschnittlichen Einkaufshöhe auf entsprechende Umsatzzahlen zurückschließen zu können.

Je nach Intensität der Datenbeschaffung liegen nach 1-3 Monaten relativ gesicherte Informationen vor, die anschließend bewertet werden können.

2.2.3.2.4 Festlegung von Bewertungsmaßstäben

Die Festlegung von Bewertungsmaßstäben bei einer Konkurrenzanalyse wird dann wichtig, wenn die Leistungen der Konkurrenten auf den verschiedenen Kriterien als besonders gut bzw. besonders schlecht eingestuft werden sollen. Generell gilt, dass die Wahl von Bewertungsmaßstäben umso leichter ist, je besser eine Operationalisierung der Vergleichskriterien mit Hilfe von Indikatoren erfolgt ist. Üblicherweise wird bei der Bewertung der Ausprägungen eines Kriteriums der jeweils im betrachteten räumlichen Gebiet **Branchenbeste als Maßstab** für die anderen Unternehmen herangezogen. Der Vergleichsmaßstab ist so ein „Idealkonkurrent", der auf jedem Teilkriterium exzellente Leistungen zeigt. Liegen den Gründern Erfahrungen aus anderen Branchen vor, kann auch ein Vergleich über Branchengrenzen hinaus vorgenommen werden. Allerdings ist dieser Vergleichsansatz bei der Informationsbeschaffung extrem aufwendig. Bei exzellenter Anwendung ermöglicht er jedoch die Chance zur Entwicklung erheblicher Wettbewerbsvorteile.

2.2.3.2.5 Datenauswertung und Ergebnisdarstellung

Ergebnis der Konkurrenzanalyse ist eine Tabelle mit einem Wettbewerbsprofil, in dem die Bewertungen der Wettbewerber und des eigenen Unternehmens anhand der Vergleichskriterien dargestellt sind.

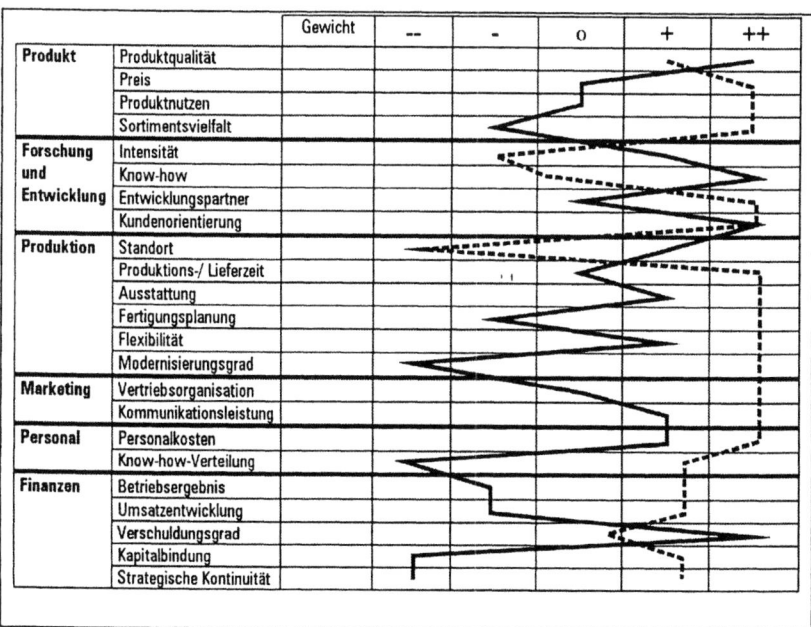

Abb. 2-7: Konkurrenzanalyseergebnis mit Wettbewerbsprofil (Zeichenerklärung: gestrichelte Linie: Marktführer; durchgezogene Linie: eigenes Unternehmen)

Wichtig ist vor allem die **Einstufung der eigenen Idee** im Vergleich zu den verschiedenen Wettbewerbern, um dann darauf aufbauend die **eigenen Stärken und Schwächen** zu erkennen.

Wie schon angemerkt können die **Kriterien der Konkurrenzanalyse** noch entsprechend ihrer Bedeutung **aus Kundensicht gewichtet** werden. Allerdings sollte man diesen Schritt mit Sorgfalt durchführen, da sich durch Manipulation von Gewichtungsfaktoren fast jedes gewünschte Ergebnis aus den Vergleichsdaten erzielen lässt.

Abschließend können auf der Basis dieses Vergleichs die Eintrittsbarrieren für eine spezifische Gruppe von sich ähnlich verhaltenden Unternehmen („Strategische Gruppe") ermittelt und die möglichen Reaktionen der verschiedenen Wettbewerber gegenüber einem neu in den Markt eintretenden Unternehmen abgeschätzt werden.

2.2.3.3 Eintrittsbarrieren

In Abhängigkeit von der jeweiligen Zugehörigkeit oder Nähe zu einer Strategischen Gruppe von Unternehmen bestehen unterschiedlich hohe Eintrittsbarrieren für eine Neugründung. Die wesentlichen von Porter (1992, S. 29) formulierten Eintrittsbarrieren sind:

- Kapitalbedarf,
- Zugang zu Vertriebskanälen,
- Umstellungskosten der Abnehmer beim Lieferantenwechsel,
- Produkt- oder Markenloyalität (Produktdifferenzierung),
- Betriebsgrößenersparnisse,
- Größenunabhängige Kostennachteile.

Der **Kapitalbedarf** ist für Neugründungen meist die offensichtlichste Hürde beim Eintritt. Hohe Aufwendungen für Forschung und Entwicklung, Produktion oder Marketing halten viele potentielle Jungunternehmer schon bei der ersten Kalkulation von einem Gründungsvorhaben ab. Man denke nur an das Beispiel des Elektro-Kleinwagens „Hotzenblitz" Mitte der 90er Jahre, der trotz einer gelungenen Markteinführung nach kurzer Zeit wieder aufgrund der für die Automobilindustrie unzureichenden Finanzdecke des Gründerunternehmens aufgeben musste.

Besonders in Massenmärkten ist der **Zugang zu einem Vertriebskanal** mit der wesentlichste Schlüssel zum Erfolg. Gelingt dem Gründer nicht die Listung eines neuen Angebotes bei wenigstens einer großen Handelskette, besteht kaum noch eine Chance auf die Massendistribution des Artikels. Dann kann nur noch durch den Umweg über die Käuferseite eine entsprechende Aufmerksamkeit aufgebaut werden, die vielleicht später das Interesse der großen Vertriebsgesellschaften weckt.

Umstellungskosten sind einmalig entstehende Kosten für den Abnehmer, wenn er von einem Lieferanten zum anderen wechselt (Porter 1992, S. 33). Z.B. gibt es ab einer gewissen Verbreitung eines Produktes (z.b. Software für die Unterstützung eines Kundenbindungsmanagements) in Großunternehmen immer größere Schwierigkeiten für den Newcomer eine neue Softwarelösung trotz deutlicher Vorteile zu verkaufen. Die Ursache liegt u.a. in hohen Wechselkosten begründet, die beim Umstieg durch Umschulung und Einarbeitung der Mitarbeiter und ggf. durch neue Hardware-Anforderungen entstehen.

Produkt- oder Markenloyalität ist neben Umstellungskosten eine der mit Sicherheit von Gründern am stärksten unterschätzten Eintrittsbarrieren. Im Vertrauen auf die eigenen Vorteile oder einen günstigeren Preis glaubt man, dass die Zielkunden sofort wechselbereit sind. Diesen Irrtum mussten einige junge Unternehmen im liberalisierten deutschen Strommarkt teuer bezahlen, da nur wenige Prozent der Stromkunden aufgrund eines günstigeren Preises den Stromlieferanten bisher wechselten.

Betriebsgrößenvorteile etablierter Unternehmen zwingen die Neugründung mit höheren Kosten in den Markt einzusteigen. Dieses meist in Massenmärkten auftretende Problem kann in jedem erfolgskritischen Funktionsbereich wie Produktion, Entwicklung, Marketing und Service auftreten. Um derartigen betriebsgrößenbedingten Problemen aus dem Weg zu gehen, suchen Gründer häufig Kooperationen, um gemeinsam Kapazitäten von Lieferanten auszulasten, die für den einzelnen Anbieter alleine nicht erreichbar wären.

Darüber hinaus werden von Porter (1992, S. 34) **größenunabhängige Kostennachteile** genannt, die einen Markteintritt eines Gründers verhindern können. Die etablierten Unternehmen können z.b. geschützt sein vor Neueintritten durch:

- Spezielle Technologie,
- Günstigen Zugang zu Rohstoffen,
- Exzellente Standorte,
- Staatliche Subventionen,
- Langjährige Erfahrung, die sich in Kostenvorteilen ausdrückt und
- Gesetzliche Zugangsbeschränkungen.

Können die wesentlichen Eintrittsbarrieren vom Gründungsunternehmen umgangen und ein Markteintritt realisiert werden, stellt sich die Frage, wie die etablierten Unternehmen auf den Markteintritt reagieren können.

2.2.3.4 Konkurrenzreaktionen auf neue Anbieter

Die Reaktion etablierter Wettbewerber auf den Neueintritt einer Unternehmensgründung hängt vor allem vom Bedrohungspotential ab, dass die Konkurrenten hinter der Neugründung vermuten. Dieses geht meistens vom **Substitutionspotential** des Leistungsangebotes des jungen Unternehmens aus. Je massiver die Gefahr, dass die Angebote der etablierten Anbieter in ihrer Existenz durch das Angebot der Neugründung bedroht werden, desto eher ist mit harten Vergeltungsreaktionen zu rechnen.

Allgemein sind nach Porter (1992, S. 42f.) umso stärkere Reaktionen der Wettbewerber (z.B. in Form eines Preiskampfes) zu erwarten:

- je mehr und ähnlich ausgestattete Wettbewerber es gibt,
- je langsamer die Branche wächst und eine Expansion einzelner Wettbewerber dadurch erschwert wird,
- je höher die Fixkosten der Wettbewerber in Relation zur Wertschöpfung sind, da dann sehr geringe Überkapazitäten hohen Druck auf die Gewinne der Wettbewerber machen können,
- je schwieriger und kostenintensiver die Lagerung von Überkapazitäten ist,

- je größer die Überkapazitäten im Markt insgesamt sind,

- je weniger sich die verschiedenen Leistungsangebote voneinander unterscheiden,

- je unterschiedlicher die Strategien der Wettbewerber und das damit verbundene Verhalten ist, so dass kein „branchenabgestimmtes Verhalten" entstehen kann,

- je mehr Konkurrenten wirtschaftlich und imagepolitisch vom Erfolg in der Branche abhängen und

- je höher die Kosten eines Marktaustritts für den jeweiligen Konkurrenten sind.

Um mögliche Reaktionsmuster der etablierten Konkurrenz abzuschätzen, empfiehlt sich nach einer detaillierten Konkurrenzanalyse, eine „Was wäre wenn-Analyse". Dabei werden ausgehend von den Stärken des jeweiligen Wettbewerbers Vergeltungsmaßnahmen als Reaktion auf den Markteintritt der Neugründung durchgespielt. Derartige Reaktionen sind z.b. preislich befristete Sonderaktionen, die Betonung langjähriger Erfahrungen in Werbekampagnen, Aufbau von Kundenbindungsprogrammen und mitunter sogar üble Nachrede, die Zweifel an der Leistungsfähigkeit der Produkte des Newcomers erzeugen soll.

Außerdem sollte ein Brancheninsider einmal gefragt werden, wie die verschiedenen in der Branche tätigen Unternehmen bei den Eintritten gescheiterter Konkurrenten in der Branchenhistorie reagiert haben. Ist die damals agierende Geschäftsführung mit der heutigen weitgehend identisch, ist die Wahrscheinlichkeit ähnlicher Vergeltungsmaßnahmen zur heutigen Zeitpunkt sehr groß. Das liegt daran, dass erfolgreiches Verhalten in der Vergangenheit gerne auch in der Zukunft wiederholt wird, so dass das Abwehrverhalten von Konkurrenten mitunter relativ leicht ausrechenbar ist. Das nachfolgende Schema kann bei der Durchführung einer „Was wäre wenn-Analyse" sehr hilfreich sein.

Analyse der Verteidigungsfähigkeit eines Konkurrenten			
	Verwundbarkeit des Konkurrenten durch das Ereignis	Ausmaß, in dem das Ereignis den Konkurrenten zur Vergeltung provozieren wird	Wirksamkeit der Vergeltungsmaßnahmen des Konkurrenten
Mögliche strategische Schritte unseres Unternehmens z.B. Markteintritt zum 01.08. im Segment Chemie	Eher gering, da in anderes vom Wettbewerber unbearbeitetes Marktsegment eingetreten wird	Kaum, da Markt wenig bearbeitet wird	Kampfpreise, starker Werbeeinsatz, wenn Maßnahmen erfolgen, dann sehr hoch
Denkbare Veränderungen des Umfeldes z.b. Nachfragerückgang und Kostensenkungsbestrebungen der Kunden	Sehr hoch, da stark konjunkturabhängig	Sehr hoch	Kurzfristig gering, da konjunkturelle Situation wenig zu beeinflussen, langfristig hoch bei Einführung einer Low-Cost-Produktlinie

Abb. 2-8: Analyse der Verteidigungsfähigkeit des Konkurrenten (in Anlehnung an Porter 1992, S. 104)

2.2.3.5 Ergebnis der Branchenbetrachtung

Am Ende einer Branchenbetrachtung kennen die Gründer ...

- die sich in der Branche befindenden Wettbewerber mit ihren Leistungsangeboten und jeweils bearbeiteten Teilmärkten,

- die Hauptkonkurrenten für die eigene Gründungsidee,

- die spezifischen Stärken und Schwächen dieser Hauptkonkurrenten,

- die spezifischen Eintrittsbarrieren in die Gruppe dieser Hauptkonkurrenten, sofern es mehrere Hauptwettbewerber gibt,

- die Reaktionsmöglichkeiten dieser Hauptkonkurrenten auf den Eintritt der Neugründung und

- Informationen über bisher noch nicht von den Wettbewerbern bearbeitete Marktnischen.

Vor allem letztere Information ist häufig für potentielle Gründer von enormer Wichtig-keit, wenn sich herausstellt, dass die eigene Gründungsidee mit übermächtigen Wettbe-werbern konkurriert und deshalb der Markteintritt als hoch risikobehaftet einzuschätzen ist. In jedem Fall muss der Gründer nach Abschluss der Branchenbetrachtung entschei-den, ob er seine Gründungsidee in Anbetracht der Branchensituation verändert bzw. sie auf andere Kundengruppen der Eintrittsbranche, in denen weniger starke Konkurrenten aktiv sind, anpasst.

2.3   Analyse von Markt und Kundenverhalten

2.3.1   Marktabgrenzung

Die Grundlage für eine Analyse des Marktes der Gründungsidee bildet eine genaue Ab-grenzung des betreffenden Marktes. Nur bei präziser Abgrenzung ist es möglich, die meist aus anderen Untersuchungen stammenden Informationen über den Markt der Gründungsidee richtig einzuordnen.

Ein Markt kann allgemein als die Gesamtzahl aller Käufer eines Leistungsangebotes ver-standen werden. Je nach Perspektive wird er jedoch unterschiedlich abgegrenzt. Bei der im Kapitel Branchenanalyse beschriebenen Leistungsangebots- / Kundensegment-Analyse hat der Gründer eine „Landkarte" der Wettbewerber in der Branche erstellt. Durch die Auswahl der Hauptkonkurrenten für das eigene Leistungsangebot hat er im-plizit auch eine Entscheidung über seine potentiellen Kunden getroffen, also den von ihm anvisierten relevanten Markt. Aus der Kundenperspektive betrachtet muss diese Marktdefinition nicht unbedingt zutreffend sein. Häufig vergleichen Kunden die Grün-dungsidee mit ganz anderen Angeboten als nur mit dem Leistungsangebot der Haupt-konkurrenten aus der Gründerperspektive.

Praktisch bedeutet das, dass für eine endgültige Marktabgrenzung auf die **Austausch-barkeit der Leistungsangebote aus Kundensicht** abzustellen ist. Deshalb kommt es häufiger vor, dass bei der Vorstellung einer Gründungsidee bei Zielkunden neue Substitutionsprodukte als Konkurrenz aus Nachfragersicht genannt werden, an die vorher nicht gedacht wurde. Dieses führt dann meist dazu, dass die anfängliche Marktabgrenzung zu erweitern ist und ggf. noch einige Konkurrenten zusätzlich zu betrachten sind.

Für eine erste Marktdefinition als Grundlage der Vorstellung der Gründungsidee bei potentiellen Zielkunden hat sich die **Abgrenzung eines Geschäftsfeldes** in Anlehnung an Abell (1980) bewährt. Danach erfolgt die Bestimmung des relevanten Marktes der Geschäftsidee anhand der Kriterien Produkt (Funktion / Technologie), Abnehmer und Region.

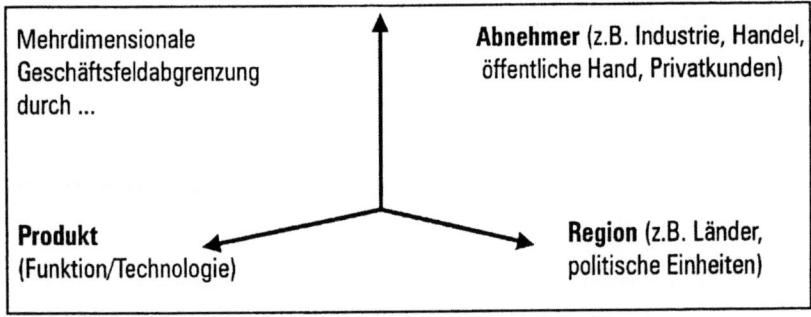

Abb. 2-9: Marktdefinition in Anlehnung an das Schema von Abell (1980)

Die Gründerin des Reisebüros für Seniorenreisen kann ihren Markt wie folgt definieren: „Unser Unternehmen bearbeitet den deutschen Markt (Region) für Kultur- und Bildungsreisen (Leistungsangebot) für Menschen ab 50 Jahren (Abnehmer)."

Ein Anbieter von Analysegeräten könnte formulieren: „Unser Zielmarkt sind weltweit Großunternehmen ab 10.000 Mitarbeitern in den Branchen Chemie und Petrochemie mit der Einsatzmöglichkeit für kontinuierliche Prozesswasseranalytik zur Bestimmung giftiger Wasserinhaltsstoffe." Mit Hilfe dieser **Marktdefinition** formuliert der Gründer den

Ausschnitt des Marktes, an den er sich vordringlich wenden möchte, um seine Idee zu verkaufen.

Oftmals können Gründer in dieser frühen Phase eine derartige Marktdefinition vor allem bezogen auf die Abnehmergruppen noch nicht endgültig leisten. Dieses Problem taucht vor allem bei technologischen Innovationen auf, wo eine Vielzahl von Anwendungsmöglichkeiten denkbar sind und diejenige Anwendung gesucht wird, die für die potentiellen Kunden den höchsten Nutzen und für den Gründer das höchste Gewinnpotential verspricht. Dann ist es erforderlich, alle potentiellen **Interessentengruppen** aufzulisten und danach zu sortieren, welche das **höchste Nutzenpotential** haben könnten. Entscheidend für die Rangreihung ist dabei die Begründung, warum dieser Nutzen vermutet wird. Ist man sich darüber unsicher, dann führt das oftmals dazu, Experten für das Anwendungsproblem zu Rate zu ziehen oder mit Personen der anvisierten Zielgruppe direkt in Kontakt zu treten. Im Anschluss daran können fast immer verschiedene Anwendungen des Leistungsangebotes ausgeschlossen und dadurch die Abnehmergruppe für eine Marktdefinition präziser gefasst werden. Hat man sich auf eine derartige Marktdefinition geeinigt, können nun die wesentlichen Informationen über den Zielmarkt zusammengetragen werden, um herauszufinden, ob dieser für einen Markteintritt attraktiv genug ist.

2.3.2   Beschaffung von Marktinformationen

Eine Reihe von Studien hat versucht herauszufinden, welche Merkmale „ideale" Eintrittsmärkte für Unternehmensgründungen aufweisen sollten (s. hierzu u.a. Rüggeberg 1997, Kulicke 1993). Nahezu alle Studien kommen zu der Aussage, dass sich ein möglichst hohes Marktwachstum als besonders günstig erweist.

2.3.2.1   Grundbegriffe der Marktanalyse

Um einschätzen zu können, wie sich ein Markt in der Vergangenheit entwickelt hat und zukünftig entwickeln wird, sollte der Gründer die Grundbegriffe zur Beschreibung von

Märkten kennen. Man unterscheidet das Marktpotential, das Marktvolumen und das Absatzvolumen. Die Abbildung stellt den Zusammenhang zwischen diese Größen dar.

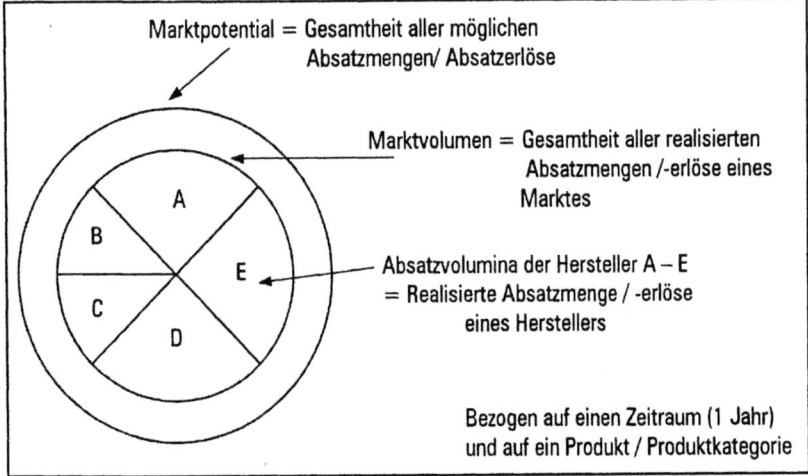

Abb. 2-10: Grundbegriffe der Marktanalyse (Becker 2001, S. 396)

Das **Marktpotential** beschreibt die Gesamtheit aller möglichen Absatzmengen bzw. Absatzerlöse. Es wird dazu verwendet, die maximal absetzbaren Mengen eines Leistungsangebotes unter theoretisch optimalen Bedingungen zu beschreiben. Man unterstellt bei Marktpotentialen, dass alle mit der erforderlichen Kaufkraft ausgestatteten Zielkunden das Produkt kaufen würden. Probleme der Erreichbarkeit bestimmter Zielgruppen, Distributionsschwierigkeiten oder spezifische Kaufwiderstände existieren bei dieser Betrachtung nicht. Deshalb stellt das Marktpotential auch die Obergrenze dessen dar, was von einem Angebot verkauft werden kann.

Im Gegensatz zum Marktpotential ist das **Marktvolumen** die Gesamtheit der von allen Anbietern eines Marktes realisierten Absatzmengen bzw. –erlöse. Hierbei handelt es sich um die tatsächlichen Verkäufe der Anbieter in einer Bezugsperiode (z.B. im vergangenen Jahr). In jungen Märkten liegt das Marktvolumen weit unter dem Marktpotential.

Das Verhältnis zwischen Marktvolumen und Marktpotential ist der sogenannte **Ausschöpfungsgrad des Marktes**, der die Marktsättigung beschreibt. Diese Größe ist wichtig, wenn man die noch vorhandenen Absatzmöglichkeiten in einem Markt abschätzen möchte. Bei gesättigten Haushaltsmärkten (z.b. Kühlschränken) liegt der Ausschöpfungsgrad zwischen 97 und 99%, d.h. nur wenige Prozent des Marktes haben augenblicklich noch keinen Kühlschrank. Der Ausschöpfungsgrad des Marktes für UMTS-fähige Mobiltelefone lag zu Beginn des Jahres 2003 in Deutschland schätzungsweise unter zwei Prozent, was die zu diesem Zeitpunkt hohen zukünftigen Absatzerwartungen der Mobiltelefonhersteller erklärt.

Die Steigerungsrate des Marktvolumens pro Jahr in Prozent drückt dann das für den Markterfolg eines Gründungsunternehmens so bedeutsame **Marktwachstum** aus. Je größer das noch unausgeschöpfte Potential und je stärker das erwartete Marktwachstum, desto einfacher ist es für den Gründer, Absatz- und Umsatzsteigerungen schnell zu erzielen.

Die von einem Anbieter in der Periode erzielten Absatzmengen und -erlöse bezeichnet man als mengen- oder wertmäßiges **Absatzvolumen**. Die Absatzerlöse berechnen sich aus der abgesetzten Menge eines Leistungsangebotes bewertet mit einem potentiell am Markt erzielbaren Durchschnittspreis. Setzt man dieses in Beziehung zum Marktvolumen erhält man den **Marktanteil** eines Anbieters, der sich aus dem Quotient von Absatz- und Marktvolumen entweder als mengen- bzw. wertmäßiger Marktanteil ergibt.

Auf einen wichtigen Zusammenhang in Verbindung mit Marktanteilen sei noch hingewiesen: Wächst das Absatzvolumen eines Unternehmens in einer Periode schneller als das Marktvolumen insgesamt, folgt daraus, dass es auf Kosten der Wettbewerber Marktanteile hinzugewinnt. Das bedeutet, dass die Wettbewerber möglicherweise Marktanteile verlieren, obwohl ihre eigenen Absatzvolumina wachsen - aber eben weniger als der Gesamtmarkt.

In der Praxis kennen nur sehr wenige kleine und mittlere Unternehmen ihren genauen Marktanteil, da selten exakte Informationen über das realisierte Marktvolumen vorliegen. Selbst bei sehr hohem Rechercheaufwand sind in Nischenmärkten diese Informationen höchstens grob schätzbar, da die beteiligten Unternehmen nicht durch Publizitätspflichten gezwungen sind, ihre Absatz- und Umsatzzahlen der vergangenen Perioden preiszugeben und auch unabhängige Marktforschungsunternehmen dort selten der Öffentlichkeit zugängliche Studien durchführen.

Jedoch muss sich der Gründer umso mehr mit der Beschaffung dieser Marktinformationen beschäftigen, je mehr die Finanzierung seiner Gründungsidee von Banken oder Venture Capital Gesellschaften abhängt. Diese verlangen fast immer Informationen über die Entwicklung des Zielmarktes und sind vor allem am Nachweis eines Marktwachstums interessiert. Dieses stellt für viele Gründer ein großes Problem dar, da die Recherche dieser Marktinformationen sehr arbeitsintensiv ist und trotz intensiver Analysearbeit mitunter nur ungenaue oder widersprüchliche Angaben zum eigenen Markt verfügbar sind. Dann ist man gezwungen, selbst eine Prognose der Marktentwicklung auf der Basis des erhältlichen Materials zu entwickeln.

Zunächst wird deshalb auf die Beschaffung und Auswertung von Marktdaten eingegangen. Der darauffolgende Abschnitt beschäftigt sich dann mit dem Problem, dass für den eigenen Markt keine verwendbaren Informationen vorliegen und eine Schätzung des Marktpotentials für die Gründungsidee vorzunehmen ist.

2.3.2.2 Marktdatenbeschaffung durch Sekundärforschung

Sekundärforschung (oder auch Desk Research) gewinnt Informationen aus bereits vorhandenem Datenmaterial, das meist von Dritten für ähnliche oder auch ganz andere Untersuchungszwecke erhoben worden ist (Berekoven / Eckert / Ellenrieder 1999, S. 43). Das erste Rechercheinstrument ist, wenn man sich nicht sehr gut in einer Branche auskennt, hierfür fast immer das Internet, wobei es jedoch auf die Auswahl der Suchbegriffe ankommt. Bei der **Internet-Recherche** nach Marktinformationen hat es sich bewährt, Fachbegriffe wie „Marktanalyse" „Marktvolumen" oder „Marktpotential" mit Kernbegriffen des Zielmarktes (z.B. „Seniorenreisen" oder „Wassersportartikel") zu verknüpfen, um auf Studien zum Gründungsmarkt zu stoßen. Wichtige **Informationsanbieter** zu branchenspezifischen Informationen sind auch die Geschäftsbanken, Handelskammern, Wirtschaftsverbände, Verlage sowie Marktforschungsinstitute wie die Gesellschaft für Konsumforschung (GfK). Für den Außenhandel bietet auch die Bundesstelle für Außenhandelsinformationen (BfAI) vielfältige Informationen und individuelle Beratung an. Mitunter verfassen auch Studenten als Abschlussarbeit eine Marktanalyse, die bei den Anbietern von Diplomarbeiten im Internet erhältlich ist.

Hat man das Glück und findet eine aktuelle Studie über die Entwicklung „seines" Marktes, dann sollte jedoch immer eine **kritische Prüfung des gefundenen Materials** erfolgen. Denkt man sogar über den Kauf einer Studie nach, sollte man sich zuerst die **Schwachstellen von Sekundärinformationen** vor Augen führen. Diese liegen in mangelndem Bezug auf die eigene Fragestellung, hoher Unsicherheit in Bezug auf die Genauigkeit der Informationen, schwieriger Vergleichbarkeit vor allem bei Statistiken und unzureichender Aktualität (Berekoven / Eckert / Ellenrieder 1999, S. 47-48). Als Ausweg bietet es sich an, mit dem Informationsanbieter einer Marktanalyse in direkten Kontakt zu treten und die Qualität der Studie für die eigene Problemstellung zu klären. Diese lässt sich mit folgenden Fragen abschätzen:

Welcher Markt ist genau untersucht worden und wie wurde er abgegrenzt? Entspricht die in der Studie verwendete Abgrenzung nicht der Marktabgrenzung des Gründungsmarktes oder sind nur Teile des eigenen Marktes enthalten, gibt es meist erhebliche Schwierigkeiten, die Studienergebnisse korrekt auf die eigene Fragestellung zu beziehen. Es kommt dann in der Folge meist zu erheblichen Fehlinterpretationen, wenn man diese Ergebnisse als Grundlage für die Entwicklung des Marktes der Gründungsidee heranzieht.

Zu welchem Zeitpunkt wurde für welchen Zeitraum die Marktentwicklung prognostiziert? In sehr schnelllebigen Branchen sind die Prognosedaten, die vor zwei Jahren für den heutigen Zeitpunkt erstellt wurden, weit entfernt von der heutigen Marktentwicklung. Das kann an außergewöhnlichen Ereignissen liegen (siehe die Veränderung des Reisemarktes nach den Terroranschlägen des 11. Septembers 2001), an technologischen Umwälzungen oder langsamerer Verbreitung einer Technologie bei den Anwendern (siehe die deutlich langsamer als prognostiziert verlaufende Entwicklung des Einkaufsverhaltens im Internet). In jedem Fall ist zu prüfen, ob der Prognosezeitpunkt der Studie vor oder nach Schlüsselereignissen einer Branche lag.

Mit welcher Methode (z.B. mündliche oder schriftliche Befragung, Beobachtung, Sekundärdatenauswertung) wurden die Daten gewonnen? Bei Ergebnissen von Primärforschung (field research), also eigenen oder fremd vergebenen Befragungen oder Beobachtungen durch den Studienanbieter, ist vor allem wichtig, ob die zugrundeliegende Stichprobe repräsentativ für die Grundgesamtheit aller Unternehmen oder Konsumenten des Marktes ist. Repräsentativ bedeutet, dass möglichst sicher und exakt aus der gezogenen Stichprobe (Befragte) auf die Verhältnisse in der Grundgesamtheit (Markt) zurückgeschlossen werden kann.

Auf welchen Annahmen basieren Hochrechnungen über die prognostizierte Marktentwicklung? Diese Frage, die schon tief in die Entstehung einer Marktstudie eindringt, kann meist nur von den durchführenden Experten beantwortet werden. Bei Studien, deren Analyseergebnisse durch Hochrechnungen anderer Sekundärdaten entstanden sind, ist es jedoch wichtig zu erfahren, welche Basisdaten aus welchen Quellen verwendet wurden und wie solide die Annahmen sind, auf denen die nachfolgende Hochrechnung für den betrachteten Markt beruht. Beispielsweise steht hinter jeder Prognose des Marktwachstums eine Annahme über das Kaufverhalten von Einzelpersonen oder Organisationen. Entscheidend ist z.B., ob sich die Anzahl der Konsumenten für ein Gut oder der Pro Kopf-Verbrauch erhöht, was für die weitere Interpretation der Zahlen unter Marketinggesichtspunkten von hoher Bedeutung ist. Im ersteren Fall beruht das Wachstum auf einem noch unausgeschöpften Potential an Verwendern; im zweiten Fall ist die Verwendergruppe anscheinend nicht mehr zu erweitern und nur noch die Verwendungsintensität zu erhöhen.

Kann man eine solide und für den anvisierten Markt geeignete Studie günstig erwerben, sollten die enthaltenen Informationen detailliert ausgewertet werden, um den maximalen Nutzen daraus zu ziehen.

2.3.2.3 Auswertung von Sekundärdatenmaterial

Häufig ist die Freude über eine Marktstudie zum Zielmarkt mit der Angabe langfristig attraktiver Wachstumsraten bei Gründern so groß, dass die enthaltenen Zahlen weitgehend unkritisch in der Geschäftsplanung Verwendung finden. Tatsächlich sollten die durch Sekundärforschung zusammengetragenen **Informationen** genau dahingehend analysiert werden, inwieweit sie wirklich **für den Markt der Gründungsidee aussagekräftig** und vor allem wie plausibel die Marktvolumensangaben für den Gründungsmarkt sind. Außerdem sollten die einer Marktentwicklungsprognose zugrundeliegenden Annahmen auf ihre Richtigkeit geprüft werden.

Verfügt man über solides und für den Zielmarkt geeignetes Studienmaterial, dann ist vor allem die **Plausibilität der angegebenen Marktvolumina** zu überprüfen. Das ist möglich unter Einbeziehung der Ergebnisse der Konkurrenzanalyse, da die Umsätze der einzelnen Wettbewerber zusammen das Marktvolumen ergeben müssen. Weicht die Summe der Umsätze aller Hauptwettbewerber in einem Jahr erheblich vom angegebenen Marktvolumen in der Studie ab, dann müssten eine Vielzahl kleiner Wettbewerber in der Branche existieren. Ist dieses nicht der Fall, dann sollte man versuchen, die Ursache für dieses sehr unterschiedliche Bild des Marktes herauszufinden. Da praktisch jeder Markt einem übergeordneten Gesamtmarkt zurechenbar ist (also der Markt für Seniorenreisen einem Gesamtmarkt für Urlaubsreisen), müssen häufig die Informationen einer Marktstudie dahingehend unterschieden werden, wie spezifisch sie für den Markt der Gründungsidee wirklich gelten. Beispielsweise kann es erforderlich sein, aus einer Studie über den Reisemarkt den Anteil des Teilmarktes der Seniorenreisen herauszurechnen, um diesen später als Bezugsbasis für die eigenen Überlegungen zu verwenden.

Besondere Vorsicht ist bei der Übernahme von **Marktentwicklungsprognosen** aus Sekundärmaterial geboten. Werden über mehrere Jahre sehr hohe Wachstumsraten des Marktvolumens von z.B. mehr als 20% pro Jahr vorausgesagt, dann ist genauestens zu prüfen, welche Annahmen dieser Marktentwicklung zugrunde liegen. „Treiber" eines Marktwachstums, also des Anstiegs der Marktvolumina in einem Zeitraum, sind nicht nur Aktivitäten der Marktteilnehmer (wie z.B. Marketinganstrengungen der Anbieter) sondern vor allem **Umfeldveränderungen.** Jeder Markt ist in Umfeldbedingungen makroökonomischer, sozio-kultureller, politisch-rechtlicher, technologischer und ökologischer Art eingebettet. Die Gründer sollten sich deshalb fragen, welche Umfeldeinflüsse besonders stark positiv oder negativ auf den Zielmarkt einwirken.

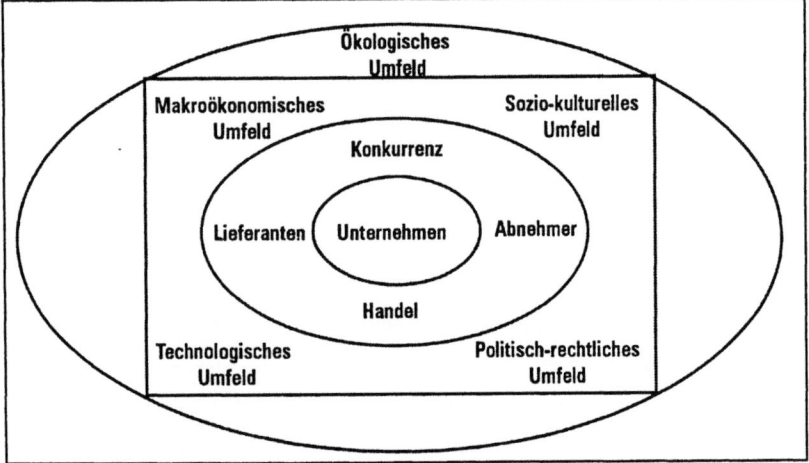

Abb. 2-11: Das Unternehmensumfeld

Beispielsweise kann eine neue Umweltgesetzgebung mit veränderten Grenzwerten das Potential eines Marktes innerhalb kürzester Zeit um ein Vielfaches erhöhen. Dieses war z.b. bei der Einführung des Abgaskatalysators für PKW oder den staatlichen Fördermaßnahmen für Windkraft- und Solaranlagen gut zu beobachten.

In vertrauenswürdigen Marktstudien werden die einem Wachstumsverlauf zugrundeliegenden Trends detailliert mit den vermuteten Einflüssen auf den betrachteten Markt beschrieben und nach Möglichkeit in ihrer kurzfristigen, mittelfristigen und langfristigen Bedeutsamkeit unterschieden. Entscheidend ist für den Gründer dabei weniger die Quantifizierung, d.h. um wie viel Prozent ein Markt in seinem Marktvolumen beeinflusst, sondern vor allem, ob er stark positiv oder negativ beeinflusst wird. Die Bewertungen von Zukunftstrends, die meist auf Expertenurteilen oder Hochrechnungen beruhen, werden

den dann als **Chancen und Risiken eines Marktes** bezeichnet werden. Am Beispiel des
Reisemarkts für Senioren könnten wesentliche Trends wie folgt beschrieben werden:

Chancen und Risken		
Trend **Zeithorizont**	**Chance (positiver Trend)**	**Risiko (negativer Trend)**
Kurzfristig **(bis Ende 1. Jahr)**	- Beendigung von Kriegs- handlungen in der Nähe der von Senioren bevor- zugten Urlaubsgebieten	- Konjunktureinbruch mit damit verbundener wirt- schaftlicher Unsicherheit
Mittelfristig **(ab 2. bis 4. Jahr)**	- Trend zur Frühverrentung bei hoher Arbeitslosigkeit	- Höhere Abgabenlast für Se- nioren bei Krankenversiche- rung und Renten
Langfristig **(ab 5. Jahr)**	- Demographische Entwick- lung mit immer mehr alten Menschen - Höhere Vitalität im Alter aufgrund verbesserter Ge- sundheitssituation	- Erhöhung des Rentenein- trittsalters

Abb. 2-12: Mögliche Chancen und Risiken aus dem Umfeld des Seniorenreisemarktes

Entscheidend ist, dass der erwartete Verlauf der Marktentwicklung plausibel durch die
zugrundeliegenden Trends in einer Marktstudie begründet wird. Dann kann nachvollzo-
gen werden, auf welchen Annahmen die prognostizierte Steigerung eines Marktvolumens beruht. Hat der Gründer Zweifel an diesen Annahmen, sollte er entsprechend seinen eigenen Vorstellungen korrigierte, aber gut begründete Alternativvorstellungen
verwenden, um eine verbesserte Marktprognose für seinen Markt abzuleiten. Dabei empfiehlt es sich, vom sogenannten worst case, also einer eher pessimistischen Entwicklung
auszugehen, um für das eigene Geschäft auf der sicheren Seite zu sein.

Die gedankliche Auseinandersetzung mit den Chancen und Risken eines Marktes ist
auch vor dem Hintergrund des Aufbaus eines **marktbezogenen Frühwarnsystems**
wichtig. Hat man sich mit den einem prognostizierten Marktwachstum zugrundeliegenden Trends auseinandergesetzt, dann kann man in der späteren Geschäftsentwicklung

darauf achten, welche Trends bestehen bleiben, sich verstärken oder abschwächen und welche neu dazukommen. Dadurch ist es frühzeitig möglich, auf den eigenen Markt gefährdende Einflüsse zu reagieren und Anpassungsmaßnahmen einzuleiten.

In jedem Fall sollte am Ende des Analyseprozesses einer Marktstudie feststehen, ob die vorliegenden Informationen über den Markt der Gründungsidee direkt in die eigenen Planungen übernommen werden können oder ggf. mit Hilfe eigener Annahmen entsprechend modifiziert werden müssen. Wenn man von einem Geldgeber Kreditmittel in Anspruch nehmen will, ist eine Prognose des Marktvolumens des Zielmarktes wenigstens für die nächsten drei Jahre erforderlich. Stellt sich heraus, dass eine derartige Prognose mit den vorhandenen Sekundärinformationen nicht möglich ist, kann man versuchen, das Marktpotential des Zielmarktes für die eigene Geschäftsidee selbst abzuschätzen.

2.3.2.4 Grundlagen der Marktpotentialschätzung

Grundlage einer Marktpotentialabschätzung ist die Überlegung, dass es längerfristig für jede Geschäftsidee einen ausreichend großen Kundenkreis geben muss, der das Überleben sichert. Diesen potentiellen **Kundenkreis** kann man auch als Anzahl von Personen oder im Business-to-Business-Bereich von Organisationen interpretieren, die **folgende Voraussetzungen** erfüllen (s. Kotler / Bliemel 2001, S. 237ff.):

– **Interesse am Kauf des Leistungsangebotes,**
– **Ausreichend vorhandene Kaufkraft,**
– **Zugang zum Leistungsangebot,**
– **Vorhandene Voraussetzungen zur Nutzung des Leistungsangebotes.**

Dieser Zusammenhang sei am Beispiel der Existenzgründerin erklärt, die exklusive Tauchreisen für Anfänger über das Internet an Senioren verkaufen möchte. Der potentielle Markt für diese Idee setzt sich zusammen aus allen Senioren, die Interesse an Tauchreisen bekunden. Dieser potentielle Markt wird zahlenmäßig eingeschränkt, da sich nur ein begrenzter Teil der Senioren einen Urlaub mit einem Preis von ca. 3000 EUR für zwei Wochen leisten können. Er verringert sich weiterhin dadurch, dass nur Senioren mit Zugang zum Internet die Reise buchen können und als Grundvoraussetzung der Reiseteilnahme eine Bescheinigung der körperlichen Fitness für einen Tauchkurs durch den Hausarzt vorliegen muss. Man erkennt, dass sich der Markt der potentiell tauchreisewilligen Senioren durch diese Kriterien deutlich verringert. Nicht der allgemeine Reisemarkt für Senioren ist also Grundlage des Unternehmenserfolges, sondern der nach obigem Muster bestimmte **qualifizierte zugängliche Markt** (Kotler / Bliemel 2001, S. 238) der Gründungsidee. Diesen gilt es in seinem Potential zum heutigen Zeitpunkt und businessplanüblich für die nächsten drei Jahre zu bestimmen. Dieses Potential lässt sich nach folgender Formel berechnen:

Marktpotentialberechnung
$Q = n \times q \times p$
Q = Ausschöpfbares Potential des qualifizierten zugänglichen Marktes der Gründungsidee (in EUR)
n = Anzahl der Käufer im Zielmarkt unter angenommenen Umfeldbedingungen
q = durchschnittlich gekaufte Menge pro Käufer
p = Durchschnittspreis pro Mengeneinheit (in EUR)

Abb. 2-13: Marktpotentialberechnung

Dabei beziehen sich alle Angaben auf einen festgelegten Zeitraum von meist einem Jahr. Weiterhin ist die Höhe des Marktpotentials abhängig von schon im letzten Kapitel beschriebenen Umfeldfaktoren. In Rezessionszeiten ist üblicherweise das Marktpotential geringer als zu Zeiten einer ausgeprägten Hochkonjunktur, was bei der Prognose der Marktentwicklung von Bedeutung sein wird.

Will ein Gründer zunächst einmal das Marktpotential zum heutigen Zeitpunkt abschätzen, besteht meist das Kernproblem in der Festlegung der Anzahl (n) der möglichen Käufer der Gründungsidee. Entsprechend der oben genannten Kriterien ergibt sich diese aus der Gesamtzahl aller Organisationen bzw. Konsumenten innerhalb der vorgenommenen Marktabgrenzung abzüglich der Personen ohne Interesse, Kaufkraft, Marktzugang und Voraussetzungen zur Nutzung.

Bestimmung der potentiellen Käufer des Zielmarktes
n = Gesamtzahl aller potentiellen Käufer nach gegebener Marktabgrenzung
- potentielle Käufer ohne Marktzugang
- potentielle Käufer ohne Nutzungsvoraussetzungen
- potentielle Käufer ohne Kaufkraft
- potentielle Käufer ohne Interesse für das Leistungsangebot
= Anzahl der Käufer im Zielmarkt unter angenommenen Umfeldbedingungen

Abb. 2-14: Bestimmung der potentiellen Käufer des Zielmarktes

Bestimmung der Anzahl der potentiellen Käufer: Ausgehend von der vorgenommenen Marktabgrenzung kann man z.b. mit Hilfe überwiegend kostenlos erhältlicher Kataloge von Adressanbietern (in Deutschland u.a. Schober) die Anzahl von Organisationen (z.b. Chemieunternehmen in Deutschland ab 500 Mitarbeiter) oder Privatkunden (Anzahl der über 50-Jährigen in Deutschland mit einem Haushaltseinkommen von mehr als 3000 EUR) in einem Gebiet abschätzen.

Anschließend versucht man, die Kundengruppen ohne Nutzungsvoraussetzungen oder Marktzugang zu identifizieren, um sie dann von der Gesamtanzahl der Käufer abzuziehen. Für Internetanbieter verringert sich also die Anzahl potentieller Käufer um alle potentiellen Kunden, die keinen Internetzugang nutzen können. Unternehmen, die zwar über das Internet verkaufen, jedoch nur in einem bestimmten Gebiet ihre Leistung anbieten (wie z.B. Videotheken mit Vor-Ort-Lieferservice), müssen die potentiellen Käuferzahlen auf das Gebiet des Lieferservice anteilsmäßig herunterbrechen, da eine Lieferung an Personen außerhalb des Gebietes üblicherweise nicht erfolgt.

Größtes Problem bleibt die Bestimmung des Prozentsatzes an **Interessenten für das eigene Leistungsangebot**. Im Kern bedeutet es, dass nur diejenigen, die gegenüber Alternativangeboten einen deutlich erhöhten Nutzen durch die Gründungsidee erhalten, als wirkliche Interessenten gelten können. Wo die kaufverhaltensändernde Grenze eines verbesserten Nutzenangebots liegt, kann nur individuell für ein Leistungsangebot bestimmt werden. Häufig hilft ein Akzeptanztest der Gründungsidee (s. das folgende Kapitel), diese Grenze näherungsweise zu ermitteln.

Je ähnlicher die entsprechende Leistung zu bekannten und an anderen Orten schon existierenden Leistungen ist, desto eher kann man bei vergleichbaren Umfeldbedingungen branchenübliche Kennzahlen zur Abschätzung des Potentials an Kaufinteressenten verwenden. Derartige Kennzahlen sind durch Befragung des Personals oder in der Geschäftleitung tätiger Personen von vergleichbaren Einrichtungen relativ leicht zugänglich. Mitunter können Branchenberichte von Banken hier wertvolle Informationen geben.

Nachfolgend soll beispielhaft die **Marktpotentialabschätzung** für eine Kinderbetreuungseinrichtung in einem Einkaufszentrum beschrieben werden, dass überwiegend von im Stadtbezirk ansässigen Familien besucht wird. Für diese Abschätzung wurden drei Datenquellen miteinander kombiniert: Die Angaben des statistischen Landesamtes, Ergebnisse eines Gesprächs mit dem Einkaufscenter-Management (*) und die Resultate der Befragung einer anderen Kinderbetreuungseinrichtung (**) in einem Einkaufszentrum. Die aus der Befragung einer vergleichbaren Kinderbetreuungseinrichtung gewonnenen Informationen können nur bei ähnlichem sozialen und wettbewerblichen Umfeld und bei gleich guten Marketingmaßnahmen unverändert übernommen werden. Die aus dem Datenbestand des Einkaufscenters zur Verfügung gestellten Informationen sind jedoch auch relativ einfach durch Befragungen der Besucher des Einkaufscenters ermittelbar.

Je innovativer das Leistungsangebot des Gründers und je größer die Veränderungen, die bei der Nutzung des Angebots für den Kunden entstehen, desto sinnvoller ist ein sogenannter Akzeptanztest der Gründungsidee bei den Zielpersonen. Dieser verfolgt das Ziel, das Interesse der potentiellen Kunden an der Geschäftsidee, deren Nutzungsintensität und Preisbereitschaft zu ermitteln. Dann könnten im folgenden Beispiel die drei mit (**) gekennzeichneten Annahmen einer anderen Kinderbetreuungseinrichtung durch die eines Akzeptanztestes bei den Besuchern dieses Einkaufscenters ersetzt werden. Dadurch wäre eine genauere Marktpotentialschätzung möglich, auf der später die Prognose des Absatzvolumens der Geschäftsidee beruhen wird.

Abschätzungsbeispiel für das Marktpotential	
In einer Großstadt leben ... Kinder unter 18 Jahren, von denen...	300.000 Kinder
2/3 in der Altersklasse zwischen 1 und 12 Jahren sind, ...	200.000 Kinder
von denen wiederum 8% im Stadtteil des Einkaufszentrums leben. (alles Angaben des Statistischen Landesamtes)	16.000 Kinder
In einem Haushalt mit Kindern (Paare oder Alleinerziehende) dieser Stadt leben durchschnittlich 1,4 Kinder, so dass es in diesem Stadtbezirk ...... Haushalte mit Kindern gibt (Angabe des Statistischen Landesamtes)	11.428 Haushalte
24% (*) aller Haushalte des Stadtbezirkes mit Kindern kaufen im Einkaufszentrum ein (Angaben des Einkaufscenter-Managements)	3.885 Haushalte
und kommen durchschnittlich 4,2 mal (*) pro Monat (Angabe des Einkaufscenter-Managements), was ....Besuche von Haushaltsmitgliedern ergibt.	16.317 Besuche
Pro Besuch im Monat werden durchschnittlich 1,1 Kinder (*) mitgebracht (Angabe des Einkaufscenter-Managements), so dass insgesamt .... Kinder pro Monat in das Einkaufszentrum kommen.	17.949 Kinder
Eine ähnliche Kinderbetreuungseinrichtung in einem Einkaufszentrum eines anderen Bezirks hat ermittelt, dass durchschnittlich über das Jahr **14%** (**) der Besucher mit Kindern das Angebot der Betreuungseinrichtung während der Einkaufszeit nutzen. Unterstellt man diesen Anteil auch für diesen Stadtbezirk ergibt sich ein **mengenmäßiges Marktpotential pro Monat** von .....,	**2.512 Kinder**
...die durchschnittlich **1,2 Std.** (**) in der Kinderbetreuungseinrichtung bleiben (Angaben des Personals einer vergleichbaren Kinderbetreuungseinrichtung), das sind....	**3.014 bezahlte Betreuungsstunden**
Bei Annahme eines Preises pro Betreuungsstunde von **3,- EUR** (**) (Preis der existierenden Kinderbetreuungseinrichtung) ergibt sich ein **wertmäßiges Marktpotential von ..... pro Monat.**	**9.042,- EUR**
x 12 Monate (unter Vernachlässigung des Unterschiedes zwischen höher frequentierten Winter- und weniger frequentierten Sommermonaten), so dass ein **wertmäßiges Marktpotential pro Jahr von ... zu erschließen ist.**	**108.504 EUR**

Abb. 2-15: Abschätzungsbeispiel des Marktpotentials für eine Kinderbetreuungseinrichtung in einem Einkaufszentrum

2.3.2.5 Akzeptanztest des Konzepts der Geschäftsidee

Ein Konzepttest dient der Vorstellung eines Leistungsangebotes bei den relevanten Personen oder Organisationen der Zielgruppe. Dabei wird im Gegensatz zum Produkttest kein physisch vorliegendes Produkt, sondern nur die Grundidee mit Hilfe von Photos oder einfachen Beschreibungen präsentiert (hierzu Berekoven / Eckert / Ellenrieder 2001, S. 155 und 161; Kamenz 1997, Henze 1994, Hamman / Erichson 1990). Ein Test des Konzeptes der Geschäftsidee auf Akzeptanz soll feststellen, ob und mit welcher Intensität potentielle Zielkunden Kaufbereitschaft äußern und vor allem, worin diese begründet ist. Durch Test verschiedener Preise für das Leistungsangebot kann die Kaufbereitschaft auch hinsichtlich des gebotenen Preis- / Leistungs-Verhältnises abgeschätzt werden. Dazu besteht bei einem Akzeptanztest die Gelegenheit, Rahmenbedingungen einer Kaufentscheidung und die Wichtigkeit von Kaufentscheidungskriterien zu erfahren. Zu den Rahmenbedingungen einer Kaufentscheidung gehören z.b. Informationen über Kaufhäufigkeiten von vergleichbaren Produkten, die Länge des für einen Kauf benötigten Entscheidungszeitraumes oder die an der Kaufentscheidung beteiligten Personen. Wie für jede Art von Marktforschung ist auch für einen Akzeptanztest die verwendete **Methode und das Auswahlverfahren der Zielpersonen** zu bestimmen sowie ein **Erhebungsinstrument** (z.B. ein Frageleitfaden) zu entwickeln.

Bei den Methoden unterscheidet man **Beobachtung, Befragung** und **Experiment**, wobei ein Experiment auf Befragungs- oder Beobachtungselementen beruht.

Ein **Experiment zur Akzeptanzbestimmung** einer Gründungsidee wäre z.B. die Schaltung einer Kleinanzeige in der Regionalpresse, in der das Leistungsangebot stichwortartig beschrieben wird. Die eingegangenen Antworten werden dann im persönlichen Gespräch (also per Befragung) ausgewertet. Hat man dagegen einen Trinkbecher für Kleinkinder entwickelt, ist die direkteste Information über die Akzeptanz des Produktes beim Nutzer, das Verhalten der Kinder im Umgang mit dem Produkt zu beobachten.

In den meisten Fällen der Akzeptanzprüfung wird das **Befragungsverfahren** eingesetzt, wobei man generell zwischen mündlichen, fernmündlichen und schriftlichen Befragungen unterscheiden kann. Da Unternehmensgründer meist über keine technische EDV-

Unterstützung für ein Befragungsverfahren verfügen, können edv-gestützte Varianten an dieser Stelle vernachlässigt werden.

Ein **Problem von Akzeptanztests** liegt in Missverständnissen über Art und Verwendungsmöglichkeiten der Geschäftsidee, die auch bei bester Beschreibung auftreten und normalerweise nur im persönlichen Gespräch geklärt werden können. Besteht hohes Interesse potentieller Zielkunden können sehr intensive Gespräche geführt werden, die ein Vielfaches der Informationen einer postalischen schriftlichen Befragung hervorbringen. Der im Gegenzug höhere Aufwand rechtfertigt sich meist durch eine erheblich bessere Informationsqualität, die sich in vielen Nebeninformationen widerspiegelt, die man im Verlauf des Gesprächs verbal und non-verbal von den Befragten erhält. Da die meisten Gründer nicht als Interviewer ausgebildet sind, besteht jedoch die Gefahr z.B. durch die Verwendung von Suggestivfragen („Sie möchten doch auch ...") erwünschtes Antwortverhalten zu provozieren. Da sich dieses Problem vergleichsweise einfach durch die richtige Auswahl von Fragen und Selbstdisziplin bei der Ausführung lösen lässt, sollte man aus den oben genannten Gründen Befragungen bei Akzeptanztests möglichst mündlich oder zumindest fernmündlich durchführen.

Eines weiteres Problem besteht in der **Auswahl der zu befragenden Unternehmen bzw. Organisationen.** Man unterscheidet zwischen Erhebungen bei allen potentiellen Käufern einer Zielgruppe (**Vollerhebung**) und dem Ziehen einer Stichprobe (**Teilerhebung**). Vollerhebungen sind oft nur in sehr kleinen Business-Märkten durchführbar, wobei sich jedoch der damit verbundene Aufwand meist bezahlt macht. Das liegt vor allem an der Möglichkeit, seine potentiellen Geschäftspartner kennen zu lernen. Vereinzelt kommt es zu Situationen, in denen potentielle Unternehmensgründer mit ihrem Angebot „offene Türen" einliefen und außer mit Befragungsergebnissen schon mit dem ersten Kunden für ihre Idee nach Hause gingen.

Sobald die Anzahl der potentiellen Abnehmer eine Größenordnung von mehreren hundert Personen oder Organisationen übersteigt, wird eine **Teilerhebung** für einen Akzeptanztest erforderlich. Will man die Ergebnisse dann für eine Hochrechnung auf das Interesse der Gesamtheit aller Käufer an der Gründungsidee nutzen, ist dieses streng genommen nur dann möglich, wenn die Informationen durch eine **repräsentative Studie** in der Zielgruppe gewonnen wurden. Zur Ziehung einer Stichprobe aus der Grundgesamtheit unterscheidet man zwischen dem **Verfahren** der willkürlichen Auswahl, Zufallsverfahren und Verfahren der bewussten Auswahl (s. hierzu Kamenz 1997, S. 133ff.).

Beim **willkürlichen Verfahren**, der einfachsten Möglichkeit, wählt man die zu befragenden Personen nach „Lust und Laune" aus, mit dem Nachteil, dass die Ergebnisse keine Rückschlüsse auf die Grundgesamtheit zulassen. Dieses sollte man allenfalls für die Durchführung eines ersten Tests des eigenen Frageleitfadens machen.

Das **einfache Zufallsauswahlverfahren** setzt voraus, dass die Zielgruppe vollständig in einem Adressverzeichnis vorliegt. Verfügt man z.b. über eine handelsübliche Adress-CD-ROM und geht man pragmatisch davon aus, dass alle Einwohner Deutschlands dort enthalten sind, dann kann man zufällig aus dieser CD-ROM eine Stichprobe ziehen. Richtet man sich nur an den Münchener Markt zieht man natürlich nur für die Stadt München per Zufall Adressen von zu befragenden Personen oder Organisationen, mit denen man dann in Kontakt tritt.

Die **Größe dieser Stichprobe** kann man berechnen, wobei diese **unabhängig** von der Größe der Zielgruppe ist, wenn man sich in Massenmärkten mit sehr großen Grundgesamtheiten bewegt. Bezieht sich die Fragestellung des Akzeptanztests auf die Größe von Anteilen an einer Grundgesamtheit (also z.B. wie viel Prozent einer Zielgruppe werden die neue Geschäftsidee verwenden?), richtet sie sich nach:

- der Verteilung der tatsächlichen Anteilsmerkmale in der Grundgesamtheit,
- nach der Wahrscheinlichkeit, mit der die Aussage aufgrund der Stichprobe gelten soll und
- nach der Fehlertoleranz, die vom Problem her noch tragbar ist (Weis 2001, S. 138).

Die **Bestimmung der Stichprobengröße** für einen Akzeptanztest auf Basis einer Zufallsstichprobe zeigt folgendes Beispiel:

Bestimmung einer Stichprobengröße

Fragestellung: Wie viel % der Zielgruppe werden die Gründungsidee kaufen?

Formel zur Bestimmung der Stichprobengröße:

$$n = \frac{t^2 \times p \times q}{e^2} \qquad\qquad n = \frac{2^2 \times 0,5 \times 0,5}{0,06^2}$$

Der gesuchte Stichprobenumfang beträgt 278 Personen.

n = Stichprobenumfang

p = Anteil der Elemente in der Stichprobe, welche die (gesuchte) Merkmalsausprägung „kaufen" aufweisen

q = Anteil der Elemente in der Stichprobe, welche die Merkmalsausprägung „kaufen" nicht aufweisen

e = Zulässiger Fehler (z.B. 6%)

t = Sicherheitsfaktor (t=2, entspricht 95,5 Wahrscheinlichkeit, daß die Stichprobe im zulässigen Fehlerbereich liegt)

Da man den **Anteil der potentiellen Käufer** normalerweise nicht kennt, setzt man für p und q jeweils 50% ein, woraus sich die höchstmögliche Stichprobengröße ergibt.

Der **zulässige Fehler** gibt an, wie weit der ausgewiesene Wert der Stichprobe vom wahren Wert der Grundgesamtheit abweichen darf. Setzt man 6% ein, bedeutet das, das der ermittelte Wert für die Kaufwahrscheinlichkeit in der Stichprobe um 6% nach oben und unten vom wahren Wert der Grundgesamtheit (z.B. 10% Kaufinteresse) abweichen kann, also zwischen 4 und 16% liegen kann. Will man es noch genauer wissen, steigt natürlich auch die erforderliche Stichprobengröße an.

Der **Sicherheitsfaktor** bestimmt, in wie viel % der Stichprobenziehungen dieses Ergebnis von 10 +/- 6% erzielt wird. Bei einem standardmäßig in der Marktforschung verwendeten Sicherheitsfaktor von t= 2 sind das 95,5%, d.h. nur in 4,5% der Fälle liegt der wahre Wert der Kaufwahrscheinlichkeit in der Grundgesamtheit außerhalb des Vertrauensbereiches von 10% +/- 6%. Ein t=3 steigert die Wahrscheinlichkeit auf 99,7%, reduziert also die Irrtumswahrscheinlichkeit auf 0,3%, aber auch die erforderliche Stichprobengröße steigt stark an.

Abb. 2-16: Bestimmung einer Stichprobengröße

Hat man die Grundgesamtheit nicht als Adressdatei zur Verfügung (kennt also auch nicht ihre Größe), sondern nur die Verteilung für die Akzeptanz wesentlicher Merkmale der relevanten Zielgruppe, kann man mit Hilfe des sehr häufig angewendeten **Quota-Verfahren** sich eine Stichprobe „konstruieren". Bei diesem **Verfahren der bewussten Auswahl** versucht man, bestimmte Merkmale der Grundgesamtheit in der Stichprobe nachzubilden. Hat man z.b. aus Fachzeitschriften erfahren, dass Fußballspieler in einer Stadt zu 20% Studenten und zu 80% Nicht-Studenten, zu 70% unter 20 Jahre und zu 30% älter sind und stehen diese beiden Merkmale in hohem Zusammenhang mit der eigenen Gründungsidee (z.b. Sportreisen für Fußballspieler), dann kann man im örtlichen Fußballverein unter Beachtung dieser Verhältnisse (Quoten) eine Befragung durchführen. Es müssen dann später unter den Befragten der Stichproben annäherungsweise die gleichen Verhältnisse bei diesen beiden Merkmalen zu finden sein wie in der zahlenmäßig unbekannten Grundgesamtheit. Am Ende der Befragung taucht für den Interviewer immer die Schwierigkeit auf, dass man sehr intensiv nach speziellen Merkmalskombinationen (hier z.B. fußballspielende Studenten unter 20 Jahre) suchen muss, da derartige Kombinationen in der Grundgesamtheit relativ selten sind. Problematisch ist bei diesem Verfahren generell, dass eine mathematische Fehlerberechnung nicht möglich ist und in der Praxis viele Merkmale nicht quotiert werden können (z.B. Alkoholkonsum, Gesundheitszustand). Trotz der genannten Probleme ist dieses Verfahren als kostengünstiges und bewährtes Verfahren etabliert. Detailbeschreibungen für Quotenanweisungen und vertiefende Informationen finden sich z.B. bei Weis (2001, S. 145), Berekoven / Eckert / Ellenrieder (1999, S. 55f.) und Hamman / Erichson (1990, S. 111).

Hat man sich für eine Erhebungsmethode und ein Auswahlverfahren entschieden, ist es zur Durchführung eines Akzeptanztestes erforderlich, das **Erhebungsinstrument** zu entwickeln. Führt man kein Experiment mit ausschließlich Beobachtungselementen durch, ist dieses ein **Gesprächsleitfaden für ein Interview mit dem potentiellen Kunden**. Das Prinzip eines solchen Gesprächsleitfadens zeigt die folgende Abbildung.

Beispiel eines Gesprächsleitfadens für einen Akzeptanztest

Vorstellung des Konzepts für das neue Leistungsangebot bei einem potentiellen Kunden

(Wer bietet was für wen mit welchem Nutzen und welchen Vorteilen?)

Ausgangsfrage: Nutzen Sie ein solches Leistungsangebot schon ?

Antwort: Ja	**Antwort: Nein**
Bitte beschreiben Sie das von Ihnen genutzte Leistungsangebot?	Erneute Vorstellung der wesentlichen Merkmale des Leistungsangebotes
Seit wann nutzen Sie es?	Wie interessant ist diese Leistung für Sie ?
	Antwort: Interessant
Wie erfuhren Sie von dieser Leistung?	Wie sollte die Leistung beschaffen sein?
Wer würde diese Leistung außer Ihnen nutzen?	Von wem würde die Leistung genutzt werden?
Wie häufig wird es genutzt?	Wie häufig würde sie genutzt werden?
Welche (technischen) Voraussetzungen sind zur Nutzung erforderlich ?	Welche Voraussetzungen wären für die Nutzung erforderlich?
Welches ist der Hauptvorteil der von Ihnen genutzten Leistung?	Welches wäre der Hauptvorteil dieser Leistung für Sie / Ihr Unternehmen?
Wie könnte man diese Leistung noch verbessern?	Wie könnte man diese Leistung noch verbessern?
Wie zufrieden sind Sie mit diesem Leistungsangebot?	Angenommen, Sie wollten sich über diese Leistung im Vorfeld informieren, wo würden Sie zuerst nach Informationen über derartige Leistungsangebote suchen?
Was kostet dieses Leistungsangebot?	
	Antwort: Eher nicht interessant
	Aus welchen Gründen ist das nicht interessant?
Weiter mit Teil B1	**Weiter mit Teil B2**, abhängig vom Einwand.

Teil B1	Teil B2
Angenommen, Sie könnten eine im Vergleich zu ihrem derzeit genutzten Leistungsangebot um die Punkte	Angenommen, Sie könnten diese Leistung mit den Vorteilen
a)	a) ....
b)	b) ....
c)	c) ....
verbesserte Leistung zu einem Preis von .... erhalten, würden Sie diese Leistung in Anspruch nehmen / kaufen?	zu einem Preis von .... erhalten, würden Sie diese Leistung in Anspruch nehmen / kaufen?
	(für Nicht-Interessierte: "Wie interessant wäre Sie nun für Sie?",
	bei Interesse: weiter mit Pfad "**Interessant**",
	bei Nichtinteresse:, ggf. noch einmal Frage nach Ablehnungsgründen und **weiter mit „Demographische Daten"**

Antwort : Ja

Wer wäre alles außer Ihnen noch an einer Kaufentscheidung beteiligt?

Wie lange würde ein derartiger Kaufentscheidungsprozeß von der ersten Kenntnisnahme der Leistung bis zum ersten Kauf ungefähr dauern?

Antwort: Nein

Aus welchen Gründen würden Sie diese Leistung nicht kaufen?

Abfrage der Demographischen Daten:

bei Konsumenten: Alter, höchster Ausbildungsgrad, Beruf, Einkommensklasse

bei Organisationen: Daten der Visitenkarte, d.h. Funktion, Branche, Unternehmen /sgröße (Mitarbeiterzahl)

Vielen Dank für das Gespräch!

Abb. 2-17: Gesprächsleitfaden eines Akzeptanztests der Gründungsidee

Auf der Basis einer genauen Beschreibung der Gründungsidee kann damit geprüft werden, ob die Befragten eine solche Leistung schon kennen bzw. sogar nutzen. Dadurch hat der Interviewer schon nach der ersten Frage eine Information darüber, ob er es mit einem (vermeintlichen) Experten oder einem Laien in Bezug auf die Geschäftsidee zu tun hat.

Nachfolgend wird dann zuerst über die Eigenschaften des (Konkurrenz-) Leistungsange-botes gesprochen. Dabei kann auch die Wichtigkeit unterschiedlicher Kaufentschei-dungskriterien erfragt werden, um dann in Teil B die Kernfrage nach der Akzeptanz der Leistung zu einem bestimmten Zielpreis zu stellen. Zusätzlich sollten Rahmenbedingun-gen des Kaufes abgefragt werden, wie z.b. die Art der Informationsbeschaffung über das Leistungsangebot, da sich hieraus Erkenntnisse für eigene Werbemaßnahmen ableiten lassen oder vor allem in Business-Märkten die Dauer des Kaufentscheidungsprozesses. Vor allem sollte man nicht vergessen, die für eine Marktpotentialschätzung notwendigen Informationen (s. auch den Abschnitt Marktpotentialschätzung) zu erheben.

Wie bei den Auswahlverfahren angedeutet, liegen **Stichprobengrößen** für repräsentati-ve Befragungen bei Konsumgütern in einer Größenordnung von 200 bis 1000 Personen (Berekoven / Eckert / Ellenrieder 1999, S. 162). Obwohl Studierende von Kursen zum Gründungsmarketing immer wieder beweisen, das diese hohe Zahl von Interviews bei Konsumenten in einem Team von drei Personen an drei Wochenenden erreicht werden kann, gelten repräsentative Studien für die meisten Gründer nur als schwierig durchführ-bar. Allerdings wird der Lerneffekt über die potentiellen Kunden dabei leider viel zu wenig berücksichtigt, denn der Akzeptanztest ist eine risikolose Art, etwas über die Qua-lität seiner Gründungsidee zu erfahren. Vor allem können durch einen Akzeptanztest der Geschäftsidee ein Großteil der potentiellen Flops frühzeitig erkannt und die Einwände der Zielgruppe gegen ein Leistungsangebot identifiziert werden. Sind die Ablehnungs-gründe einer Zielgruppe als K.O.-Kriterien einzustufen, die sich kurz- oder mittelfristig nicht ändern lassen, dann kann man den Anteil interessierter Käufer und damit das Marktpotential der Idee um diese Gruppe bereinigen. Hierfür haben sich auch schon Ak-zeptanztests mit wenigen Zielpersonen (im Konsumerbereich ca. 50 Interviews, im Bu-siness-to-Business-Bereich ca. 20 potentielle Kunden) bestens bewährt. Die Ergebnisse sind dann zwar selten repräsentativ, geben jedoch Grundtendenzen in der Einstellung der potentiellen Kunden gegenüber der Geschäftidee wider. Oftmals reicht dieser kurze Kontakt mit den späteren Kunden schon aus, um eine Geschäftsidee erheblich zu verbes-sern. Allerdings können die Ergebnisse bei einer Marktpotentialschätzung nicht ohne erhebliche Ungenauigkeiten auf die gesamte Zielgruppe hochgerechnet werden. Einige Besonderheiten auf Business-Märkten, die erheblichen Einfluss auf die Qualität des Ergebnisses einer Marktabschätzung haben, sind das Thema des nächsten Kapitels.

2.3.2.6 Akzeptanzprüfung in Business-Märkten

In Business-Märkten sind alle Beteiligten an einem Verkaufsvorgang Organisationen. Organisationen kaufen mit dem Ziel des Einsatzes (Ge- oder Verbrauch) von Gütern und Diensten zur Fremdbedarfsdeckung oder zur unveränderten Weiterveräußerung an Organisationen, die diese Fremdbedarfsdeckung vornehmen (Backhaus 1999, S. 9). Eine Schraube dient in diesem Fall also nicht dem Konsum, sondern wird dafür benötigt, z.B. in ein Produkt eingebaut zu werden und damit zusätzlichen Wert zu schaffen oder durch Verkauf an ein anderes Unternehmen dort für zusätzlichen Wertzuwachs zu sorgen.

Aus der Perspektive eines Gründungsunternehmens betrachtet, ergeben sich für das **Marketing in Business-Märkten** einige **Besonderheiten** (hierzu Backhaus 1999, S. 3-11, Godefroid 2000, Pepels 1999):

Die Nachfrage der Unternehmenskunden leitet sich aus der Nachfrage der jeweils vorgelagerten Branche ab (**Abgeleitete Nachfrage**). Beispielsweise sind die eigenen Verkaufsmöglichkeiten als Hersteller von Speicherchips von der Nachfrage der Industrieunternehmen und Konsumenten nach PC's abhängig. Geht die Nachfrage der Industrieunternehmen nach PC's zurück, wird der PC-Hersteller weniger PC's produzieren und der Hersteller von Speicherchips weniger zuliefern können.

Am Beschaffungsprozess sind unterschiedliche Personen eines Unternehmens und mitunter auch verschiedene Organisationen wie z.B. Beratungsunternehmen, Planungsbüros, Ausrüster, oder Lieferanten beteiligt (**Multi-Organisationalität und Multi-Personalität**).

Im öffentlichen und z.T. auch privaten Sektor gibt es **formalisierte Prozesse der Auftragsvergabe** (z.B. Ausschreibungen).

Es findet in zunehmendem Maße eine **internationale Suche nach Problemlösungen**
statt. Dieses sollte am besten eine „schlüsselfertige" Komplettlösung aus Produkten und
Dienstleistungen möglichst aus einer Hand sein. Die **Märkte** sind häufig **kleiner** und
deutlich stärker in einzelne Kundensegmente aufgeteilt.

Diese Besonderheiten zwingen die etablierten und auch ein in einen solchen Markt ein-
tretendes junges Unternehmen zu möglichst **kundenspezifischen Lösungen,** die auf der
Grundlage von längerfristig angelegten **Geschäftsbeziehungen** verhandelt und abgewickelt sowie vielfach im **Verbund mit anderen Unternehmen** (z.B. durch Kooperationen oder Konsortien) realisiert werden. Mitunter sind **staatliche Interventionen** erforderlich, damit Kaufverträge auf der Grundlage lebendiger Wirtschaftsbeziehungen
zwischen Ländern im internationalen Geschäft abgeschlossen werden können.

Wesentliche Unterschiede bestehen auch beim Kaufprozess. Der **organisationale Beschaffungsprozess** besteht idealtypisch aus mehreren Teilschritten.

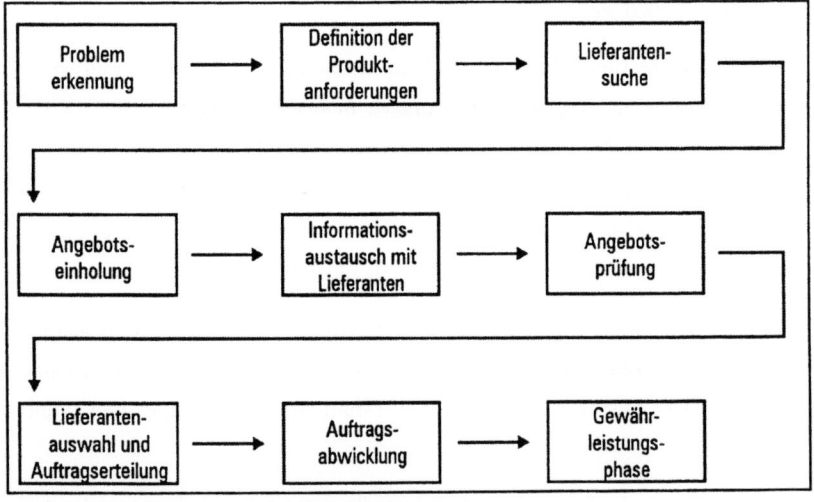

Abb. 2-18: Der organisationale Beschaffungsprozess

Ausgangspunkt der Beschaffung ist die **Problemerkennung** im jeweiligen Kundenunternehmen. Dann erfolgt eine genaue **Definition des zu beschaffenden Produktes**

durch Formulierung der Anforderungen an das zu beschaffende Leistungsangebot. Anschließend werden bestimmte Organisationsmitglieder, meist Einkäufer, beauftragt, **Angebote** einzuholen und die verschiedenen Angebote zu bewerten. Dies geschieht durch Vergleich der vom Anbieter erhaltenen Informationen. Nach erfolgter **Angebotsprüfung** wird mit den relevanten Lieferanten verhandelt, eine Entscheidung über die **Auftragsvergabe** gefällt und der Auftrag erteilt. Nach erfolgter Abwicklung des Auftrages beendet die **Gewährleistungsphase** den Beschaffungsprozess.

Abhängig vom **Kauftyp** wird dieser Beschaffungsprozess unterschiedlich intensiv durchgeführt. Man unterscheidet den sogenannten Neukauf, den modifizierten Wiederkauf und den identischen Wiederkauf. Beim **Neukauf** kauft eine Organisation das betreffende Gut zum ersten Mal bzw. das Kaufproblem taucht zum ersten Mal auf. Für eine Entscheidung liegen praktisch keine Erfahrungen mit der Produktgattung vor, und es muss eine neue Problemlösung entwickelt werden. Beim **modifizierten Wiederkauf** hat die betreffende Organisation schon Erfahrungen mit dem Einkauf eines Produktes dieser Gattung gesammelt, wobei sich die Neuartigkeit u.a. auf die Analyse neuer Anbieter (z.B. eines neugegründeten Unternehmens) bezieht. Beim **identischen Wiederkauf** wird nahezu automatisch beim „langjährigen" Lieferanten routinemäßig bestellt, und es liegen viele Erfahrungen für eine Beschaffung vor.

Der unterschiedliche Intensitätsgrad, mit dem eine Organisation eine Beschaffung durchführt, richtet sich nach der Höhe des von den Hauptentscheidungsbeteiligten **wahrgenommenen Kaufrisikos**. Diese Risikowahrnehmung ist bei Erstkäufen mit hohem Neuartigkeitsgrad viel größer als bei modifizierten Wiederkäufen und erst recht bei Routinekäufen. Da ein Gründungsunternehmen per se erst einmal ein neues Angebot darstellt, vertraut die einkaufende Organisation normalerweise nicht sofort einem neuen Lieferanten. Diese Risikowahrnehmung ist umso höher je mehr das Gründungsunternehmen:

-   Produkte für das Kundenunternehmen mit unbekannter Technologie oder Lösungen für ein völlig neuartiges Unternehmensproblem anbietet (wie z.B. die ersten Softwareanbieter für Internet-Shops),

- ein Leistungsangebot anbietet, das subjektiv einen besonders hohen Wert für das Kundenunternehmen hat (also z.b. relativ zur Unternehmensgröße sehr hohe Investitionsmittel erforderlich macht),

- ein Leistungsangebot anbietet, das einen erheblichen organisatorischen Wandel im Kundenunternehmen auslöst (wie z.b. CAD-Software zur Erstellung von Konstruktionszeichnungen),

- den Kunden dazu zwingt, beim Einkauf von bisherigen Beschaffungsrichtlinien im Unternehmen abzuweichen (z.b. statt eines einmaligen Kaufpreises Bezahlung durch einen fünf Jahre lang zu zahlenden Prozentsatz der erzielten Kosteneinsparungen),

- den Eindruck beim Einkäufer erzeugt, dass die Beauftragung des jungen Unternehmens für ihn zu einem Fehlschlag mit persönlichen Konsequenzen (z.B. Karriereknick) führt.

Die Organisation des Kundenunternehmens reagiert auf die Erhöhung des wahrgenommenen Risikos beim Einkauf u.a. durch die Erweiterung des sogenannten Beschaffungsgremiums des Unternehmens (**Buying Center**). Während bei identischen Wiederholkäufen nicht mehr als 2-3 Personen die Beschaffungsentscheidung treffen, sind bei Neukäufen durchschnittlich 3-6 Mitglieder (Backhaus 1999, S. 104) und in Einzelfällen sogar 10 und mehr Personen an der Beschaffungsentscheidung beteiligt. Mitunter werden diese noch durch externe Berater oder befreundete Unternehmen bei der Kaufentscheidung unterstützt. Deswegen ist die Information, welche Personen in den Unternehmen der Zielbranche an der Entscheidung über den Kauf der Geschäftsidee potentiell beteiligt sind, entscheidend für die Ergebnisqualität eines Akzeptanztests. Letztlich können meist nur 1- 2 Personen interviewt werden, so dass der Auswahl des Gesprächspartners höchste Bedeutung zukommt. Hierbei hilft das langjährig bewährte Instrument der **Buying Center-Analyse** nach Webster / Wind (1972, S.78ff.), bei der man verschiedene Rollen bei den beteiligten Personen unterscheiden kann:

Entscheider sind eine Machtposition bekleidende Personen, die Beschaffungsziele klären und die endgültige Entscheidung für einen Einkauf treffen (z.B. Geschäftsführer, Abteilungs- oder Projektleiter mit ausreichenden Kompetenzen).

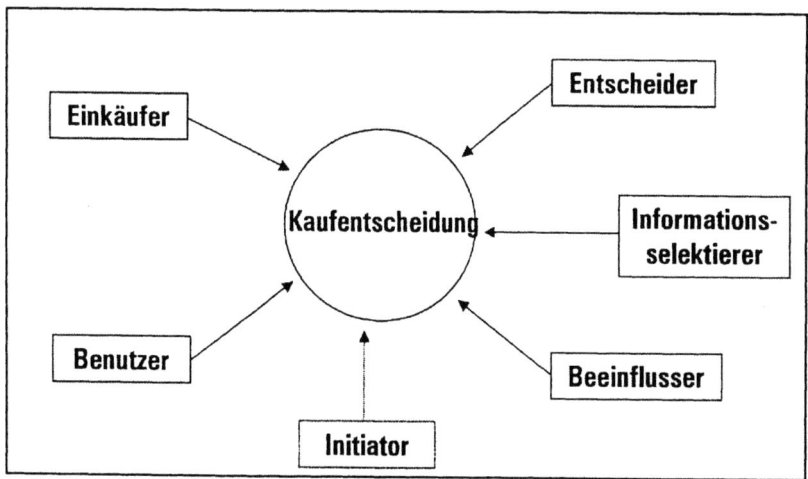

Abb. 2-19: Rollen in einem Buying Center (in Anlehnung an Webster / Wind 1972)

Beeinflusser sind formal nicht am Kaufprozess beteiligte Personen, die in die Entscheidungsvorbereitung eingebunden sind und bei der Zusammenstellung von Auswahlkriterien und deren Gewichtung maßgebend sind (z.B. Berater, Fachspezialisten, Mitglieder von User Groups).

Informationsselektierer werden auch als Gatekeeper bezeichnet und haben kaum direkten Einfluss auf die Entscheidung. Sie beeinflussen aber indirekt durch (unterlassene) Informationszusammenstellung und – verteilung den Kaufprozess erheblich. Typische Personen sind z.B. Assistenten der Geschäftsführung und Mitglieder des Sekretariats.

Benutzer sind Personen, die später mit dem gekauften Produkt arbeiten. Sie verfügen häufig über gutes Produktwissen und Erfahrungswerte im Dauereinsatz. Wenn Sie am Kaufprozess beteiligt werden, nehmen sie häufig eine Schlüsselstellung ein.

Einkäufer sind Mitglieder der Einkaufsabteilung mit formaler Autorität zur Lieferantenauswahl, die bei den meisten Routinekaufentscheidungen Kaufabschlüsse tätigen können.

Erweitert wurde das Buying Center-Konzept um die sogenannten **Initiatoren**, die eine Beschaffungsentscheidung auslösen und deshalb für das Marketing von großer Bedeutung sind.

Hinzugefügt werden muss, das alle genannten Rollen auch von ein oder zwei Personen übernommen werden können. Dann ist z.B. eine Assistentin der Geschäftsführung aufgrund ihrer hohen produktspezifischen Kenntnisse nicht nur Informationsselektierer, sondern übernimmt auch die Rolle eines Beeinflussers und kann sogar als Einkäufer fungieren, wenn die Geschäftsführung sie mit der Auftragsvergabe betraut.

Während mit Beginn der Geschäftstätigkeit für jeden Neukunden eine Buying Center-Analyse durch Verkaufsmitarbeiter des Gründungsunternehmens vorgenommen werden sollte, ist für einen Akzeptanztest nur zu bestimmen, welche Personen zu interviewen sind, um genaue Informationen über das zu erwartende **Entscheidungsverhalten einer Organisation** zu erhalten. Bei einfachen Produkten ohne viel erforderliches Vorwissen reicht deshalb meist ein Gespräch mit dem Einkäufer. Bei anspruchsvollen neuen Produkten muss meist das Gespräch mit den (technisch) interessierten Spezialisten einer Fachabteilung (z.B. dem Leiter Produktion oder Entwicklung) gesucht und z.T. auch mit dem Geschäftsführer über die ökonomische Seite der Investition gesprochen werden. Letzteres ist jedoch aufgrund der begrenzten Zeitbudgets der Führungskräfte eines Unternehmens sehr schwierig. Deshalb muss man sich manchmal mit den Auskünften von Fachspezialisten über die Produktakzeptanz und deren Sichtweise über kaufmännische Fragen zufrieden geben. Gelingt es jedoch der Geschäftsführung oder einem Hauptabteilungsleiter eines Unternehmens die Geschäftsidee vorzustellen, hat man als Gründer manchmal schon einen Unterstützer des eigenen Angebotes in der Kundenorganisation gewonnen, der bei Interesse einen Beschaffungsprozess initiierten kann.

Die inhaltliche Durchführung eines Akzeptanztests unterscheidet sich prinzipiell kaum von der bei Konsumenten. Hervorzuheben ist die erforderliche Professionalität im Umgang mit Unternehmensvertretern. Man sollte bedenken, dass man nach der Gründung häufig denselben Personen als potentieller Lieferant gegen übersitzt, so dass unvorteilhaftes Verhalten in einem Interview auf das spätere Geschäft zurückschlägt. Deswegen sind Auseinandersetzungen vor allem über die Qualität des vorgestellten Leistungsangebotes zu vermeiden.

Auf der Grundlage der durch einen Akzeptanztest bei Konsumenten und Organisationen gewonnenen Informationen kann eine Prognose für das Marktpotential der Gründungsidee erstellt werden.

2.3.2.7 Prognose der Marktpotentialentwicklung

Hat man das Interesse der Käufer an der Gründungsidee, die erwartete Kaufhäufigkeit und die durchschnittliche Zahlungsbereitschaft für das Leistungsangebot durch einen Akzeptanztest ermittelt und kennt die Größe der Zielgruppe, kann man das Marktpotential des qualifizierten zugänglichen Marktes zum heutigen Zeitpunkt bestimmen. Ist jedoch dieses Marktpotential für die nächsten Jahre zu prognostizieren, dann sind die auf dieses Marktpotential wirkenden **Umfeldfaktoren** zu identifizieren. Diese kann man daraufhin analysieren, ob sie einen eher positiven oder negativen Einfluss besitzen und wie stark sie das Marktpotential beeinflussen.

Für diese Analyse wird das Ergebnis der **Chancen / Risiken-Matrix** aus dem Abschnitt Marktdatenauswertung verwendet und zu den das Marktpotential beeinflussenden Größen in Beziehung gesetzt. Als Beispiel dient das Marktpotential der Kinderbetreuungseinrichtung aus dem Abschnitt Marktpotentialabschätzung. Es ist zu prüfen, welche Umfeldfaktoren das bestehende Marktpotential in einem für einen Geschäftsplan üblichen Zeitraum von 2-3 Jahren beeinflussen. Auf das Beispiel übertragen stellen wir also die Frage, welche heute bekannten Trends bei den Umfeldfaktoren dazu führen können,

- dass sich mehr an einer Betreuungseinrichtung für Kinder interessierte Besucher im Einkaufszentrum aufhalten,
- dass die durchschnittliche Aufenthaltsdauer pro Kind in der Einrichtung steigt und
- das eine Bereitschaft besteht, dafür einen höheren Preis pro Betreuungsstunde zu bezahlen.

In der folgenden Abbildung ist zusätzlich eine Spalte enthalten, die den Gründer dazu auffordert, die quantitativen Einflüsse der jeweiligen Umfeldfaktoren auf das Marktpotential näherungsweise abzuschätzen.

Abschätzung der Wirkung von Umfeldfaktoren auf das Marktpotential				
Umfeldfaktor . / wirkt auf...	Besucherzahl des Einkaufszentrums mit Kindern	Durchschnittliche Aufenthaltsdauer eines Kindes in der Einrichtung	Durchschnittspreis pro Betreuungs- stunde	Schätzung des erwarteten Ein- flusses auf das Marktpotential
Kurzfristig 1. Geschäftsjahr				
Werbung des Einkaufszent- rums mit dem Kinderbetreu- ungsangebot	**Positiv**, Erhöhung des Familienanteils an Besuchern			Ca. 5% Steige- rung vom 1. zum 2. Jahr mengen- mäßig (Erfah- rungswert ande- rer Einrichtung)
Widerstände von benachbar- ten, durch Kin- derlärm gestör- ten Laden- besitzern im Center			**Negativ**, Baukos- ten für Lärmpe- gelsenkung wür- den zu Preiserhö- hungen von 50 Cent / Betreu- ungsstunde führen	Preiserhöhung um 0,5 EUR/Std. könnte Anzahl der Nutzer um 5% verringern (Erfahrung ande- rer Einrichtung)
Anstieg der Ar- beitslosenrate im Stadtbezirk um ca. 3%	**Negativ**, Einspa- rung von Kinder- betreuung wegen Einkommensverlust	**Negativ**, Ver- weildauer im Einkaufszentrum sinkt, da weniger Geld		Erwartung der Geschäfte im Center: Rück- gang der Besu- cherzahlen um 3%
Mittelfristig (im 2. und 3. Geschäftsjahr)				
Bezug einer Neubausiedlung im Stadtbezirk	**Positiv**, Erhöhung der Zahl der Haus- halte mit Kindern um 2%(Info Lande- seinwohneramt)			**Steigt**, bei hoher Werbung Erhö- hung der Kun- denzahlen um 10% möglich
Erweiterung des Centers um 30 zusätzliche Lä- den		**Positiv**, Erhö- hung der Kun- denverweildauer um ca. 20 Minu- ten / Person		**Steigt**, Höhe nicht absehbar

Abb. 2-20: Abschätzung der Wirkung von Umfeldfaktoren auf das Marktpotential

Das **Problem einer Marktprognose** besteht in der Abschätzung der quantitativen Auswirkungen der Umfeldfaktoren auf das Marktpotential der eigenen Geschäftsidee. Dieses
ist häufig nur unter größten Schwierigkeiten von einem Gründer zu leisten. Selbst erfah-
rene Marktanalysten haben mit derartigen Prognosen erhebliche Schwierigkeiten.

In unserem Beispiel müsste für eine realistische Prognose des Marktpotentials im ersten
Geschäftsjahr nach Gründung abgeschätzt werden, ob die zusätzliche Werbung des Einkaufscenters mehr Interessenten für die Kinderbetreuungseinrichtung bringt als Nutzer
durch den Kaufkraftverlust aufgrund der erwarteten Arbeitslosigkeit eines Teils der
Haushalte und ggf. einer Preiserhöhung verloren gehen. Aus der Gründerperspektive hat
es sich bewährt, in einem solchen Fall den worst case, also das Eintreffen des
allerschlechtesten Falls durchzuspielen, um einem Kapitalgeber aufzeigen zu können,
dass das Geschäft auch in diesem Fall überleben würde. Das würde bedeuten, dass man
mit einer Schwankung der Besucherzahlen von +5% (best case) und einem worst case
von -8% (3% aufgrund von Preisrückgang, 5% aufgrund von Arbeitslosigkeit) bei
erhöhten Preisen von 3,50 EUR rechnen würde. Für das erste Geschäftsjahr nach
Gründung würde sich dann folgende Prognose des Marktpotentials **unter
Berücksichtigung der Umfeldveränderungen** ergeben:

Prognose des Marktpotentials für das erste Geschäftsjahr	
Die bisherige Zahl von ..... Besuchen pro Monat würde sich	16.317
Im best case um 5% auf ......erhöhen	Best case 17.132
Im worst case um 8% auf ... sinken	worst case 15.011
Wie bisher werden pro Besuch im Monat durchschnittlich 1,1 Kinder (*) mitgebracht (Angabe des Einkaufscenter-Managements), so dass insgesamt ...... Kinder pro Monat in das Einkaufszentrum kommen.	Best case 18.845 worst case 16.512
Nutzen wie bisher durchschnittlich über das Jahr **14%** der Besucher mit Kindern das Angebot der Betreuungseinrichtung während der Einkaufszeit ergibt sich ein **mengenmäßiges Marktpotential pro Monat** von .....Kindern	best case 2.638 worst case 2.311
...die unverändert durchschnittlich **1,2 Std.** in der Kinderbetreuungseinrichtung bleiben (Angaben des Personals einer vergleichbaren Kinderbetreuungseinrichtung), das sind.... bezahlte Betreuungsstunden	Best case 3.165 Worst case 2.773
Unter der Annahme eines Preiserhöhung von 3,- auf 3,50 EUR pro Betreuungsstunde ergibt sich ein **wertmäßiges Marktpotential** von .... EUR **pro Monat.**	Best Case 11.077 Worst case 9.705
x 12 Monate (unter Vernachlässigung des Unterschiedes zwischen höher frequentierten Winter- und weniger frequentierten Sommermonaten), so dass ein **wertmäßiges Marktpotential pro Jahr** von ... EUR zu erschließen ist.	Best case 132.924 Worst case 116.460

Abb. 2-21: Prognose des Marktpotentials für das erste Geschäftsjahr

Im Vergleich zum ersten Abschätzungszeitpunkt des Marktpotentials (z.B. im Jahr vor der Gründung) ergibt sich dann folgende Veränderung:

Veränderung des Marktpotentials durch Umfelddynamik			
	im Jahr vor Gründung / Monat	im 1. Geschäftsjahr / Monat	Wachstum / Abnahme des Marktpotentials
Mengenmäßiges Marktpotential (Anzahl Kinder / Monat)	2.512 Kinder	Best case: 2.638 Worst case: 2.311	Best case: +5% Worst case: - 8,6%
Wertmäßiges Marktpotential (in EUR / Monat)	9042,- EUR	Best Case: 11.077,- Worst case: 9.705	Best case: + 22,5% Worst case: +7,3 %

Abb. 2-22: Veränderung des Marktpotentials durch Umfelddynamik

Man erkennt deutlich, dass die Senkung der Besucherzahlen um 8% im worst case durch die Preissteigerung überkompensiert wird, wenn die Annahme des Besucherrückgangs durch die Preissteigerung von nur 3% richtig ist. D.h., das sich das Marktpotential der Gründungsidee unter den jeweiligen Annahmen sogar erhöht. In ebensolcher Weise kann dann versucht werden, die Effekte des zweiten Jahres zu quantifizieren, wobei die insgesamt positive Grundtendenz eher für Steigerungsraten sprechen würde, jedoch die Unsicherheit bei der Prognose stark zunimmt.

Achtung: Das ermittelte Marktpotential entspricht **nicht** dem potentiellen Absatzvolumen einer Kinderbetreuungseinrichtung im Einkaufscenter. Das Marktpotential würde nur dann dem Absatzvolumen entsprechen, wenn es keine Konkurrenz im Center (also keine andere Kinderbetreuung) geben würde und das Marketing der Kinderbetreuungseinrichtung dieses Potential auch erschließen könnte, wovon in diesem Beispiel ausgegangen wurde.

Für eine Prognose des Absatzvolumens der Geschäftsidee muss zusätzlich die in der Branchenanalyse betrachtete Konkurrenzsituation berücksichtigt werden. Gäbe es mehrere Kinderbetreuungseinrichtungen in der unmittelbaren Umgebung, dann müsste vom Gründer für eine Absatzprognose geschätzt werden, wie hoch der eigene erzielbare Marktanteil bei den potentiellen Kunden sein könnte. Dieser ist jedoch davon abhängig, ob es gelingt, das eigene Geschäftskonzept mit den im Akzeptanztest herausgefundenen

Ergebnissen zielgruppengerecht zu verbessern. Anschließend kann für dieses Geschäftskonzept auf der Grundlage der Ergebnisse von Markt- und Konkurrenzanalyse eine
Marketingkonzeption erstellt, für die nachfolgend eine Prognose des Absatz- und Umsatzpotentials erstellt werden kann.

2.3.2.8 Analyseergebnisse des Markt- und Kundenverhaltens

Am Ende der Analyse des Marktes und des Kundenverhaltens verfügt der Gründer über
folgende Informationen:

– Eine Abschätzung der Größe und Entwicklung des Zielmarktes der Geschäftsidee,

– Informationen über die Akzeptanz der Gründungsidee bei potentiellen Kunden und
   ggf. über Anregungen zu deren Verbesserung,

– Erkenntnisse über die wesentlichen Umfeldfaktoren, die den Markt der Geschäftsidee
   beeinflussen und eine Einschätzung, ob diese Faktoren eher positiv oder negativ auf
   den betrachteten Markt wirken.

Zusammen mit den Ergebnissen der Branchenanalyse kann der Gründer nun die Geschäftsidee mit ihrem Leistungsangebot und das Konzept des zukünftigen Unternehmens
verbessern bzw. verfeinern.

2.4   Marktorientierte Weiterentwicklung der Geschäftsidee

2.4.1   Geschäftsmodell

Legt ein Gründer z.B. in einem Akzeptanztest eine Geschäftsidee potentiellen Kunden
vor, steht hinter dieser Geschäftsidee eine mehr oder weniger klare Vorstellung der
Funktionsweise des späteren Unternehmens. Diese vereinfachte Vorstellung von der
Funktionsweise einer auf Gewinn abzielenden Unternehmung mit ihren Kernleistungen
und –prozessen wird auch als Geschäftsmodell bezeichnet (in Anlehnung an Knyphau-

sen-Aufseß / Meinhardt 2002, S. 65). Dabei arbeitet jedes Unternehmen nach einem bestimmten Geschäftsmodell, dass sich mehr oder weniger stark von den in seiner Branche
tätigen Konkurrenten unterscheidet. Gründer haben die Möglichkeit, ihr Unternehmen
nach demselben Geschäftsmodell wie etablierte Unternehmen zu führen oder von diesem
etablierten Geschäftsmodell mehr oder weniger stark abzuweichen und neue Wege zu
gehen.

Über die zu einem Geschäftsmodell gehörenden Elemente gibt es sehr unterschiedliche
Auffassungen und eine Vielzahl von Ansätzen (s. hierzu die Übersicht bei Bieger / Bick-
hoff / Knyphausen-Aufseß 2002, S. 36ff., Staehler 2001 und Hamel 2001). Der Sinn von
Geschäftsmodellansätzen besteht vor allem in der Bereitstellung eines **Analysewerk-
zeuges**, mit dem strukturiert über die Konzeption des eigenen Geschäfts unter dem Gesichtspunkt der innovativen Entwicklung von höherem Kundennutzen und stärkeren
Wettbewerbsvorteilen nachgedacht werden kann. Auf der Grundlage wesentlicher strategischer Grundsatzentscheidungen (z.B. Art des Leistungsangebots, angesprochene
Zielgruppen, angestrebte Wettbewerbsvorteile) werden dann die vorhandenen Ressourcen (z.B. Finanzmittel, persönliche Kontakte), die besonderen Fähigkeiten (das „Können" der Gründer) und die Wertschöpfungsprozesse (die Kernaktivitäten des Unternehmens) mit den Bezugsgruppen des Unternehmens (u.a. Kunden, Lieferanten,
Kooperationspartner) mehr oder weniger innovativ kombiniert. Das Geschäftsmodell
bildet damit die Brücke zwischen der ziel-strategischen Konzeption des Unternehmens
(Planungsebene) und den zu realisierenden Geschäftsprozessaktivitäten (Umsetzungsebene).

Diese **Brückenfunktion** zwischen ziel-strategischer Konzeption und Umsetzungsebene
sei an einem Beispiel erläutert. Ein Gründer eröffnet einen neuen Zeitungskiosk 200 Meter von einem anderen Kiosk mit weitgehend identischem Sortiment. Vielleicht ist er ein
wenig kundenfreundlicher, aber er würde genauso wie jeder andere Kiosk die Waren von
einem Zwischenhändler beziehen und an die Kunden gegen Barzahlung verkaufen. Ein
grundlegend anderes Geschäftsmodell wäre z.B. ein virtueller Zeitungskiosk im Internet,
der sämtliche Zeitschriften elektronisch führen würde und den der Nutzer gegen eine

einmal jährlich zu entrichtende Pauschalgebühr jederzeit von jedem Ort der Welt (also z.B. auch in den Ferien) tagesaktuell nutzen könnte. Da die entsprechenden digitalen Lesegeräte (e-books) schon seit längerem existieren, ist es wahrscheinlich nur eine Frage der Zeit, wann dieses Geschäftsmodell erstmalig realisiert wird.

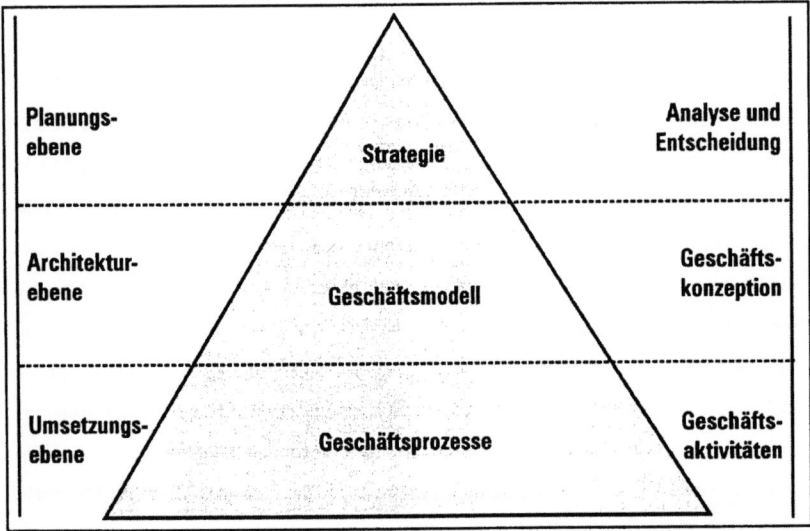

Abb. 2-23: Das Geschäftsmodell als Brücke zwischen Strategiekonzeption und Umsetzung (in Anlehnung an Osterwalder 2002, S. 3)

Man erkennt an diesem Beispiel, dass es möglich ist, durch Veränderung von strategischen Entscheidungen (Form des Leistungsangebotes: Digitale Information statt Papier; Bezahlsystem: Pauschale statt tägliche Barzahlung; Distributionskanal: elektronisch statt physisch) für die **gleiche** Geschäftsidee eines Zeitungskiosks einen neuen Weg der Umsetzung zu entwickeln. Mit Hilfe des Geschäftsmodells können die Auswirkungen der geänderten strategischen Grundsatzentscheidungen in Hinblick auf die Funktionsweise (Architektur) des Unternehmens anschaulich dargestellt, Alternativen entwickelt und von den Gründern diskutiert und entschieden werden.

2.4.2 Elemente eines Geschäftsmodells

Im Kern besteht das Ziel von Geschäftsmodellüberlegungen in der Erzeugung eines im Vergleich zum Wettbewerb höheren Kundennutzens. Dieser Kundennutzen bildet die Grundlage der Erlöserzielung und sichert das Überleben des Unternehmens. Erzeugt wird er durch eine Kombination von Kerngeschäftsprozessen, die das Unternehmen selbst ausführt oder von Dritten ausführen lässt. Ein junges Unternehmen muss sich deshalb in Anlehnung an Staehler (2001) fragen:

1. Welcher Kundennutzen wird für die anvisierten Kunden (-gruppen) durch die Unternehmenstätigkeit erzeugt und worin besteht dieser Nutzen genau ? (**Wertschaffung**)

2. Welche Kunden (-gruppen) sind bereit, für diesen Mehrnutzen in welcher Form zu bezahlen ? (**Ertragsmechanik**)

3. Welche Kerngeschäftsprozesse schaffen diesen im Vergleich zum Wettbewerb höheren Kundennutzen ? (**Wertschöpfungsaktivitäten**)

Zu 1) Der **Kundennutzen** bestimmt sich aus der Summe der die Kaufentscheidung beeinflussenden Eigenschaften eines Leistungsangebots (Knyphausen-Aufseß / Meinhardt 2002, S. 79). Diese verschiedenen Eigenschaften werden vom einzelnen Kunden unterschiedlich wahrgenommen und gewichtet. Berechnet werden kann er aus der Differenz zwischen dem vom Kunden wahrgenommenen Wert des Leistungsangebotes und dem dafür verlangten Preis. Die Differenz wird auch als **Netto-Nutzen** eines Leistungsangebots bezeichnet. Problematisch ist die Quantifizierung des wahrgenommen Wertes eines Leistungsangebotes, die vor allem bei Konsumgütern nur mit hohem methodischen Aufwand möglich ist. Das nachfolgende Beispiel von Emans veranschaulicht deshalb an einem Industrieprodukt die **Berechnung des Kundennutzens** eines neuen Leistungsangebotes über eine veranschlagte Nutzungsdauer.

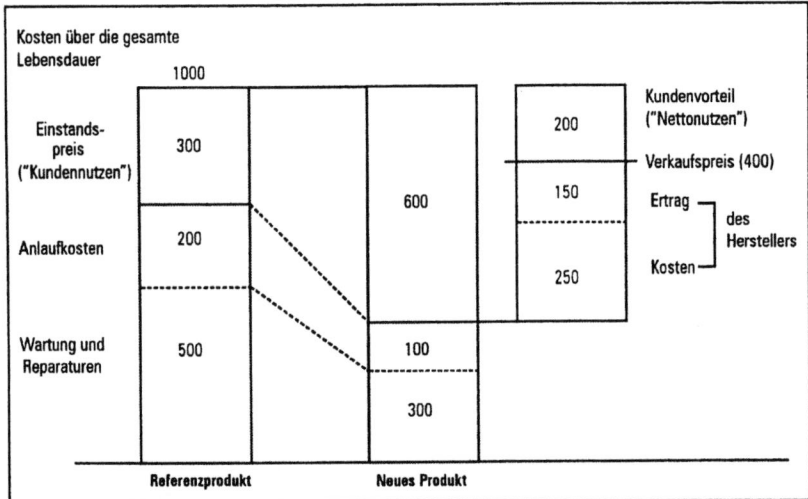

Abb. 2-24: Berechnung des Kundennutzens im Business-to-Business-Bereich (Emans 1988, S. 124 zitiert nach Knyphausen-Aufseß / Meinhardt 2002, S. 79 f.)

Im Beispiel kann das neue Produkt sogar zu einem um 100 EUR höheren Preis (400 EUR) gegenüber einem Konkurrenzprodukt (300 EUR) angeboten werden, da aufgrund der geringeren Anlauf- sowie Wartungs- und Reparaturkosten, die beim Betrieb während der Nutzungsdauer anfallen, ein Nutzenvorteil in Höhe von 200 EUR (Netto-Nutzen) für den Kunden entsteht.

Auch wenn es dem Gründer Schwierigkeiten bereitet, den **Kundennutzen** seines Leistungsangebotes zu **quantifizieren**, so sollte er doch zumindest eine klare Beschreibung dieses Nutzens liefern und ggf. die Vorteile formulieren können. Je präziser dies gelingt, desto klarer versteht der Kunde, welchen Vorteil ihm das neue Unternehmen mit seinem Angebot bietet. Dadurch kann der potentielle Kunde viel leichter erkennen, warum der hierfür veranschlagte Preis ein „faires Angebot" ist.

zu 2) **Ertragsmechanik:** Nicht in allen Fällen erzielt der Anbieter eines Leistungsangebotes seine Erlöse direkt vom Nutzer des Leistungsangebotes. Bei vielen im Internet agierenden Unternehmen (z.B. Yahoo) zahlt nicht der Nutzer für das Informationsangebot, sondern die auf der Website Werbung treibenden Unternehmen. So muss auch der

Gründer für sein Leistungsangebot entscheiden, **von wem für welche Leistung eine Bezahlung in welcher Form** verlangt wird. In den meisten Fällen ist dabei die Frage zu beantworten, ob vom eigentlichen Nutzer des Angebotes eine Bezahlung verlangt wird oder von Dritten (z.b. Werbetreibende), die von Angeboten an die Nutzer durch erhöhten Werbekundenstrom profitieren. Mitunter bezahlt jedoch ein Werbekunde (z.b. bei Internetunternehmen) nicht durch Überweisung von Geld, sondern wiederum durch die Bereitstellung von Werbefläche oder Verlinkung auf den eigenen Webseiten, woraus wieder andere Erlöse generiert werden konnten.

Zu 3) Die **Wertschöpfungsaktivitäten** eines Unternehmens beschreiben die für die Erstellung eines Kundennutzens wesentlichen Tätigkeiten des Unternehmens. Ziel ist die Verknüpfung der Aktivitäten eines Unternehmens in der Weise, dass ein angestrebtes Maß an Kundenutzen zu möglichst geringen Kosten vorgenommen werden kann. Grundlage dieser Überlegung ist die von Porter (1996, S. 63ff.) entwickelte Wertkette, die die Aktivitäten eines Unternehmens in der Reihenfolge ihrer Durchführung strukturiert. Man kann diese Wertschöpfungskette in **Aktivitäten zur Leistungserstellung und zur Leistungsvermarktung** unterteilen.

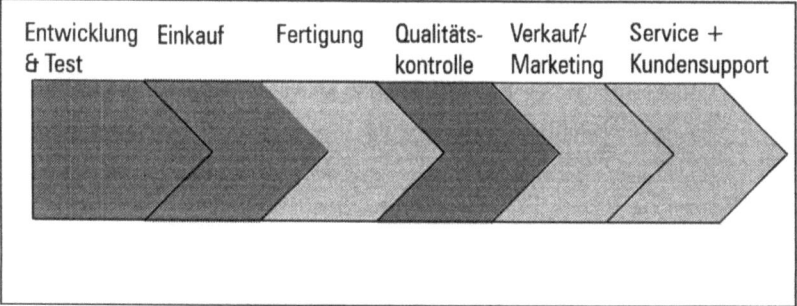

Abb. 2-25: Beispiel der Wertkette eines Produktionsunternehmens (Alle dunklen Wertschöpfungsstufen werden selbst, alle hellen Stufen werden von anderen Partnerunternehmen durchgeführt)

Durch Betrachtung des mit jeder Einzelaktivität verbundenen Wertzuwachses kann man feststellen, welche Aktivitäten unbedingt für die Erzeugung des Kundennutzens erforderlich sind und damit für nachhaltige Wettbewerbsvorteile gegenüber der Konkurrenz sorgen. Unternehmen können z.B. durch Veränderung der Wertschöpfungskette einer Branche erhebliche **Wettbewerbsvorteile** erlangen.

Ein Beispiel ist der Computerhersteller Dell, der durch zwei Veränderungen der Wertschöpfungskette im PC-Markt erhebliche Wettbewerbsvorteile erzielte. Einerseits konnte Dell durch die Einführung des Internetverkaufs von PC's die Wertschöpfungskette um die Handelsstufe drastisch verkürzen. Dadurch wurden die Kosten des Einzelhandels eingespart. Da Dell sich als preisgünstiger Anbieter positioniert, wurde eine **Kundennutzensteigerung durch den günstigeren Preis (und die individuelle PC-Konfigurierung) auf der Seite der Leistungsvermarktung** erzielt. Andererseits senkte Dell durch Einführung des sogenannten Built-to-Order-System die Lagerbestände drastisch, da weitgehend alle Einzelteile für die zu bauenden PC's erst nach dem Kundenauftrag bei den Lieferanten bestellt werden. Dadurch wurden die Lagerkosten gesenkt und durch die (teilweise) Weitergabe der Ersparnisse eine **Kundennutzensteigerung auf der Seite der Leistungserstellung durch den günstigeren Preis** erzielt. Diese Vorteile ließen Dell zwischenzeitlich die Marktführerschaft im PC-Markt erreichen.

Für den Gründer ist die Auseinandersetzung mit dem Wertschöpfungsnetzwerk auch unter dem Gesichtspunkt notwendig, dass nicht alle Aktivitäten der neuen Unternehmung gleich gut von den Gründern beherrscht werden. Es stellt sich beim Aufbau einer Organisation gerade unter Kostenaspekten die Frage, welche **Geschäftsprozesse** durch die eigene Organisation unbedingt erbracht werden müssen (**Insourcing**) und welche viel kostengünstiger durch externe Kooperationspartner erledigt werden können (**Outsourcing**). Beispielsweise nehmen fast alle Gründer die Hilfe eines Steuerberaters und eines Rechtsanwaltes in Anspruch, da sie in den meisten Fällen nicht die juristischen oder steuerlichen Kenntnisse aufweisen. Diese Denkweise ist auch auf andere Tätigkeiten eines jungen Unternehmens übertragbar. Durch die Auseinandersetzung mit dieser Frage, erkennen Gründer die **Kernprozesse** ihres Unternehmens und können prüfen, welche

Kooperationspartner oder Dienstleister benötigt werden, um Stärken im Vergleich zu Branchenkonkurrenten auszubauen oder Schwächen zu verringern.

Versucht man alle drei Fragen zu beantworten und graphisch darzustellen, ergibt sich die Beschreibung des Geschäftsmodells eines Unternehmens mit seinen wesentlichen Eckpunkten. Zur Erläuterung wird das vereinfachte Geschäftsmodell einer werbefinanzierten Internetplattform dargestellt.

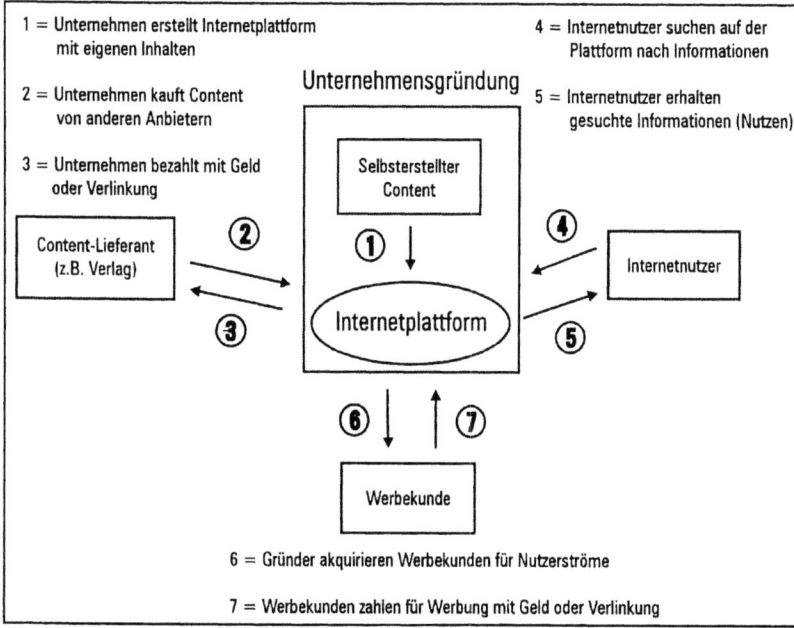

Abb. 2-26: Vereinfachtes Geschäftsmodell einer werbefinanzierten Informationsplattform im Internet

Die Graphik zeigt aus der Perspektive des Anbieters die wesentlichen Geschäftsvorgänge, die den **Kern des Geschäftes** ausmachen. Grundlage ist der Aufbau einer Informationsplattform mit Hilfe selbst erstellter und fremdbezogener Inhalte. Für letztere sind an die Contentlieferanten Gebühren abzuführen. Die Inhalte werden so attraktiv für bestimmte Zielgruppen zusammengestellt, dass diese in großer Zahl die Website aufsu-

chen. Dieser relativ homogene Besucherstrom ist wiederum die Zielgruppe für Werbetreibende, die Werbefläche auf der Website bezahlen und dadurch Einnahmen für das
junge Unternehmen generieren. Der Kundennutzen für die Werbetreibenden besteht in
der möglichst streuverlustfreien Ansprachemöglichkeit ihrer Zielgruppe. Die Grundkon-
zeption des Geschäftsmodells kann nun beliebig um weitere kreative Geschäfte ergänzt
werden, die zusätzliche Erlöse generieren.

Da die Vorstellung des Gründers von dem mit seiner Idee geschaffenen Kundennutzen
anfangs meist nur sehr grob ist, wird erst mit zunehmender Zeit und erhöhtem Kontakt
mit den zukünftigen Zielgruppen eine immer klarere Vorstellung entwickelt. Man kann
die Gründungsidee mit einem Rohdiamant vergleichen, der durch Auseinandersetzung
mit Kunden und Wettbewerbslösungen solange geschliffen wird, bis dieser eine Form erreicht hat, die als markttauglich (im Sinne von überlebensfähig) bezeichnet werden kann.

Aus einer Marketingperspektive steht deshalb am Ende der Ideenentwicklungsphase ein
an die Erfordernisse des Marktes angepasstes und gegenüber den identifizierten Wettbewerbslösungen konkurrenzfähiges Geschäftsmodell. Dieses Geschäftsmodell beschreibt,
wie der im Vergleich zum Wettbewerb höhere Kundennutzen entsteht, wie die Erlösge-
nerierung erfolgt und welche Kerngeschäftsprozesse den Wettbewerbsvorteilen des Unternehmens zugrunde liegen. In der nun folgenden Gründungsdurchführungsphase muss
geprüft werden, ob dieses Geschäftsmodell unter Berücksichtigung betriebswirtschaftlicher Erfordernisse zu den gewünschten Umsatzzahlen führt. Hierfür ist die Entwicklung
einer Marketing-Konzeption erforderlich, da diese bestimmt, auf welchem Weg wie viele Kunden zu welchen Kosten in einem bestimmten Zeitraum akquiriert werden können.

3. Marketing in der Gründungsdurchführungsphase

In der Gründungsdurchführungsphase werden die gesammelten Informationen über Markt und Wettbewerb zu einer Marketingkonzeption verdichtet, die es gestattet, den Markteintritt systematisch zu vollziehen.

3.1 Marketingkonzeption und Geschäftsmodell

Grundlage eines Geschäftsmodells sind strategische Entscheidungen, die von den Führungskräften eines Unternehmens getroffen werden müssen. Das Geschäftsmodell bildet die Klammer zwischen der Unternehmensstrategie und den Kerngeschäftsprozessen. Hierfür stellt es die grundsätzliche Funktionsweise des Unternehmens anschaulich dar, in dem es die Quellen des Kundennutzens und der Ertragserzielung sowie die diesen Quellen zugrundeliegenden Kerngeschäftsprozesse beschreibt.

Die **marktbezogenen** strategischen Entscheidungen werden in einer sogenannten Marketing-Konzeption zusammengefasst. Nach Becker (2001, S. 5) „kann eine Marketing-konzeption aufgefasst werden als ein schlüssiger, ganzheitlicher Handlungsplan („Fahrplan"), der sich an angestrebten Zielen („Wunschorten") orientiert, für ihre Realisierung geeignete Strategien („Route") wählt und auf ihrer Grundlage adäquate Marketinginstrumente („Beförderungsmittel") festlegt." Die Marketinginstrumente werden auch als Marketing-Mix bezeichnet und umfassen die Teilbereiche Produkt-, Preis-, Distributions- und Kommunikationspolitik. Voraussetzung für eine Marketingkonzeption ist eine solide Informationsbasis über Markt und Wettbewerber sowie weitere Branchenteilnehmer.

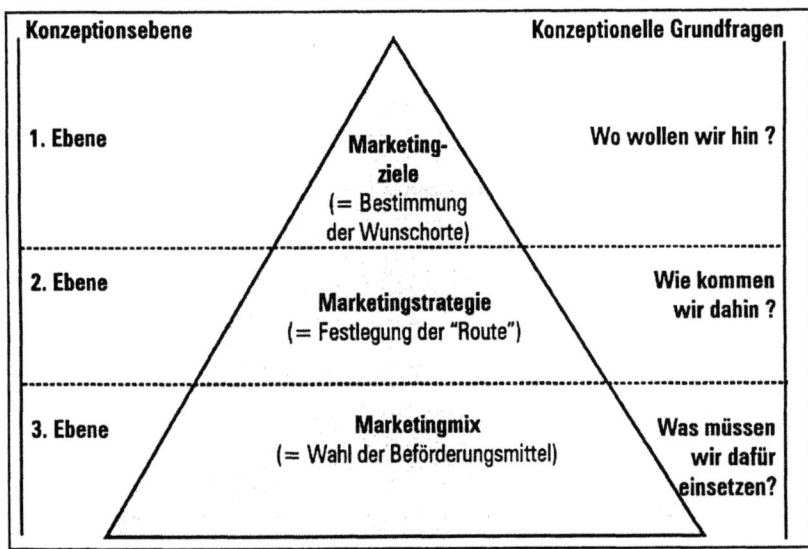

Abb. 3-1: Die Marketingkonzeption (in Anlehnung an Becker 2001, S. 11)

Das Geschäftsmodell eines Unternehmens mit seinen Elementen Kundennutzen, Ertragsmechanik und Wertschöpfungsarchitektur setzt nun auf den marktbezogenen Zielen und den strategischen Marketingentscheidungen auf. Dieses wird besonders deutlich, wenn man die jeweils den Geschäftsmodellelementen zugrundeliegenden Entscheidungen analysiert.

Man erkennt in der folgenden Abbildung, dass für die Erzeugung des Kundennutzens eine Entscheidung über Leistungsangebot und Zielgruppe (die sogenannte Geschäftsfeldentscheidung) getroffen werden muss. Da Kunden den gebotenen Nutzen relativ zu bekannten Lösungen auf der Grundlage ihrer Erfahrungen bewerten, ist der relative Nutzenvorteil im Vergleich zu Konkurrenzlösungen entscheidend. Deswegen ist auch eine Entscheidung über die herauszustellenden Wettbewerbsvorteile zu treffen.

Die Erzeugung von Ertrag setzt die Geschäftsfeld- sowie die Entscheidung über Wettbewerbsvorteile voraus, da es um die Ausgestaltung der Preispolitik für das Leistungsangebot gegenüber einer oder mehreren Zielgruppen geht. Damit ist die Ertragsmechanik abhängig von der Geschäftsfeldentscheidung.

Geschäftsmodellelemente und Entscheidungen einer Marketingkonzeption	
Elemente eines Geschäftsmodells	Erforderliche Grundsatzentscheidung
Kundennutzen	Welche Leistungsangebote werden für welche Zielgruppe(n) mit welchen Vorteilen gegenüber dem Wettbewerb angeboten? (**Entscheidung über Geschäftsfeld und Wettbewerbsvorteil**)
Ertragsmechanik	Welche Bezahlung in welcher Form wird von wem wofür verlangt? (**Entscheidung der Preispolitik** auf der Grundlage der Geschäftsfeldentscheidung)
Wertschöpfungs-architektur	Welche Tätigkeiten zur Leistungserstellung und –vermarktung generieren Kundennutzen und folglich die Erträge? (Entscheidung über **Kernprozesse der Leistungserzeugung und -vermarktung** durch Produkt-, Distributions- und Kommunikationspolitik)

Abb. 3-2: Geschäftsmodellelemente und Entscheidungen einer Marketingkonzeption

Die Wertschöpfungsarchitektur enthält als einziges Element eines Geschäftsmodells Komponenten, die nicht einer Marketingstrategie zuzuordnen sind. Sie besteht aus Aktivitäten der Leistungserstellung und –vermarktung. Die Kerngeschäftsprozesse einer Leistungserstellung sind für das Marketing nur dahingehend relevant, welche Wettbewerbsvorteile durch die erzeugte Leistung auf welcher Qualitätsstufe ermöglicht werden und zu welchen Kosten die Leistung erbracht werden kann. Deshalb wird in dieser auf den Vermarktungsprozess konzentrierten Darstellung nicht auf die Kerngeschäftsprozesse der Leistungserstellung tiefer eingegangen. Infolge dessen werden nur die den vermarktungsrelevanten Kernprozessen zugrundeliegenden Entscheidungen aus der Produkt-, Preis-, Distributions- und Kommunikationspolitik behandelt.

3.2 Marketingziele

3.2.1 Marketingziele im Zielsystem des Unternehmens

Die Marketingziele eines Unternehmens sind eingebettet in eine Hierarchie von Teilzielen, die zusammen möglichst konsistent zueinander sein sollten. Man kann sie idealtypisch auch als Zielpyramide darstellen.

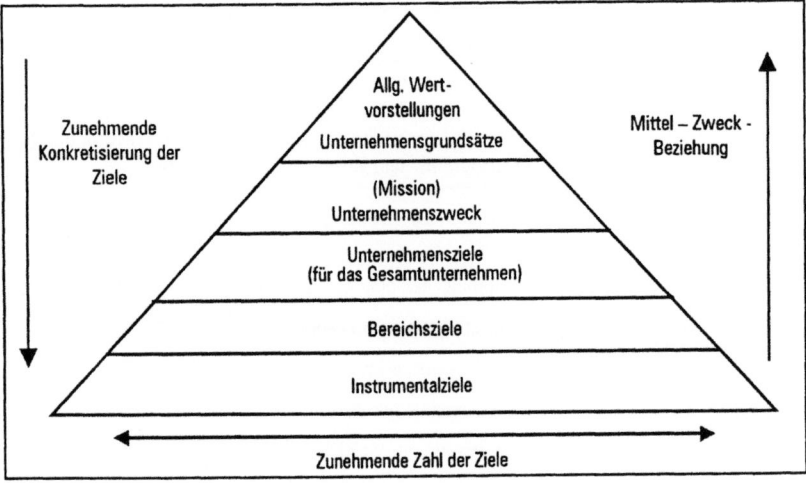

Abb. 3-3: Zielpyramide eines Unternehmens (in Anlehnung an Becker 2001, S. 28)

Für eine Unternehmensgründung besteht die Chance, ein konsistentes Zielsystem zu entwickeln, das nach Meffert (1998, S. 94) folgende **Aufgaben** erfüllt:

- **Koordination der Aktivitäten des Unternehmens**, in dem z.B. die Marketing-Mix-Aktivitäten zur Erreichung eines Umsatzzieles optimal aufeinander abgestimmt werden.

- **Steuerung der Unternehmensprozesse**, in dem z.B. nur Entscheidungen getroffen werden, die den höchsten Beitrag zur Erreichung eines angestrebten Ziels leisten.

- **Kontrolle der Zielerreichung**, in dem die gesetzten Ziele als Maßstab für den erreichten Marketingerfolg herangezogen werden.

- **Kommunikation mit und Integration von Bezugsgruppen des Unternehmens,** in dem durch eine Vermittlung der angestrebten Ziele bei Mitarbeitern, Kunden, Lieferanten oder der Öffentlichkeit im Idealfall eine Identifikation mit dem Unternehmen oder zumindest ein Verständnis für das Handeln des Unternehmens erreicht wird.

Grundlage für Marketingziele sind die **Wertvorstellungen der Gründer.** Klaffen diese erheblich auseinander, führen diese Unterschiede vor allem bei späteren, diese Werte berührenden Präzedenzentscheidungen sehr häufig zu massiven Auseinandersetzungen im Gründerkreis. Es ist nicht selten, dass Gesellschafter in Folge wiederholter Streitigkeiten das Unternehmen verlassen und es durch den plötzlichen Know-how-Verlust in erhebliche Schwierigkeiten bringen. Um das Spektrum der Konsequenzen unterschiedlicher Wertvorstellungen aus der Praxis zu beschreiben, seien unterschiedliche Vorstellungen über Informationsweitergabe im Unternehmen, Arbeits- und Anwesenheitszeiten aber auch die durch ideologische Gründe motivierte Weigerung zu nennen, bestimmte Kunden nicht zu beliefern. Dass derartige „Kleinigkeiten" zu erheblichen Verstimmungen im Gründungsteam und zu negativen Ausstrahlungen auf die Mitarbeiter eines Unternehmens führen, ist leicht nachzuvollziehen.

Abhilfe kann die **gemeinsame Formulierung von Grundsätzen** zum innerbetrieblichen und Verhalten vor Kunden, zur Führung von Mitarbeitern, zum persönlichen und von anderen erwarteten Arbeitseinsatz, zum Umgang mit Fehlern und zum Verhalten in Konfliktsituationen sein. Leider verzichten viele Gründer, da sie sich persönlich gut verstehen, auf die Formulierung derartiger Grundprinzipien. Fraglich ist natürlich immer, wie weit solche Grundsätze als Disziplinierungsinstrument innerhalb eines Gründungsteams geeignet sind. In jedem Fall bieten sie eine Leitlinie für die Angestellten, um das von der Geschäftsleitung gewünschte Verhalten deutlich zu machen.

Nachfolgend das **Beispiel der „zehn Gebote"** eines jungen Unternehmens in der Medienbranche:

Beispiel für Unternehmensgrundsätze

Wir wollen unsere Kompetenz zum **Nutzen unserer Kunden** einsetzen.

Wir sind ein Team und unterstützen uns **gegenseitig**.

Wir wollen jeden Fehler nur **einmal** machen (ansonsten hätten wir nichts gelernt !).

Wir wollen **eigenverantwortlich** für den Unternehmenserfolg arbeiten.

Wir wollen **klar** sagen, was wir von anderen Unternehmensmitgliedern erwarten.

Wir wollen in uns gesetztes Vertrauen **niemals** enttäuschen.

Wir wollen Kritik **unmissverständlich**, aber nie persönlich verletzend äußern.

Wir wollen Probleme **sofort nach Entdeckung** bei den betroffenen Unternehmensmitgliedern zur Sprache bringen.

Wir wollen **Gewinn** machen.

Wir wollen uns **gegenseitig darauf aufmerksam** machen, wenn wir gegen diese Grundsätze verstoßen.

Abb. 3-4: Beispiel für Unternehmensgrundsätze

Der **Geschäftszweck eines Unternehmens** („**Mission**") muss von den Gründern schon für die Gewerbeanmeldung formuliert werden. Allerdings wird dieser Geschäftszweck zu diesem Zeitpunkt für Mitarbeiter wenig mitreißend und motivierend ausgedrückt. Sinn einer ausdrucksstarken Mission sind Antworten auf die Fragen (Becker 2001, S. 43, Stender-Monhemius 2002, S. 14):

–   **Was ist unser Geschäft ?**
–   **Wofür stehen wir und warum existieren wir ?**

Das Ziel besteht in der Beschreibung einer sinnstiftenden Aufgabe, für die es sich lohnt, sich für das Unternehmen einzusetzen. Man unterscheidet eine produkt- von einer kundenorientierten **Sichtweise der Mission**.

Produktorientiert betreibt ein Gründer den Handel mit Lampen, wenn er ein Lampengeschäft eröffnet. **Kundenorientiert** kann dasselbe Geschäft aber auch mit der Mission „Verkauf von Beleuchtungslösungen" geführt werden. Letztere Definition des Geschäftszweckes führt fast zwangsläufig zur Erweiterung des Tätigkeitsfeldes, da zum Verkauf von Beleuchtungslösungen zusätzlich Beratungs- und Planungsleistungen erforderlich sind. Da nur ein bestimmter Kundenkreis bereit ist, für diesen Service zu bezahlen, hat die Formulierung der Mission Konsequenzen für die einzuschlagende Marketingstrategie. Darüber hinaus versteht der im Ladengeschäft tätige Mitarbeiter, das es nicht ausschließlich darum geht, eine Lampe zu verkaufen, sondern – wenn der Kunde es wünscht – diesen dahingehend zu beraten, was die optimale Lösung des Beleuchtungsproblems ist. Deshalb dient eine Mission auch als **Orientierungspunkt** für die im Unternehmen Beschäftigten und erklärt schlüssig, mit welcher Aufgabe das Unternehmen am Markt tätig ist und welchen Sinn eine Tätigkeit im Unternehmen hat. Sie kann deshalb eine **Quelle für Mitarbeitermotivation** sein, wenn Mitarbeiter sich mit der Mission identifizieren und vor allem die Führungspersönlichkeiten des Unternehmens sich im Sinne dieser Mission verhalten.

Auf der Grundlage von Wertvorstellungen und Mission können die **Unternehmensziele** formuliert werden. Diese Ziele sind in finanzielle und nicht finanzielle Ziele zu unterscheiden. Ein finanzielles Ziel ist z.B. die Erzielung einer angemessenen Rendite auf das eingesetzte Kapital (Return on Investment – ROI) oder die Erreichung einer bestimmten Eigenkapitalquote. Nicht-finanzielle Ziele sind z.B. eine hohe Kundenzufriedenheit, die Sicherung der Überlebensfähigkeit des Unternehmens, der Aufbau eines attraktiven Unternehmensimages oder die Schaffung eines positiven Betriebsklimas.

Unternehmensziele dienen wiederum als Grundlage für **Funktionsbereichsziele**. Ein Funktionsbereich ist eine Abteilung eines Unternehmens, z.B. eine Marketingabteilung. Da jedoch bei Gründungen selten Marketingabteilungen existieren, müssen die mit den Marketingentscheidungen befassten Personen diese Zielformulierung vornehmen.

Zwischenziele von Strategischen Geschäftseinheiten (SGE) sind für Gründungen überwiegend vernachlässigbar. Nur wenn eine Unternehmensgründung aus mehreren eigenständig steuerbaren Unternehmensteilen besteht, lassen sich Ziele für die einzelnen Teilbereiche entwickeln. Das ist z.B. sinnvoll, wenn zwei verschiedene Standorte eines Gastronomiebetriebes eröffnet werden, die als separate Geschäftseinheiten zu betrachten sind. Hierfür können dann standortbezogene Marketingziele und nachgelagert separate Instrumentalziele formuliert werden.

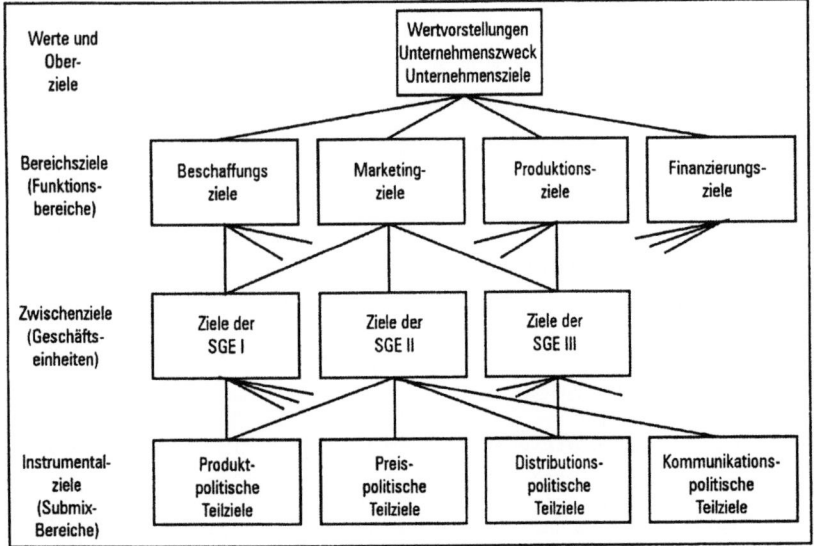

Abb. 3-5: Zielebenen im Marketing (in Anlehnung an Weis 2001, S. 27)

Marketingziele können des weiteren in potentialbezogene, markterfolgsbezogene und wirtschaftliche (Homburg / Krohmer 2003, S. 345) Ziele unterschieden werden.

Potentialbezogene Ziele (wie z. B. Bekanntheit, Einstellung, Kundenzufriedenheit) sind dem Kundenverhalten vorgelagert. Derartige „Vorsteuergrößen" marktbezogener Ziele bezeichnet man auch als psychographische Zielgrößen, da sie an nicht beobachtbaren mentalen Prozessen der Käufer anknüpfen. Durch die Erlangung eines hohen Bekanntheitsgrades in der Zielgruppe kann die Unternehmensgründung die Grundlage für einen hohen Absatzerfolg legen.

Der Absatzerfolg als **markterfolgsbezogenes** Marketingziel ist wiederum die Vorstufe **wirtschaftlicher** Marketingziele (z.B. Umsatz) und diese wiederum die Grundlage eines übergeordneten Unternehmensziels einer möglichst hohen Kapitalrentabilität.

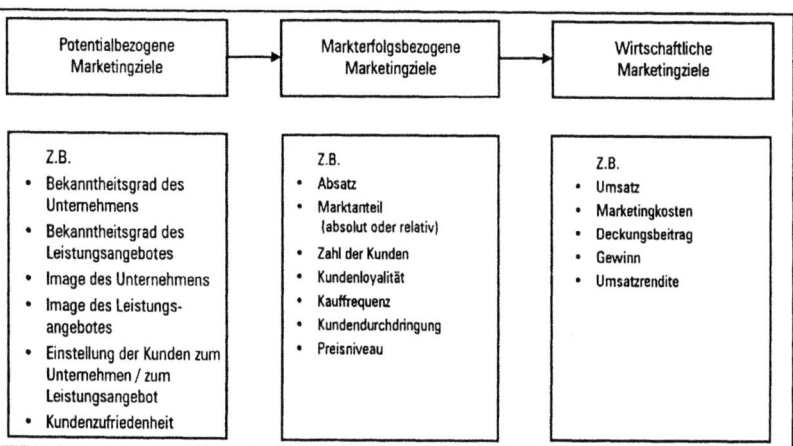

Abb. 3-6: Marketingziele des Unternehmens Homburg / Krohmer (2003, S. 346)

Erstes Marketingziel für eine Unternehmensgründung ist der Aufbau einer möglichst hohen **Bekanntheit** bei den relevanten Kundengruppen, so dass der Name des Unternehmens und das Leistungsprogramm von der Zielgruppe erinnert wird.

Aufbauend auf einer hohen Bekanntheit soll eine möglichst positive **Einstellung** der Zielpersonen zum Unternehmen und Leistungsangebot erzielt werden. Unter einer Einstellung versteht man eine erlernte Bereitschaft in einer bestimmten (Kauf-) Situation positiv oder negativ gegenüber einem Unternehmen, einem Produkt oder einer Marke zu reagieren (Trommsdorff 1993, S. 137). Da der Einstellungserwerb ein Lernprozess ist, kommt der regelmäßigen Kommunikation von Produkt- und Unternehmensinformationen an die Zielgruppe eine sehr hohe Bedeutung zu.

Eine positive Einstellung bildet wiederum den Ausgangspunkt einer Kaufabsicht oder **Präferenz** für ein spezielles, den eigenen Bedürfnissen am besten entsprechendes Angebot.

Alle diese Ziele sind jedoch nur Vorstufen für das wichtigste Marketingziel einer Unternehmensgründung, der Gewinnung einer ausreichenden Zahl von **Erstkäufern**. Erst wenn sich die Kaufabsicht in tatsächliches Kaufverhalten umsetzt, ist der wesentliche Zweck des Gründungsmarketing, die Erstkäufergewinnung, erfüllt.

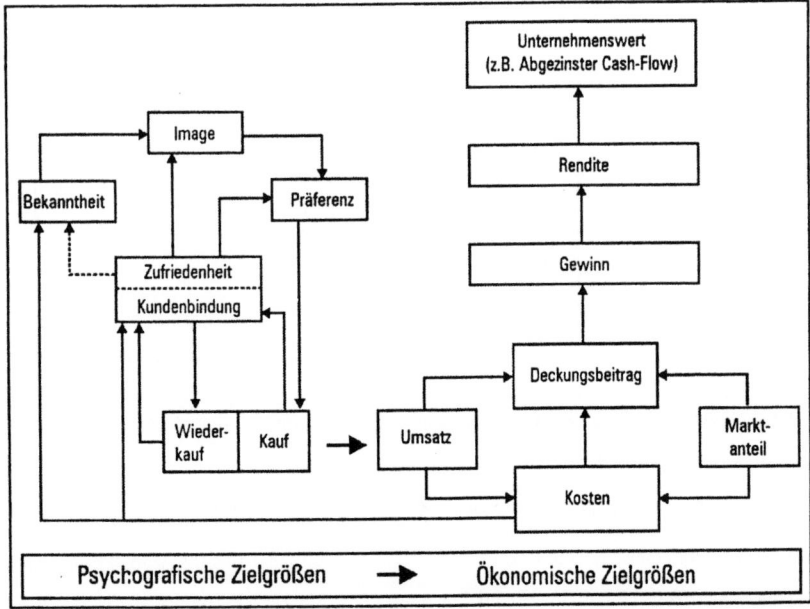

Abb. 3-7: Zusammenhang der Marketingziele (in Anlehnung an Meffert 1994, S. 96)

Wird dieses Ziel Erstkäufergewinnung erreicht, kommt es darauf an, bei diesen Erstkäufern ein hohes Maß an **Kundenzufriedenheit** zu erzeugen, da diese die Grundlage für Wiederholkäufe und dauerhafte Kundenbindung bildet. Die Summe aus Erst- und Wiederholkäufen mit ihren jeweiligen Kaufmengen in einem Zeitraum ergibt dann das ökonomische Marketingziel **Absatz** bzw. **Umsatz**.

Unterste Ebene der Zielpyramide sind die **Instrumentalziele** des Marketing-Mix, die von den mit dem Marketing befassten Personen einer Unternehmensgründung umzusetzen sind. Hierzu gehören Unterziele für die Instrumente Produkt-, Preis-, Distributions- und Kommunikationspolitik, mit denen eine Marketingstrategie operativ umgesetzt wird. Da die Instrumentalziele im Marketing abhängig von der eingeschlagenen Marketingstrategie sind, wird in der nachfolgenden Abbildung nur ein Überblick über mögliche Instrumentalziele gegeben.

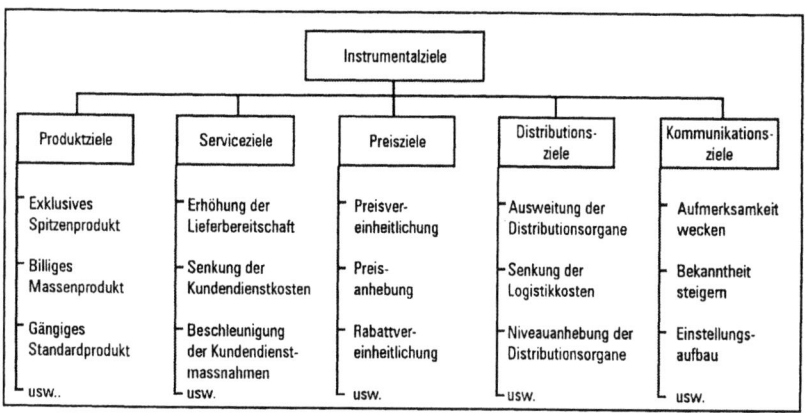

Abb. 3-8: Instrumentalziele im Marketing (Meffert 1994, S. 101)

3.2.2 Formulierung von Marketingzielen

Ziele werden als bewusst angestrebte zukünftige Zustände der Realität verstanden. Ohne Ziele ist „kein Wind der Richtige" und das Unternehmen „mogelt sich so durch", da es über keine Maßstäbe zur Einschätzung des Erfolgs seiner Aktivitäten verfügt. Deshalb kommt der präzisen Formulierung von Zielen eine sehr große Bedeutung für die Ausrichtung eines Unternehmens zu.

Man unterscheidet drei wesentliche Bestandteile eines Ziels:

- **Zielinhalt:**   z.B. Steigerung der Kundenzufriedenheit ...

- **Zielausmaß:** z.B. ... von 70% auf 80%, die zufrieden oder sehr zufrieden mit dem Leistungsangebot des Unternehmens waren ...

- **Zeitbezug:** z.B. ... im kommenden Geschäftsjahr.

Dazu sollten Ziele möglichst **realistisch** und **attraktiv** für die mit ihnen arbeitenden Personen sein, so dass von anspruchsvollen Zielsetzungen auch eine Motivationswirkung ausgeht. Dazu ist ein gutes Zielsystem in sich **widerspruchsfrei** und vermeidet dadurch Zielkonflikte. Ein einfaches marktbezogenes Zielsystem eines jungen Softwareunternehmens könnte z.b. wie folgt aussehen:

Beispielhaftes System von Marketingzielen für ein Softwareunternehmen

Wichtigstes Unternehmensziel: Erzielung einer Jahresüberschusses (Ergebnis nach Steuern) von mindestens 15.000 EUR im ersten Geschäftsjahr

Wichtigstes wirtschaftliches Marketingziel: Erzielung eines Lizenzumsatzes von mindestens 250 TEUR im 1. Jahr bei Marketingkosten von max. 50 TEUR in Deutschland.

Wichtigstes markterfolgsbezogenes Marketingziel: Absatz von mehr als 50 Softwarelizenzen, verteilt auf die Marktsegmente Chemieindustrie (70%), Petrochemie (20%) und Pharmazeutik (10%) in Deutschland an 50 Neukunden.

Wichtigste potentialbezogene Marketingziele:

Bekanntheit*): Information aller Forschungs- und Entwicklungsleiter aus Unternehmen der relevanten Marktsegmente mit mehr als 500 Mitarbeitern

Einstellung: Vermittlung der Produktvorteile „Höhere Integrativität" und „bessere Bedienbarkeit" sowie „Herstellerkompetenz" (z.B. durch branchenspezifische Referenzen).

Präferenz: Test einer Demo-Softwareversion durch 30% aller kontaktierten Unternehmen der Zielgruppe im ersten Halbjahr nach der Produkteinführung.

Kundenzufriedenheit: 10 positive Erfahrungsberichte namhafter Anwender, Aufbau einer user-group mit ca. 10 Intensiv-Nutzern der Software bis zum Geschäftsjahresende.

Wichtigste Instrumentalziele:

Produktpolitik: Angebot einer Produktvariante für die pharmazeutische Industrie im zweiten Halbjahr des Geschäftsjahres.

Preispolitik: Rabattgewährung für Mehrplatzlizenzen nicht höher als 30% vom Listenpreis bei allen Kunden des Geschäftsjahres.

Distributionspolitik: Gewinnung von fünf regionalen Systemhäusern als Servicepartner bis Ende des ersten Halbjahres.

Kommunikationspolitik: Entwicklung und Umsetzung einer Markteinführungskampagne für die Produkte des Unternehmens im ersten Halbjahr des Geschäftsjahres.

Abb. 3-9: Beispielhaftes System von Marketingzielen für ein Softwareunternehmen

*) Da für ein neu gegründetes Unternehmen die Ermittlung von Bekanntheitsgraden in der Zielgruppe meist zu kostenaufwendig ist, wird nicht der outputseitig erzielte Bekanntheitsgrad, sondern der inputseitig zu realisierende Kommunikationsaufwand hierfür als Zielsetzung herangezogen.

Wird – wie anfänglich bei vielen Gründungen üblich – der Marketingbereich von Mitgliedern der Geschäftsführung übernommen, müssen diese u.a. auch die Marketingziele entwickeln und deren Umsetzung verfolgen bzw. häufig sogar die Umsetzung selbst realisieren. Auf der Grundlage eines solchen, im Instrumentalzielbereich nur auf Meilensteine konzentrierten Zielsystems, lässt sich der Erfolg der Unternehmensaktivitäten sehr präzise überprüfen. Dadurch kann man schon frühzeitig erkennen, welche Ziele verspätet oder sogar nicht erreicht werden können, um ggf. sofort Gegenmaßnahmen einzuleiten. Der Weg zur Erreichung der formulierten Ziele besteht in der Entwicklung einer Marketingstrategie, die Thema des folgenden Kapitels ist.

3.3 Marketingstrategie

3.3.1 Strategieebenen in Groß- und Gründungsunternehmen

Im Rahmen einer Marketingkonzeption wurde eine **Strategie** allgemein als **Weg zum Ziel** beschrieben. Umfassender versteht man unter einer Strategie ...

- aus Zielen abgeleitete...
- Grundsatzregelungen mittel- und längerfristiger Art, ...
- die aus mehreren miteinander verknüpften Einzelentscheidungen bestehen und
- sowohl in sich stimmig...
- als auch gegenüber dem Umfeld stimmig sein sollten.

Das bedeutet, dass eine Strategie sowohl die unternehmensinternen Gegebenheiten (wie z.b. vorhandene Fähigkeiten) als auch die unternehmensexterne Situation im Markt und Wettbewerb bestmöglich miteinander verknüpfen muss. Durch eine Strategie wird also ein **optimaler Fit** zwischen den Kernkompetenzen des Unternehmens und den sich bietenden Marktmöglichkeiten geschaffen. Dieses geschieht durch eine Festlegung der Unternehmensführung bei schwer rückgängig zu machenden Grundsatzentscheidungen. Diese Grundsatzentscheidungen sind aus der Perspektive der Unternehmensführung **die richtigen Dinge**, die getan werden müssen, um das Überleben des Unternehmens zu sichern. Die Strategie erfüllt damit vor allem eine **Steuerungsfunktion**, um verschiedenenartige Maßnahmen in Hinblick auf die Erreichung der angestrebten Ziele zu bündeln.

Welche **Grundsatzentscheidungen** muss eine Unternehmensgründung in ihrer Strategie treffen? Dazu wird zuerst auf die Strategien im Großunternehmen eingegangen, um den Unterschied zur Strategie einer Unternehmensgründung deutlich zu machen.

In Anlehnung an Steinmann / Schreyögg (1997, S. 152) geben Strategien Antworten auf drei **grundsätzliche Fragen der Unternehmensführung**:

1. In welchen Märkten will die Unternehmensgründung mit welchen Produkten und / oder Dienstleistungen tätig werden (Festlegung der Geschäftsfelder)?

2. Wie soll der Wettbewerb in diesen Märkten bestritten werden (Festlegung der Wettbewerbsvorteile)?

3. Was ist die längerfristige Erfolgsbasis (Kernkompetenz) des Unternehmens?

In einem Konzern berührt Frage 1 die Ebene des Gesamtunternehmens. Hier entscheidet der Vorstand, welche Geschäftsaktivitäten zukünftig erfolgen sollen, d.h. ob das Unternehmen im alten Geschäft verbleiben oder ein neues Geschäft erschließen will. Man nennt die Strategie dieser Ebene auch **Gesamtunternehmensstrategie**.

Frage 2 zielt ab auf die **Profilierung gegenüber Wettbewerbern** in den ausgewählten Märkten. Hier geht es vor allem um die Formulierung der angestrebten **Wettbewerbsvorteile**, also z.B. Kosten- oder spezielle Leistungsvorteile für strategische Geschäftsbereiche / -einheiten (SGE). **Strategische Geschäftsbereiche** sind Unternehmensteile mit eigenen Zielen und Aufgaben. Sie können eigenständig gesteuert sowie bei Misserfolg auch liquidiert werden und sind auf einen bestimmten Markt (Geschäftsfeld) ausgerichtet. Im Jahr 2002 war z.b. der Unternehmensteil „Lighting", die ehemaligen OSRAM-Werke, im Siemens-Konzern einer von sieben strategischen Geschäftsbereichen (ohne Berücksichtigung von Beteiligungen an Bosch bzw. Infineon). Auf der Ebene jedes Strategischen Geschäftsbereichs wird eine Strategie, die sogenannte **Wettbewerbsstrategie**, formuliert. Ein Großunternehmen hat also nur eine Gesamtunternehmensstrategie aber so viele Wettbewerbsstrategien wie Geschäftsbereiche. Wettbewerbsstrategien werden im Normalfall von den jeweiligen Führungskräften der Geschäftsbereiche formuliert.

Frage 3 befasst sich mit der sogenannten **Ressourcenstrategie** und ist den anderen beiden Fragen vorgelagert (Steinmann / Schreyögg 1997, S. 153-154). Die Ressourcenstrategie zielt ab auf die **Entwicklung einzigartiger Fähigkeiten** als Grundlage dauerhafter Wettbewerbsvorteile und damit auf die Überlebensbasis des Unternehmens. Ziel dieser Strategie ist **Wertschöpfung**, also die Schaffung von Mehrwert durch Bearbeitung. Dieser Mehrwert ist das Resultat der „Eigenleistung" des Unternehmens, die wiederum aus der Differenz zwischen dem Wert der Abgabeleistungen (z.B. dem Marktpreis der Produkte) und den übernommenen Vorleistungen (z.B. Kosten für Material, Personal, Leistungserstellung) entsteht (Müller-Stewens / Lechner 2001, S. 287). So gesehen liefert die Ressourcenstrategie die **Erfolgsvoraussetzungen** für die Bearbeitung von zukünftig relevanten Märkten mit Leistungsangeboten, die über dauerhafte Wettbewerbsvorteile verfügen. Mit einer Ressourcenstrategie wird damit auch über die Art der Aktivitäten entschieden, die von einem Unternehmen selbst durchgeführt werden. Damit berührt sie alle Teile eines Unternehmens und ist ebenfalls Aufgabe des Unternehmensvorstandes.

Darüber hinaus gibt es noch die betrieblichen **Funktionsbereiche** (Forschung und Entwicklung, Beschaffung, Produktion, Marketing und Vertrieb etc.), die die auf Gesamtunternehmens- oder Geschäftseinheitsebene entwickelten Strategien in konkretes Handeln umsetzen. Für die in den jeweiligen Bereichen entwickelten Umsetzungskonzepte findet sich mitunter in der Literatur der Begriff **Funktionalstrategie**, auch wenn es sich im engeren Sinne nicht um eigenständige Strategien, sondern um Umsetzungsprogramme

handelt, die sich aus den Entscheidungen von Gesamtunternehmens-, Geschäftsbereichs-
und Ressourcenstrategie ableiten.

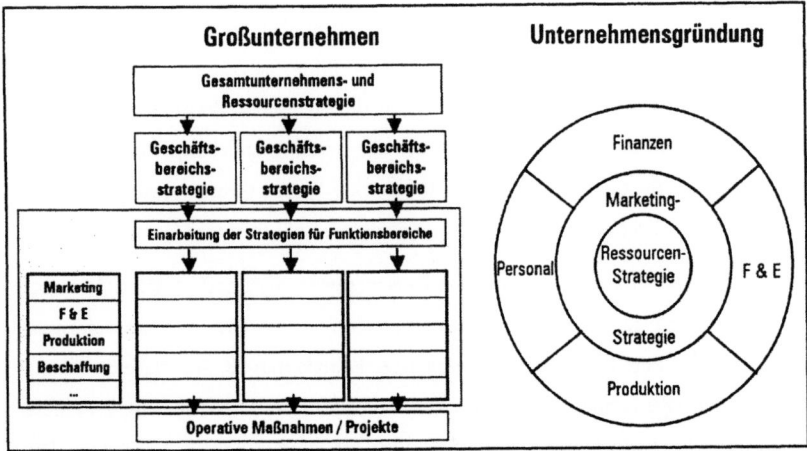

Abb. 3-10: Strategieebenen im Großunternehmen und bei einer Unternehmensgründung

Die genannten drei Grundsatzfragen der Unternehmensführung sind auch bei einer **Unternehmensgründung** für die Strategieentwicklung relevant. Allerdings entfällt fast
immer eine Unterscheidung zwischen Gesamtunternehmens- und Geschäfts-
bereichsstrategie, da Unternehmensgründungen nur äußerst selten über wirklich unterschiedliche Geschäftsbereiche verfügen. Meist stellt sich nach einiger Zeit heraus, dass
anfängliche Überlegungen zu unterschiedlichen „Standbeinen" aufgrund von Ressour-
cenengpässen dauerhaft nicht profitabel aufrecht erhalten werden können. Diese im Vergleich zu anderen Unternehmen in viel stärkerem Maß auftretenden Ressourcenengpässe
führen dazu, dass zuerst die **Ressourcenstrategie** im Mittelpunkt unternehmensstrategi-
scher Überlegungen einer Gründung steht. Sie löst die Frage, welche **Kernkompetenz**
das Überleben des Unternehmens durch die Entwicklung von möglichst dauerhaften
Wettbewerbsvorteilen sichert und wie die hierfür benötigten Ressourcen beschafft werden sollen.

Die **Marketingstrategie** legt fest, in **welchen Märkten** die auf spezifischen Stärken beruhenden Leistungsangebote verkauft werden sollen und wie sich das junge Unternehmen möglichst eigenständig im Vergleich zum **Wettbewerb** positioniert. Auf diese Art ergänzen sich Ressourcen- und Marketingstrategie in einer Unternehmensgründung und können natürlich auch von einer einzigen Person bearbeitet werden. Die im Einvernehmen mit der Ressourcenstrategie getroffenen strategischen Marketingentscheidungen bilden dann die Grundlage des Umsetzungshandelns von einzelnen Abteilungen der Neugründung bzw. von den mit bestimmten Aufgaben betrauten Personen.

3.3.2 Zusammenhang zwischen Marketing- und Ressourcenstrategie

In vorangehenden Kapitel wurde deutlich, dass die wesentliche Aufgabe der **Ressourcenstrategie** einer Unternehmensgründung darin besteht, die das Überleben sichernde **Kernkompetenz**, auf der die Wettbewerbsvorteile des Unternehmens beruhen, zu entwickeln, die hierfür benötigten Unternehmensaktivitäten zu definieren und die erforderlichen Ressourcen zu beschaffen. Diese Ressourcenstrategie dient dazu, die Umsetzung der markt- und wettbewerbsbezogenen Marketingstrategie zu ermöglichen.

Dadurch steht die **Marketingstrategie** mit der Ressourcenstrategie **in einem permanenten Spannungs- und wechselseitigen Abhängigkeitsverhältnis**. Während durch die Marketingstrategie die Positionierung beim Kunden in Relation zum Wettbewerb festgelegt wird, formuliert die Ressourcenstrategie, durch welche Aktivitäten innerhalb und außerhalb des neu gegründeten Unternehmens eine höhere Wertschöpfung als bei der Konkurrenz (und damit ein Wettbewerbsvorteil) entsteht. Die **unternehmensstrategische Kernaufgabe** der Gründer besteht deshalb in der Gründungsdurchführungsphase in der **optimalen Abstimmung von Ressourcen- und Marketingstrategie** zur Schaffung von Wertschöpfung als Grundlage von Kundennutzen und Wettbewerbsvorteilen.

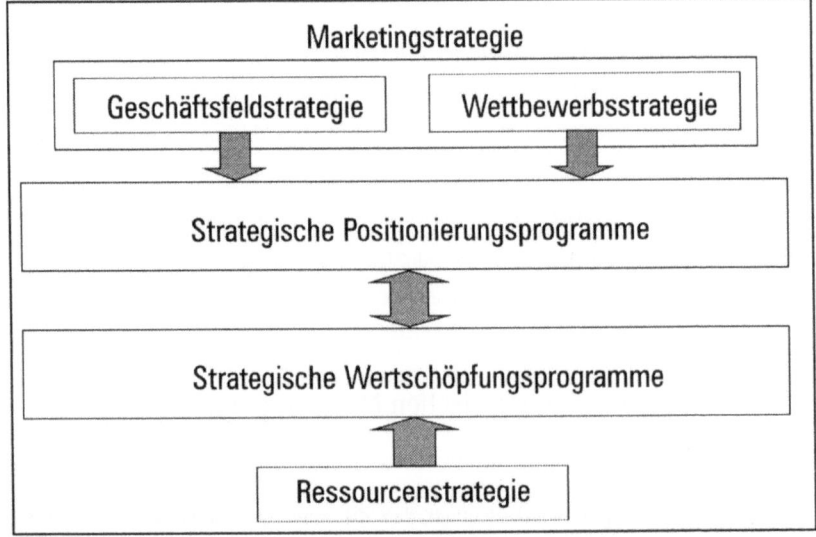

Abb. 3-11: Zusammenhang von Marketing- und Ressourcenstrategie (in Anlehnung an Müller-Stewens / Lechner 2001, S. 310)

Die Marketingstrategie, bestehend aus **Geschäftsfeld- und Wettbewerbsstrategie,** führt zur Entwicklung von Maßnahmenprogrammen zur Positionierung des Unternehmens nach außen im Markt. Da der Prozess einer Unternehmensgründung vor allem ein permanenter Kampf gegen Engpässe bei Finanzmitteln, Personal und Wissen nach innen ist, sind die Marketingmaßnahmen mit den vorhandenen Ressourcen so abzustimmen, das z.B. nur solche Leistungsangebote am Markt beworben werden, die auch mit den vorhandenen Ressourcen zum Einführungstermin qualitativ stabil und weitgehend mängelfrei zum Kunden geliefert werden können. Dieses in vielen Technologieunternehmen bekannte Phänomen, dass nicht ausgereifte Produkte am Markt präsentiert werden, ist jedoch langfristig nicht zur Zufriedenheit von Kunden und eigenen Mitarbeitern aufrecht zu erhalten.

Stellt man z.B. in einem Akzeptanztest des zukünftigen Leistungsangebots fest, dass ein Kundensegment bestimmte **Spezialleistungen** wünscht, ist auf der Grundlage der Ressourcenstrategie zu klären, ob diese Leistungen von der Unternehmensgründung erbracht werden können. Erst nach Beantwortung dieser Frage kann fundiert entschieden werden, ob man auf die **Bearbeitung dieses Kundensegments** verzichtet. Das bedeutet, das erst auf der Grundlage einer präzisen **Analyse der im Gründungsunternehmen vorhandenen Kernkompetenz** systematisch die Fragen einer Marketingstrategie zu den zukünftigen Geschäftsfeldern und zum Verhalten gegenüber dem Wettbewerb geklärt werden können.

Beispielsweise muss ein Gründer, der ein neues Messgerät entwickelt hat, auf einen bestimmten Kundenkreis verzichten, wenn die Neuentwicklung in einem ganz kleinen Konzentrationsbereich von unter einem Milligramm eine bestimmte Substanz nicht mehr zuverlässig messen kann. Erst wenn es ihm gelingt, das Wissen zu erlangen, wie eine Substanzbestimmung in diesem niedrigen Messbereich möglich ist und wenn dieses Wissen in ein leistungsfähiges, die Kundenerwartungen erfüllendes Produkt umgesetzt wird, kann dieses Marktsegment wieder in der Marketingstrategie berücksichtigt werden. Das Beispiel zeigt, das **Ressourcen- und Marketingstrategie untrennbar miteinander verbunden** sind und in einem mehrstufigen Annäherungsprozess aufeinander abgestimmt werden müssen. Ansonsten werden Fähigkeiten im Unternehmen aufgebaut, die für den Kunden keinen Nutzen schaffen oder Kunden mit Leistungsangeboten „versorgt", die die durch das Marketing ausgelösten Erwartungen nicht einhalten können. Beschwerden und Kundenunzufriedenheit sind dann die unmittelbare Folge einer schlecht aufeinander abgestimmten Ressourcen- und Marketingstrategie.

Wird also von den Gründern eine bestimmter Kundenbedarf festgestellt, ist unter Berücksichtigung der Ressourcenstrategie zu entscheiden, ob dieser Bedarf befriedigt werden soll. Ist das der Fall, muss geprüft werden, ob der Kundenbedarf mit den im Unternehmen vorhandenen Kompetenzen realisiert werden kann oder ob Know-how von außen erforderlich ist. Die **strategischen Grundsatzentscheidungen einer Ressourcenstrategie** bestehen deshalb für jede neue für die Befriedigung eines Kundenbedarfs benötigte Ressource aus drei Möglichkeiten:

Verzicht auf den Kompetenzaufbau (Null-Alternative): Auf den Erwerb der benötigten Kompetenz wird verzichtet, womit entschieden wird, dass die Leistung für den Kun-

den nicht erbracht und das Marktsegment wahrscheinlich nicht bearbeitet werden kann.
Dieses macht nur dann Sinn, wenn man diese Leistung definitiv nicht erbringen **will** oder
auf der Basis von Branchen- und Wettbewerbsanalysen sowie Kostenanalysen des Kom-
petenzaufbaus sagen kann, dass sich der erforderliche Aufwand **nicht lohnt.** Stuft man
dagegen den Kundenbedarf bzw. das dahinterstehende Marktsegment als lukrativ ein
und will deshalb dort aktiv werden, bleibt die...

Nutzung interner Ressourcen zum Kompetenzaufbau: Mitarbeiter des Unternehmens
oder die Gründer selbst erwerben z.B. durch Versuche, Literaturstudium und Wettbewerbsanalysen die benötigte Kompetenz. Ist dieses z.B. aus Kapazitätsgründen nicht
möglich, bleibt noch die ...

Nutzung externer Ressourcen zum Kompetenzaufbau: Es werden außerhalb des Unternehmens vorhandene Lösungen gesucht. Dabei bestehen unterschiedliche Möglichkeiten, die Kompetenz zu erlangen (z.B. durch Kooperation mit Industriepartnern oder
Hochschulen, Lizenz- oder Patentkauf).

Die jeweilige Abwägung, was unter den Gesichtspunkten von Zeit, Kosten und erreich-
barer Qualität der bestmögliche Weg ist, ist dann durch die Ressourcenstrategie zu beantworten. Dabei bezieht sich die Ressourcenstrategie auf alle denkbaren Unternehmens-
ressourcen (z.B. Finanzmittel, Mitarbeiter, Wissen) und es ist darauf zu achten, dass
möglichst **hohe Synergien zwischen den einzelnen Entscheidungen** bestehen.

Hat man z.B. die Wahl zwischen zwei Kooperationspartnern für das oben beschriebene
Messproblem, dann sollte man darauf achten, welche Möglichkeiten aber auch Risiken
aus dem Abschluss einer Entwicklungspartnerschaft für andere Entwicklungsprojekte
erwachsen. Gleichartige Fragen stellen sich im übrigen auch bei der Nutzung von Steu-
er- oder Rechtsanwaltsbüros bzw. bei Buchhaltungs- sowie Lohn- und Gehaltsabrech-
nungsfragen. Dabei ist darauf zu achten, dass vor einer Vergabe von Leistungen an externe Partner klar die mit der Leistungsvergabe verbundenen Ziele und damit die
Kontrollgrößen definiert werden. Dann kann man die Erwartungen an die zu erbringende
Qualität einem Partner schon im Vorfeld deutlich machen und meist auch das Leistungs-

ergebnis frühzeitig kontrollieren. Es bewahrheitet sich im Zusammenhang mit Unternehmensgründungen immer wieder, dass die externe Vergabe von Leistungen nicht ohne ein Mindestmaß an im Unternehmen vorhandenem Wissen möglich ist, mit dem die Leistung eines Partnerunternehmens beurteilt werden kann.

Diese Grundsatzentscheidungen einer Ressourcenstrategie sind jedoch immer vor dem Hintergrund der Frage zu sehen, worin die **Kernkompetenz der Unternehmensgründung zukünftig** bestehen soll. Üblicherweise werden deshalb nur solche Bereiche an externe Partner vergeben, bei denen es sich **nicht** um eine Kernkompetenz der Unternehmensgründung handelt. Diese benötigten Leistungen können dann normalerweise extern besser und im Idealfall günstiger als intern erstellt werden. Wichtig ist, dass Wettbewerbsvorteile der Gründung von etwaigen Qualitätsschwankungen der Kooperationspartner nach Möglichkeit nur wenig oder überhaupt nicht betroffen sind.

Da die Frage des Managements von Kooperationspartnern nicht nur markt- und wettbewerbsseitig, sondern vor allem seitens der Lieferanten, den überwiegenden Wertschöpfungspartnern, eine große Rolle spielt, ist für eine Unternehmensgründung der Kooperationsaspekt Teil einer Ressourcenstrategie.

3.3.3 Grundsatzentscheidungen einer Marketingstrategie

Über Grundsatzentscheidungen einer Marketingstrategie liegen eine Vielzahl von Systematisierungen vor (siehe u.a. Becker 2001, Kotler / Bliemel 2001, Weis 2001, Meffert 2000, Backhaus 1999). Entsprechend der Grundsatzfragen der strategischen Unternehmensführung ist eine markt- und eine wettbewerbsbezogene Perspektive zu unterscheiden.

3.3.3.1 Festlegung des Geschäftsfeldes

Marktbezogen besteht die Grundsatzfrage einer strategischen Unternehmensführung in der Festlegung, welche Leistungsangebote für welche Märkte angeboten werden sollen. Es ist also der zukünftige Markt (d.h. das Geschäftsfeld) des jungen Unternehmens in

zweierlei Richtung zu bestimmen. Einerseits müssen die zukünftigen Zielkunden und der
Markt räumlich festgelegt werden.

3.3.3.1.1 Kundenbezogene Geschäftsfeldfestlegung

Ausgangsfrage ist, ob es im Zielmarkt verschiedene Kundengruppen gibt, die unterschiedliche Bedürfnisse in Bezug auf die Gründungsidee haben und für die deshalb unterschiedliche Leistungsangebote und ggf. besondere zielgruppenspezifische Marketingmaßnahmen erforderlich sind. Auf der Grundlage der Erkenntnisse von Branchen-
und Marktanalyse sowie einem Akzeptanztest der Gründungsidee sollte es möglich sein,
die verschiedenen durch die Gründungsidee angesprochenen Zielgruppen mit ihren Bedürfnissen und ihrem Interesse an dem Leistungsangebot der Unternehmensgründung
näher zu beschreiben und voneinander abzugrenzen.

Diese Abgrenzung bezeichnet man als **Marktsegmentierung**. Für eine Marktsegmentierung ergeben sich mehrere Möglichkeiten:

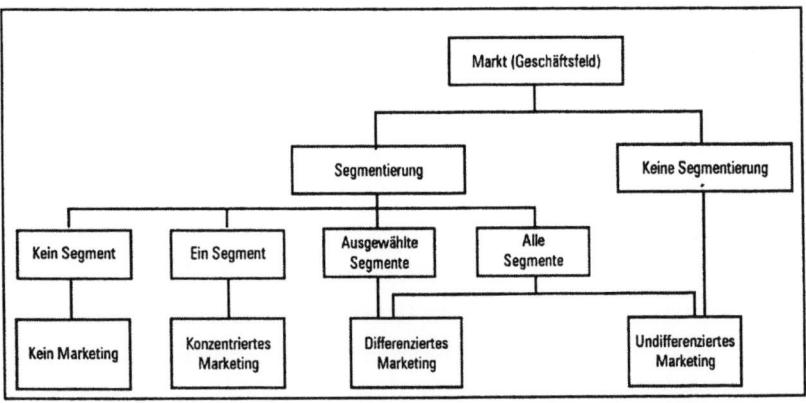

Abb. 3-12: Segmentierungsmöglichkeiten (in Anlehnung an Weis 2001, S. 84)

Der Zweck der Marktsegmentierung besteht in der Aufteilung eines Gesamtmarktes in
abgrenzbare möglichst homogene Teilmärkte (Weis 2001, S. 84), die in ihren Wünschen
und Bedürfnissen einander ähnlicher sind als diejenigen des Gesamtmarktes. Aus diesem

Grund kann es sich für das Unternehmen lohnen, derartige Marktsegmente mit speziellen Produktvarianten oder sogar mit einem individuell für diese Zielgruppe gestalteten Marketing-Mix anzusprechen. Beispielweise kann man ein Friseurgeschäft für Kinder, Frauen oder Männer oder für alle drei Gruppen eröffnen. Die jeweiligen Bedürfnisse der Zielgruppen sowie die zu erbringenden Leistungen sind recht unterschiedlich. Man hat als Gründer also zu entscheiden, ob man einen Salon für alle drei Gruppen eröffnet oder sich auf eine oder zwei spezialisiert.

Als Segmentierungskriterien eignen sich geographische, demographische, organisationsbezogene, psychographische oder verhaltensorientierte Merkmale.

Beispiele für Marktsegmentierungskriterien		
Segmentierungskriterien	Business-to-Business	Business-to-Consumer
Geographische	z.b. Standort der Zielkunden	z.b. Wohnort, Bundesland, Ortsgröße
Demographische	z.b. Unternehmensgröße, Branchenzugehörigkeit, Einkaufsvolumen	z.B. Geschlecht, Alter, Beruf, Familienstand, Einkommen
Organisationsbezogene	z.b. Organisation des Beschaffungsprozesses, Buying Center-Zusammensetzung, Unternehmensziele	z.B. Hauptentscheider (in Familien)
Psychografische	z.b. Entscheidungsstil (eher fakten- oder imageorientiert), Risikobereitschaft	z.B. Lebensstil, soziale Schicht, Persönlichkeitsmerkmale
Verhaltensorientierte	z.b. Abnahmemenge und Abnahmehäufigkeit, Intensität vorhandener Geschäftsbeziehungen	z.B. Verwendungsintensität, Markentreue

Abb. 3-13: Beispiele für Marktsegmentierungskriterien

Im Friseurbeispiel sind nur demographische Merkmale im Business-to-Consumer-Geschäft herangezogen worden. Die obige Abbildung zeigt andere mögliche Segmentierungskriterien, die im Business-to-Business- und Business-to-Consumer-Bereich Verwendung finden. Wichtig ist, ob der Gründer z.b. durch Prüfung der Verwendungseignung seines Leistungsangebotes oder durch Informationen aus einem Akzeptanztest Unterschiede zwischen potentiellen Verwendern und Nicht-Verwendern ermitteln kann. Ideal für das Marketing ist, wenn die Kriterien, die eine **klare Trennung von Verwendergruppen** in Bezug auf die Kaufabsicht ermöglichen, leicht identifizierbare geographische oder demographische Kriterien sind. Im Rahmen eines **differenzierten Marketing** kann man mit Hilfe dieser Segmentierungskriterien später z.B. Adressen für zielgruppenspezifische Marketingaktionen zu erwerben, was sich bei Segmentierung nach Verhaltens- bzw. Persönlichkeitsmerkmalen entsprechend schwieriger gestaltet.

Können **keine Segmente** sinnvoll unterschieden werden, wendet man sich an alle potentiellen Zielkunden eines Marktes (also den Gesamtmarkt) und betreibt **undifferenziertes Marketing.** Für einen Gründer ist diese Frage vor allem deshalb relevant, weil Marketingmaßnahmen zur Bekanntmachung eines Unternehmens mitunter sehr teuer sein können und vermieden werden sollte, viele am Leistungsangebot nicht interessierte Menschen anzusprechen (Streuverluste!). Deshalb ist der Arbeitsaufwand einer präzisen Segmentierung gegen die durch Streuverluste entstehenden Kosten bei der Bekanntmachung gut abzuwägen.

Anhand der **Kriterien** Marktpotential, langfristige Stabilität des Segments, Erreichbarkeit des Segments durch Marketingmaßnahmen, Profitabilität bzw. Gewinnpotential (Becker 2001, S. 291) sowie der Stärke der erwarteten Konkurrenzaktivitäten vergleicht man die verschiedenen Marktsegmente und entscheidet, welche Zielkundengruppe man **aktiv** mit Marketingmaßnahmen bearbeiten möchte. Das Beispiel der nächsten Seite aus der Marktanalyse für die Gründung eines neuen Hotelbetriebs beschreibt das Vorgehen.

Es zeigt sich, dass die Gründer die Marktsegmente vor allem unter dem Gesichtspunkt der Profitabilität bewertet haben und die Marktsegmente Geschäftsreisende und Flugzeugbesatzungen als besonders interessant erachten. Dabei sollte möglichst das Verhalten schon etablierter Wettbewerber berücksichtigt werden, in dem die Ergebnisse der schon dargestellten Leistungsangebots- / Kundensegmentmatrix der Branchenstrukturanalyse für die eigene Marktsegmentierung herangezogen werden. Die dort gewonnenen

Erkenntnisse über die von den Konkurrenten besonders bearbeiteten Kundensegmente können nun bei der Auswahl von Marktsegmenten Verwendung finden.

Beispiel zur Bestimmung des zukünftigen Zielmarktes für ein Hotel

Identifizierte Marktsegmente / Auswahlkriterien	Kundensegment Individualtouristen	Kundensegment Reisegruppen	Kundensegment Flugzeugbesatzungen	Kundensegment Geschäftsreisende
Marktpotential	sehr hoch	mittel bis hoch	gering	hoch
Stabilität des Segments	hoch	hoch	bedingt, abhängig von Flughafenexistenz	Hoch
Erreichbarkeit durch Marketing	mittel	mittel	Sehr einfach	schwierig
Gewinnpotential	niedrig	mittel	hoch	Sehr hoch
Stärke der Konkurrenzaktivitäten	sehr hoch	sehr hoch	mittel	mittel, im Luxussegment sehr hoch
Marktsegmentbewertung aus Gründersicht	Wenig interessant	Bedingt interessant	Interessant, solange Flughafen in der Nähe	Dauerhaft interessant

Abb. 3-14: Beispiel zur Bestimmung des zukünftigen Zielmarktes für ein Hotel

Um das zukünftige Geschäftsfeld kundenbezogen genau zu bestimmen, ist neben der Ermittlung der interessanten **Zielkundengruppen** noch das Leistungsangebot mit seinem **Funktions-** bzw. **Nutzenumfang** und ggf. bei technischen Produkten die verwendete **Technologie** festzulegen (Abell 1980, S. 122). Dazu listet man die wesentlichen Leistungsbestandteile auf, die für den Kunden einen Nutzen bieten. Der Funktionsumfang wäre bei einem Hotel z.B. Übernachtung, Frühstück, Restauration, Konferenz- und Telekommunikationsausstattung der Zimmer. Für ein Business-Hotel wären alle genannten Leistungsbestandteile unbedingt erforderlich, so dass das Geschäftsfeld dieses neuen Hotels folgendermaßen beschrieben werden könnte:

„Das Hotel wendet sich primär an Geschäftsreisende und Flugzeugbesatzungen des na-
hegelegenen Flughafens und bietet diesen Kundengruppen neben der Grundleistung einer Übernachtung mit Frühstück zusätzlich ein Restaurant, Konferenzausstattung für Ta-
gungen und moderne Telekommunikationsausstattung der Zimmer."

Für einen neu gegründeten Hersteller individuell angefertigter Fahrräder könnte eine Ge-
schäftsfelddefinition wie folgt lauten: „Unser Unternehmen ist im Fahrradmarkt für Ex-
tremsportler tätig (Abnehmergruppe) und bietet Rennräder und Mountain Bikes (Funktionsumfang der Leistung) auf Basis von Carbonwerkstoffen (Technologie) an." Auf
dieses Geschäftsfeld würde das junge Unternehmen nun seine zukünftigen Vermark-
tungsbemühungen ausrichten und müsste noch eine räumliche Marktabgrenzung vornehmen.

3.3.3.1.2 Räumliche Geschäftsfeldfestlegung

Für eine Unternehmensgründung ist in den meisten Fällen die räumliche Festlegung des
Zielmarktes, auch als Areal-Strategie bezeichnet (Becker 2001, S. 301), eine vergleichsweise einfache Aufgabe.

Grundsätzlich unterscheidet man die Basisoptionen der **nationalen und übernationalen**
Strategie (Becker 2001, S. 301). D.h., die Gründer müssen entscheiden, ob sie von Beginn an mit ihrem Leistungsangebot über die Landesgrenzen hinaus Kunden **aktiv** akquirieren wollen. Durch die Nutzung des Internets ist die Vermarktung von Produkten
auch für kleine Unternehmen zunehmend einfacher geworden, so dass heute mit einer
englischsprachigen Website relativ schnell der Einstieg in das internationale Geschäft
gelingen kann. Darüber hinaus sind viele junge Unternehmen (z.B. im Bereich der Bio-
technologie) auf globalen Märkten tätig, deren Hauptabnehmer häufig weltweit organi-
sierte Konzerne sind. Allerdings gilt für die meisten Gründer immer noch, dass zuerst
der Heimatmarkt bzw. Teilgebiete des Heimatmarktes erschlossen werden müssen. Man
unterscheidet bei der nationalen Strategie die Optionen der **lokalen, regionalen, über-
regionalen und nationalen Marktbearbeitung** (Becker 2001, S. 303). Dabei hat ein
Zeitungskiosk eine lokale Marktabdeckung („Rund um den Schornstein"). Von regiona-

ler Abdeckung spricht man, wenn ein Bundesland das Zielgebiet ist (z.b. wie bei kleineren Bauunternehmen) und überregional ist ein Unternehmen tätig, wenn es in mehreren Bundesländern arbeitet. Nationale Abdeckung bedeutet, dass man in allen Bundesländern der Bundesrepublik tätig wäre.

Zusätzlich haben die Gründer zu entscheiden, ob und ggf. wie sie sich den **geographischen Entwicklungspfad** des jungen Unternehmens vorstellen. Damit ist gemeint, ab wann welche neuen Gebiete erschlossen werden sollen. Leider planen nur wenige Unternehmensgründungen die Möglichkeit der Erschließung von neuen Marktpotentialen durch geographische Expansion von Beginn an. Meist werden sich bietende günstige Gelegenheiten bei der Gewinnung von Vertriebspartnern genutzt, um in Auslandsmärkte einzutreten. Nichts desto trotz ist vor allem für junge Technologieunternehmen die frühzeitige und strukturierte geographische Expansion ein wesentlicher Erfolgsfaktor (Rüggeberg 1997, S. 199), so dass sich die Auseinandersetzung mit einer internationalen Markterschließung in vielen Branchen durchaus lohnt. Ein Beispiel für eine geographische Expansionsstrategie zeigt die folgende Abbildung.

Das Ergebnis ist eine fundierte Beschreibung des nun auch räumlich abgegrenzten Geschäftsfeldes mit seinen zukünftig zu bearbeitenden Zielgruppen. Für eine Marketingstrategie fehlt nun noch die Festlegung der Wettbewerbsvorteile, mit denen sich das junge Unternehmen gegenüber den Konkurrenten profilieren möchte.

Geographische Expansionsstrategie eines Softwareunternehmens			
Gründungsjahr (vor Markteintritt)	1. Geschäftsjahr	2. Geschäftsjahr	3. Geschäftsjahr
National: Kontaktaufnahme zu regionalen Vertriebspartnern	Aufbau eines nationalen Vertriebs mit Regionalbüros in allen Bundesländern		
International: Kontaktaufnahme zu Distributionspartnern im deutschsprachigen Ausland	Abschluss von Distributionsverträgen in Österreich und der Schweiz		
	Suche nach Distributionspartnern in Ländern mit hohem Marktpotential in Europa (nach Erstellung englischer Programmversion)	Abschluss von Distributionsverträgen in Großbritannien, Beneluxstaaten, Frankreich, Italien und Spanien	Ggf. Kauf / Beteiligung an Vertriebspartnern bzw. Umwandlung zu Tochtergesellschaften zur Verbesserung der Kontrolle des Auslandsgeschäfts
		Vertriebspartnersuche in den USA	Abschluss Distributionsvertrag für die USA

Abb. 3-15: Geographische Expansionsstrategie eines Softwareunternehmens

3.3.3.2 Festlegung der Wettbewerbsstrategie

Die zweite Kernfrage der strategischen Unternehmensführung betrifft das Verhalten gegenüber dem Wettbewerb. Es ist also die zukünftige Wettbewerbsposition des jungen Unternehmens in zweierlei Richtung festzulegen. Einerseits müssen die Wettbewerbsvorteile formuliert und der Zeitpunkt des Markteintritts festgelegt werden.

3.3.3.2.1 Festlegung des Wettbewerbsvorteils

Als grundsätzliche Optionen stehen einem Unternehmen die Möglichkeit der Profilierung durch besondere Leistungsvorteile oder durch besonders niedrige Preise zur Verfügung. Diese Optionen werden auch als **Präferenzstrategie** und **Preis-Mengen-Strategie**
bezeichnet (Becker 2001, S. 180).

Grundlage für eine **Präferenzstrategie** ist im Idealfall ein einzigartiger
Wettbewerbsvorteil. Dieser wird auch als **Komparativer Konkurrenzvorteil (KKV)**
oder als Unique Selling Proposition (USP) bezeichnet. Ein einzigartiger
Wettbewerbsvorteil hat nach Simon (1988, S. 4) drei Eigenschaften:

- **Wichtig für den Kunden,**

- **Vom Kunden wahrgenommen,**

- **Dauerhaft gegenüber dem Wettbewerb.**

Dieser Vorteil sei am Beispiel der Polaroid-Sofort-Bild-Kamera erklärt. Über viele Jahre
war dieses technische Verfahren das einzige, welches den für viele Gelegenheiten äußerst wichtigen Kundenwunsch nach einem Sofort-Bild erfüllen konnte. Dieser Vorteil
war für den Kunden auch problemlos wahrnehmbar, da das Bild nach knapp einer Minu-
te entwickelt in der Hand gehalten werden konnte. Die Patentierung des Verfahrens bil-
dete dauerhaft über viele Jahre Schutz vor Imitation. Erst mit dem Aufkommen digitaler
Phototechnik ist der Vorteil der Polaroid-Kamera ins Wanken geraten, da jede Digitalkamera die Möglichkeit besitzt, das fotografierte Bild ohne Kosten im Monitor anzusehen. Man erkennt an diesem Beispiel, dass auch ein einzigartiger Wettbewerbsvorteil
durch (z.B. technische) Weiterentwicklung verloren gehen kann. Deswegen kommt es
für ein neu gegründetes Unternehmen darauf an, die Quellen des eigenen Wettbewerbsvorteils möglichst zu schützen oder, wenn ein Schutz (z.B. durch Patentierung) nicht
möglich oder sinnvoll ist, ein Bekanntwerden der für die Erstellung entscheidenden Unternehmensprozesse zu verhindern. Quellen eines einzigartigen Wettbewerbsvorteils
können eine Vielzahl von Differenzierungsmöglichkeiten sein.

Differenzierungsmöglichkeiten als Ansatz für die Entwicklung einzigartiger Wettbewerbsvorteile				
Produkt	**Serviceleistung**	**Mitarbeiter**	**Distribution**	**Identitäts-gestaltung**
Ausstattung	Zustellung	Fachkompetenz	Absatzwege	Symbole
Leistung	Installation	Höflichkeit	Abdeckungsgrad	Medien
Konformität	Kundenschulung	Zuverlässigkeit	Fachkompetenz	Atmosphäre
Haltbarkeit	Instandsetzung / -haltung	Vertrauens-würdigkeit	Leistung	Ereignis-Sponsoring
Zuverlässigkeit	Kundenberatung	Kommunikation		
Reparierbarkeit	Sonstige Dienst-leistungen	Geistige Be-weglichkeit		
Styling				
Produktdesign				

Abb. 3-16: Differenzierungsmöglichkeiten nach Kotler / Bliemel (2001, S. 475) als Ansatzpunkt für die Entwicklung einzigartiger Wettbewerbsvorteile

Auf der Grundlage eines einzigartigen Wettbewerbsvorteils kann – wie das Beispiel Polaroid-Kamera zeigt - eine **unverwechselbare Marke** aufgebaut werden. Diese Marke bildet dann die Grundlage für die weitere Unternehmensentwicklung, selbst wenn das ehemalige Produkt „in die Jahre gekommen ist" und durch neue Produkte ersetzt bzw. ergänzt wird. Ein sehr bekanntes Beispiel ist in diesem Zusammenhang die Marke Nivea, die ursprünglich für den „Nivea-Creme" stand und hinter der sich heute eine ganze Familie unterschiedlicher Pflegeprodukte verbirgt.

Die **Preis-Mengen-Strategie** setzt im Gegensatz zur Präferenzstrategie auf einen besonders niedrigen Preis als wesentliches Unterscheidungselement zum Wettbewerb. Für eine Preis-Mengen-Strategie ist es erforderlich, erhebliche **Kostenvorsprünge** gegenüber dem Wettbewerb zu realisieren. Diese Kostenvorsprünge können z.B. durch den Einsatz günstigerer Produktionsmittel oder durch das „Überspringen" einer Handelsstufe beim Direktvertrieb entstehen. Die Kunst besteht in der permanenten Effizienzsteigerung der gesamten Organisation in Hinblick auf ein ganzheitliches Kostenmanagement, dass die Quelle der erlangten Kosten- und Preisvorteile im Wettbewerb ist.

Obwohl mit der Preis-Mengen-Strategie meist der Ausschluss von kostenaufwendiger Markenprofilierung verbunden wird, ist bei langfristiger Einhaltung dieses Prinzips auch der Aufbau eines exzellenten Images wie beim Discounter Aldi möglich. Allerdings realisieren nur sehr wenige Unternehmensgründungen konsequente Preis-Mengen-Strategien, da die Grundlage für den Erfolg im allgemeinen in der Bearbeitung des gesamten zur Verfügung stehenden Marktpotentials mit Standardprodukten besteht und vielfach sehr hohe Investitionen im Massenmarkt erforderlich sind.

Neben diesen beiden extremen Strategien der Präferenz- und Preis-Mengen-Strategie können Unternehmensgründer auch noch andere **Qualitäts-Preis-Relationen** realisieren. Kotler / Bliemel (2001, S. 814) und Becker (2001, S. 181) unterscheiden mit einer dreistufigen Einteilung von Preis und Qualität neun verschiedene Strategieoptionen im Preis-Qualitäts-Wettbewerb.

Strategische Positionen im Preis-Qualitäts-Wettbewerb			
Preis **Qualität**	**Niedrig**	**Mittel**	**Hoch**
Hoch	Aktionspreispolitik		Reine Präferenz-Strategie
Mittel	Nicht-reine Preis-Mengen-Strategie	Mittellagen-Strategie	Nicht-reine Präferenzstrategie
Niedrig	Reine Preis-Mengen-Strategie	Übervorteilungsstrategie	

Abb. 3-17: Strategische Positionen im Preis-Qualitäts-Wettbewerb

In der Einführungsphase wählen viele Gründer zur Bekanntmachung eine sogenannte **Aktionspreispolitik**, um die Aufmerksamkeit zu erregen. Hier werden marktüberdurchschnittliche Preis-Leistungs-Verhältnisse geboten, an denen das Gründungsunternehmen in der Folge auch gemessen wird. Gelingt es nicht, den Vorteil dauerhaft aufrecht zu erhalten, und ggf. die Leistungserstellungskosten zu senken, arbeiten viele Gründer dieses

bessere Preis-Leistungs-Verhältnis auf Kosten einer im Vergleich zum Wettbewerb un-
terdurchschnittlichen Gewinnspanne heraus, was langfristig meist nur bei Verdrängung
der Konkurrenz rentabel ist.

Die **Mittellagen-Strategie** bietet so lange eine solide Position, wie nicht die Zielgruppe
dieser Mitte sich polarisiert, d.h. entweder Premium-Produkte verlangt bzw. Low Cost-
Produkte bevorzugt.

Übervorteilungsstrategien eignen sich nicht für den dauerhaften Unternehmensaufbau.
Gründer können nur unter der Maßgabe, schnell in einem Markt „abzusahnen", sinnvoll
eine solche Strategie einschlagen. Nach relativ kurzer Zeit hat es sich jedoch meist he-
rumgesprochen, dass es sich dabei um unattraktive Angebote handelt. Allerdings können
derartige „schwarze Schafe" einen Markt „verbrennen", da seriöse Konkurrenten sich
gegen dieses Negativ-Image wehren müssen und in Misskredit gebracht werden.

Durch die Auswahl der eingeschlagenen Strategie eines Premium-, Mittellagen- oder
Billiganbieters strebt das Unternehmen eine bestimmte **Wettbewerbsposition** im Markt
an. Kommuniziert man die Wettbewerbsvorteile konsequent, erreicht das Unternehmen
eine **eigenständige Positionierung in der Wahrnehmungswelt der Kunden.** Kommunikativ findet die Positionierung ihren Ausdruck in Slogans wie „das erste Hotel am
Platz", „der Preisbrecher im Norden" oder bezogen auf spezielle Eigenschaften „die Be-
raterbank".

3.3.3.2.2 Festlegung des Markteintrittszeitpunktes

Eine Unternehmensgründung hat nach der Festlegung des Wettbewerbsvorteils noch den
optimalen Markteintrittszeitpunkt zu bestimmen. Solange in einem Markt noch kein Unternehmen tätig ist, hat der Gründer die Wahl zwischen den Eintrittsmöglichkeiten des
Pioniers, des frühen Folgers oder des späten Folgers (Remmerbach 1988).

Pionier ist unzweifelhaft das Unternehmen, das als erstes ein neues Produkt oder eine
neue Technologie am Markt einführt und mitunter damit sogar eine neue Branche begründet. Als frühe Folger werden Unternehmen bezeichnet, die kurz nach dem Pionier

mit einer Problemlösung am Markt aktiv werden und späte Folger treten erst in den Markt ein, wenn sich die grundlegenden Marktstrukturen schon entwickelt haben.

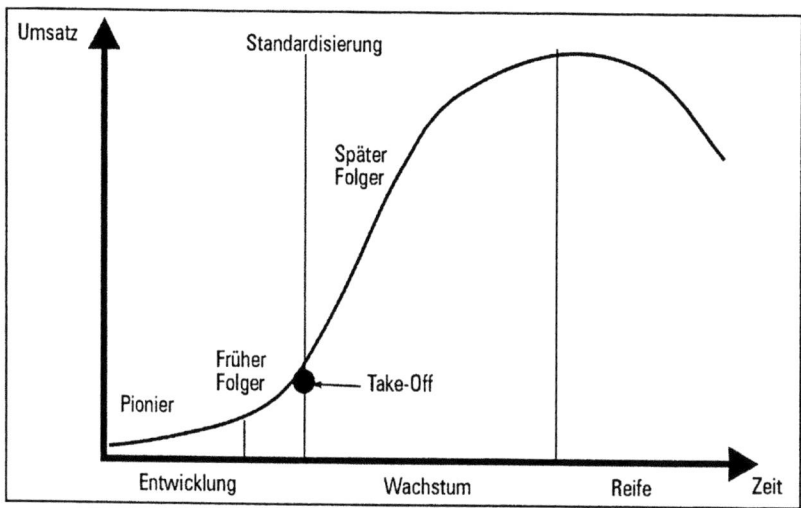

Abb. 3-18: Eintrittszeitpunkte von Pionier, frühem und spätem Folger

Als Abgrenzungskriterium für den Eintritt als früher oder später Folger in Technologie-märkten ziehen Gilbert / Strebel (1988, S. 75) die **Etablierung eines Industriestandards** heran. Danach treten frühe Folger vor und späte Folger nach der Durchsetzung eines Industriestandards in den Markt ein.

Bedeutung haben die verschiedenen Eintrittsoptionen vor allem für junge und schnell wachsende Märkte, in denen Entscheidungen über die Etablierung von Marktstandards mit dem Aufstieg und Untergang von Unternehmen direkt verknüpft sind. Beispielsweise mussten alle Softwareentwickler für PC-Software Anfang der neunziger Jahren ihre Programme für die Betriebssysteme Windows / DOS und Apple / MacIntosh schreiben. Nachdem sich Windows / DOS als Quasi-Standard durchgesetzt hatte, ist die Zahl an Windows / DOS-kompatibler Software deutlich gestiegen. Unternehmen, die sich auf die Entwicklung von Software ausschließlich für Apple-Rechner spezialisiert hatten, befanden sich relativ schnell in einer Marktnische. Im Gegensatz zu frühen Folgern unter den

Softwareentwicklern mussten die späten Folger nach der Standarddurchsetzung das Risiko einer Doppelentwicklung für zwei Betriebssysteme nicht mehr eingehen.

Ähnliches war auch in der Pionierzeit der Videorekorder zu beobachten, in der die Systeme VHS, Betamax und Video 2000 um die Vormachtstellung gerungen haben, was letztlich mit der Marktdurchsetzung des VHS-Standards endete. Auch hier haben Unternehmen, die auf Betamax und Video 2000 gesetzt hatten, viel Geld verloren. Sie mussten nicht nur ihre Entwicklungskosten abschreiben, sondern auch zusätzlich Lizenzen für den nun am Markt etablierten Standard der Konkurrenz kaufen, um weiterhin im Videorekordermarkt zu verbleiben. Die Beispiele zeigen, dass alle genannten Eintrittsoptionen spezifische Vor- und Nachteile besitzen, die im Entscheidungsfall sorgfältig gegeneinander abzuwägen sind.

Vor- und Nachteile einer Pionierstrategie	
Mögliche Pioniervorteile **(Nachteile für den Folger)**	**Mögliche Pioniernachteile** **(Vorteile für den Folger)**
– vorübergehende Monopolsituation verbunden mit hohen Preisen – Kostenvorteile durch Erfahrungseffekte – Image-/ Präferenzbildung bei Nachfragern sowie Aufbau von Kundenloyalität – Aufbau von Wechselbarrieren (z.B. durch Setzen von Branchenstandards) – Sicherung wichtiger Distributionskanäle – Aufbau von Markt-Know-how	– Hoher Ressourceneinsatz für die Markterschließung – Unsicherheit bezüglich der Nachfrage- und Technologieentwicklung – Fehlende Erfahrung mit der Funktionalität des Produktes in der Anwendung durch Kunden

Abb. 3-19: Vor- und Nachteile einer Pionierstrategie (Homburg / Krohmer 2003, S. 498)

Hat für den Gründer der Pioniervorteil z.B. aufgrund der schlechten Schützbarkeit seiner Geschäftsidee besonderes Gewicht, wird er sich möglicherweise für einen früheren Markteintritt entscheiden, auch wenn vielleicht das Produkt noch nicht vollständig fertigentwickelt ist. Ist die besondere Produktqualität essentiell für eine Verbreitung wird er ggf. noch mit dem Markteintritt warten und einem Konkurrenten die Markterschließung überlassen (müssen). Eine generelle **Aussage über die Vorteilhaftigkeit einer Pionier- oder Folgerstrategie** ist nicht möglich. Der Erfolg einer Pionier- oder Folgerstrategie hängt vor allem davon ab, wie die im Einzelfall sehr unterschiedlichen Markteintrittsbarrieren individuell durch eine adäquate Umsetzung der Marketingstrategie im Marketing-Mix überwunden werden können. Selbst technologieorientierte Gründungsunternehmen, die in der Reifephase einer Branche in den Markt eintraten, konnten mit der richtigen Markteinführungsstrategie enorme Erfolge erzielen (Rüggeberg 1997, S. 206).

Neben der Bestimmung des Markteintrittszeitpunktes in Relation zum Branchenlebenszyklus ist auch das **saisonale Timing des Markteintritts** von Bedeutung. Das bedeutet, dass der Markteintritt einer Unternehmensgründung in einer stark saisonal geprägten Branche (z.B. Skiausrüstung, Windsurfbretter, Sonnenschutzmittel, Geschenkartikel und Bastelbedarf), meist zu Saisonbeginn am erfolgversprechendsten ist. Für Windsurfbretter wäre das also im April und für Geschenkartikel und Bastelbedarf im November vor dem Weihnachtsfest. Aber auch hier kommt es auf die geeignete Umsetzung der eingeschlagenen Marketingstrategie in Form eines situationsadäquaten Marketing-Mix an.

Zusammengefasst trifft der Gründer mit seiner Wettbewerbsstrategie eine Entscheidung über die zukünftig angestrebte Wettbewerbsposition, die eine spezifische Kombination aus Qualitäts- und / oder Preisvorteilen zu einem bestimmten Markteintrittszeitpunkt darstellt.

3.3.3.3 Beispiel für eine Marketingstrategie

Formuliert man die Ergebnisse geschäftsfeld- und wettbewerbsbezogener strategischer Entscheidungen zu einer **Marketingstrategie für das Gründungsunternehmen** aus, könnte diese für die Geschäftsidee des Softwareanbieters aus dem Kapitel 3.2.2 wie folgt lauten:

„Das Geschäftsfeld unseres Unternehmens ist der Markt für ein pc-gestütztes Softwarediagnoseprogramm auf der Basis von Microsoft Windows zur Ermittlung des Energieeinsparpotentials von Produktionsanlagen. Zum Leistungsangebot gehören neben dem Verkauf der Softwarelizenzen Beratung und Service bei der Einrichtung und beim Aufbau eines Controllingsystems zur Energieeinsparung. Die Hauptkunden dieses Marktes sind Großunternehmen mit mehr als 500 Mitarbeitern der Branchen Chemie, Petrochemie und ab dem zweiten Teil des ersten Geschäftsjahres auch der Pharmazeutik (**Kundengruppenspezifische Geschäftsfeldfestlegung**).

Im ersten Jahr nach Markteintritt ist die ausschließliche Bearbeitung des deutschen Marktes geplant. Im Folgejahr soll der Markteintritt in Frankreich und der Schweiz durch Aufbau unternehmenseigener Vertriebsbüros dort realisiert werden (**Räumliche Geschäftsfeldfestlegung**).

Der Wettbewerbsvorteil unseres Unternehmens besteht in der höheren Integrationsfähigkeit der Software für die verschiedenen Produktionsanlagentypen und der leichteren Bedienbarkeit bei der Auswertung von Energiedaten. Die hohe Kompetenz der Gründer in diesem Gebiet wird durch mehrere derzeit noch laufende Referenzprojekte unter Beweis gestellt. Es ist geplant, die Software mit den produktbegleitenden Dienstleistungen anfangs im Hochpreis-Segment (Präferenzstrategie) aufgrund der in den Referenzprojekten erzielten Einsparpotentiale von bis zu 25 % der Energiekosten zu positionieren (**Wettbewerbsvorteil**).

Der Markteintritt soll zum Januar des kommenden Jahres erfolgen, da die durchschnittliche Zeitspanne für eine Auftragsvergabe von bis zu vier Monaten einen Vorlauf erforderlich macht. Bis dahin werden sich die Gründer über Umsätze aus Projekten finanzieren (**Markteintrittszeitpunkt**). Mit dieser Marketingstrategie sollen die unternehmens- und marktbezogenen Ziele (siehe Kapitel 3.2.2) realisiert werden (**Zielbezug**)".

Die auf der Grundlage einer Einschätzung des Verhaltens von Zielkunden und Wettbewerbern entstandene Marketingstrategie muss nun unter Berücksichtigung der zur Verfügung stehenden Ressourcen des Gesamtunternehmens (**Ressourcenstrategie**) in Marketingmaßnahmen umgesetzt werden. Die zum Marketing-Mix gehörenden Elemente Produkt-, Preis-, Distributions- und Kommunikationspolitik konkretisieren dann die in der Marketingstrategie getroffenen Grundsatzentscheidungen. Es ist festzulegen, welche Leistungen vom Unternehmen genau erbracht werden, welcher Preis für Software und Dienstleistungen verlangt wird, wie der Vertrieb erfolgt und wie die Kunden über das neue Leistungsangebot informiert werden. Nach Ausformulierung des Marketing-Mix auf der Grundlage vorhandener Finanzmittel, kann dann das zukünftige Absatzvolumen des Gründungsunternehmens für einen bestimmten Zeitraum (z.B. 1-3 Jahre) abgeschätzt werden.

Das folgende Kapitel widmet sich nun der Umsetzung der Marketingstrategie in konkrete Maßnahmen des Marketing-Mix.

3.4 Marketing-Mix

3.4.1 Inhalt des Marketing-Mix

In einer Marketing-Konzeption ist der Marketing-Mix eine zielorientierte, strategieadäquate Kombination der taktisch-operativen Marketinginstrumente Produkt-, Preis-, Distributions- und Kommunikationspolitik (Becker 2001, S. 485). Im Marketing-Mix ist festzulegen,

- **welche Instrumente**
- **in welchem Umfang**
- **zu welchem Zeitpunkt**
- **von wem**
- **zu welchen Kosten**

für die Umsetzung der Marketingstrategie einzusetzen sind, um die Marketingziele zu erreichen.

Aufgrund der Vielzahl von möglichen Instrumenten mit diversen Variationsmöglichkeiten und gegenseitigen Abhängigkeiten ist die Marketing-Mix-Entwicklung in der Praxis keine Optimierung einzelner Instrumente, sondern die **Suche nach einer geeigneten Kombination von Marketingaktivitäten** (Kuß 2001, S. 272), die die angestrebten Ziele bestmöglich erreicht. Abhängig ist diese Kombination vor allem von den **Marktbedingungen und den Eigenschaften des Leistungsangebotes.** Deswegen unterscheidet sich der Marketing-Mix z.B. im Konsumgüter-, Business-to-Business-, Dienstleistungs- und Handelsmarketing erheblich voneinander. Während im Konsumgütermarketing auf Massenmärkten für Standardprodukte der Marketing-Mix-Schwerpunkt meist auf dem Instrument Fernsehwerbung liegt, ist im Business-to-Business-Marketing vor allem der persönliche Verkauf für möglichst kundenspezifische Lösungen der Kern des Marketing der Anbieter. Allerdings sind häufig Unternehmen unterschiedlichster Größe, die **bewusst vom „Standard-Mix" abweichen** und dabei die Kundenbedürfnisse einer Zielgruppe perfekt erfüllen - unabhängig von der gesamtwirtschaftlichen Lage - sehr erfolgreich (siehe auch die Beispiele bei Becker 2001, S. 757).

Darüber hinaus werden in unterschiedlichen Entwicklungsphasen einer Branche sehr unterschiedliche Marketing-Mix-Kombinationen realisiert. Beispielsweise besteht ein wesentlicher Unterschied, ob man Käufer für das xte Waschmittel zu gewinnen versucht oder Anwender für den ersten Videorekorder oder PC. Aus diesem Grund kann es im folgenden keine Empfehlung für einen Marketing-Mix geben (im Sinne eines „so sollte man das machen"), sondern bestenfalls eine Anleitung, wie man aus der Perspektive eines Unternehmensgründers wesentliche Entscheidungen eines Marketing-Mix systematisch treffen kann. Deshalb konzentriert sich die folgende Behandlung der Marketing-Mix-Instrumente auf die **wesentlichen Entscheidungen,** die von jeder Gründung **bei der Entwicklung eines eigenen Marketing-Mix** getroffen werden müssen und die für ein junges Unternehmen eine erhebliche Bindewirkung für die Zukunft besitzen. Für Aspekte spezieller Branchen oder Produkte wird auf entsprechende Spezialliteratur verwiesen.

3.4.2 Produktpolitik

In der Produktpolitik für ein neu gegründetes Unternehmen geht es vor allem um erstmalige Festlegungen zu:

- **Leistungsumfang der einzelnen Produkte,**
- **Konzeption eines Angebotsprogramms,**
- **Entwicklung von Servicepolitik und Garantieleistungen und**
- **Markenaufbau.**

3.4.2.1 Leistungsumfang

Kernelement der Produktpolitik ist die Frage, welches Leistungsangebot von der Unternehmensgründung angeboten wird. Dabei wird aus Marketingsicht dem Kunden ein Eigenschaftsbündel präsentiert, aus dem diesem ein mehr oder weniger großen Nutzen erwächst. Das illustriert der berühmte Satz "Kunden wollen keinen Bohrer, sondern Löcher in der Wand".

Bei **Sachgütern** unterscheidet man Komponenten des Produktes im engeren Sinn, Marke, Verpackung, Garantie und Service (Kuß 2001, S. 166). Unter dem Produkt im engeren Sinn versteht man den Produktkern („Kernleistung") mit seinem Grundnutzen. Dieser basiert auf funktionalen Eigenschaften in einer definierten Qualität und mit dem Produkt verbundene Eigenschaften wie z.B. dem Design als Zusatzleistung. Bei einem Auto bestünde der Grundnutzen in der Fortbewegungsfunktion, die erfüllt sein muss, bevor das Produktdesign als Zusatznutzen und kaufentscheidendem Faktor später zum Tragen kommt. Diese Unterscheidung in Kern- und Zusatzleitung lässt sich auch für die Entwicklung von **Dienstleistungen** verwenden, wie das nachfolgende Beispiel für eine Unternehmensberatung zeigt. Allerdings sind häufig bestimmte Komponenten (z.B. die Verpackung) weitestgehend irrelevant.

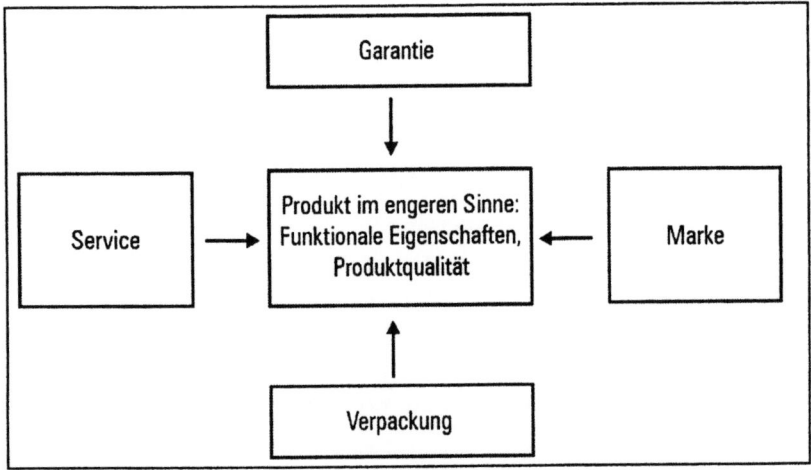

Abb. 3-20: Komponenten von Produkten (Sachgütern) (Kuß 2001, S. 167)

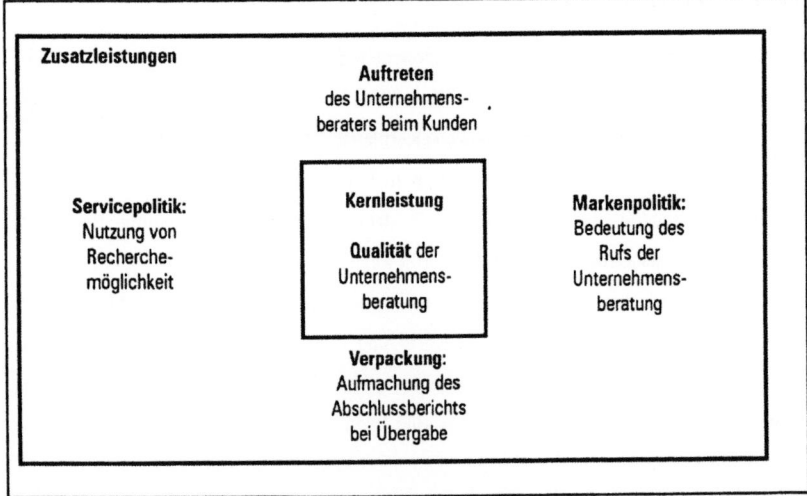

Abb. 3-21: Ebenen der Leistungsprogrammfestlegung für die Dienstleistung Unternehmensberatung

Jede Unternehmensgründung hat deswegen zuerst ihre Kernleistung zu bestimmen, die
aus den Kundenerwartungen abgeleitet wird. Hat man einen Akzeptanztest der Grün-

dungsidee in der anvisierten Zielgruppe vorgenommen, dann ist es nun möglich, das Leistungsangebot an die ermittelten Anforderungen gezielt anzupassen und ggf. für unterschiedliche Marktsegmente auch unterschiedliche Produktvarianten oder „Dienstleistungspakete" anzubieten.

Im Idealfall besteht schon in der **Kernleistung** ein wesentlicher, schwer kopierbarer Unterschied zum Wettbewerb und damit eine substantielle Möglichkeit sich dauerhaft vom Wettbewerb zu unterscheiden. Die schon erwähnte Polaroid-Kamera ist ein gutes Beispiel für einen einzigartigen Wettbewerbsvorteil in der Kernleistung zum Zeitpunkt ihrer Markteinführung. Unternehmensgründungen haben meist sehr gute Entwicklungschancen, wenn sie schon in der Kernleistung erhebliche Vorteile besitzen.

Alle über die Kernleistung hinausgehenden Leistungsbestandteile sind nun darauf zu prüfen, ob sie einen **Mehrnutzen** für den Kunden erbringen. Dabei kann man sich am Kano-Modell (Kano et.al. 1984) orientieren und prüfen, ob bestimmte **Zusatzleistungen** sogenannte Schwellen-, Leistungs- oder Begeisterungsattribute sind. Gausemeier et.al. (2001, S. 76) illustrieren diese Attribute wie folgt:

Schwellenattribute sind solche, die bei Nicht-Vorhandensein eine Unzufriedenheit des Kunden auslösen, jedoch auch eine Leistungssteigerung keinen Mehrnutzen erbringt. Ein Beispiel sind zusätzliche Nebelscheinwerfer bei einem Auto der Mittelklasse. Diese werden in dieser Klasse erwartet, jedoch sind mehr als zwei Scheinwerfer nicht dazu geeignet, den Kundennutzen zu steigern.

Dagegen lassen **Leistungsattribute** die Kundenzufriedenheit proportional zur Leistungssteigerung ansteigen. Je niedriger der Treibstoffverbrauch eines Autos ist, desto höher die Kundenzufriedenheit. Dagegen ist die serienmäßige Klimaanlage in einem Kleinwagen ein Attribut, das Begeisterung beim Kunden auslöst (**Begeisterungsattribut**) und einen echten Wettbewerbsvorteil erzeugt. Sobald jedoch alle Wettbewerber diese in die Fahrzeugklasse integrieren, wird das anfängliche Begeisterungsattribut zum Schwellenattribut und zur Selbstverständlichkeit.

Allerdings muss über diese Eignung zur Begeisterungsfähigkeit einer Zusatzleistung für Kunden auch geprüft werden, ob diese ggf. von ihm auch bezahlt wird und ob sie Wettbewerbsvorteile erzeugt. Für die Prüfung von Zusatzleistungen hat sich folgendes Schema bewährt, was am Beispiel eines Kopiergerätes verdeutlicht wird.

Entscheidungsmatrix zur Prüfung von Zusatzleistungen				
Mögliche Zusatzbestandteile des Leistungsangebotes	Mehrnutzen für Kunden?	Zahlungsbereitschaft der Kunden vorhanden?	Entsteht Wettbewerbsvorteil oder – nachteil bei Verzicht?	Entscheidung über Zugehörigkeit zum Standard-Leistungsangebot
Farbiges Display	gering	Nein	kaum	Nein, s/w-Display ist ausreichend
Selbstdiagnosefähigkeit	Sehr hoch, Begeisterung!	mittel	Ja, erheblich	Ja
Fernwartung über Internet	z.T. hoch	Teilweise hoch	Ja, vor allem Kostenvorteile beim Service	Ja, standardmäßig einbauen und kundenindividuell freischalten
Externe Steuerung durch Impulsgeber	z.T. hoch	Wenn benötigt sehr hoch	ja	Ja, als Nachrüstoption für Spezialkunden, nicht in Serie
usw.				

Abb. 3-22: Entscheidungsmatrix zur Prüfung von Zusatzleistungen

Durch eine solche Prüfung kann die Unternehmensgründung jedes Kernleistungsangebot um sinnvolle Leistungsbestandteile erweitern. Die Erweiterung einer Kernleistung um weitere Zusatzleistungen kann unter Aspekten des Kundennutzens, der Kosten und der Erzielung von Wettbewerbsvorteilen betrachtet werden. Ist ein erheblicher Mehrnutzen gegeben, sollte dieser vom Kunden auch bezahlt werden. Ist keine Zahlungsbereitschaft

vorhanden, kann noch überlegt werden, ob der Einbau der Zusatzleistung Wettbewerbsvorteile erzeugt. Führt der Verzicht auf ein Leistungsmerkmal auch nicht zu Wettbe-
werbsnachteilen (z.B. weil der Wettbewerb darüber verfügt), sollte auf die Integration
verzichtet werden.

3.4.2.2 Festlegung des Angebotsprogramms

Nachdem der Leistungsumfang für das Kernprodukt der Unternehmensgründung festgelegt worden ist, ist zu entscheiden, wie viele verschiedene Produkte oder Dienstleistungen in das Verkaufsprogramm eines produzierenden Unternehmens oder in das Sortiment eines Handelsbetriebes zusätzlich aufgenommen werden sollen. Diese
Entscheidung über die Anzahl von verschiedenen Produkten bezieht sich auf die sogenannte **Programm- oder Sortimentsbreite**. Darüber hinaus ist zu bestimmen, wie viele
Ausführungen (Sorten) von jedem Produkt angeboten werden sollen. Diese Entscheidung richtet sich auf die **Programm- oder Sortimentstiefe**.

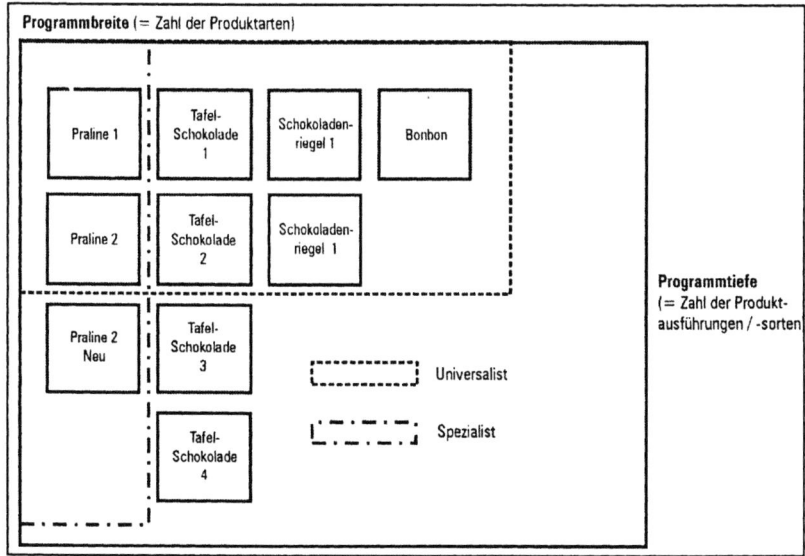

Abb. 3-23: Beziehung von Programmbreite und –tiefe (aus Becker 2001, S.160)

Die Entscheidung über Breite und Tiefe eines Leistungsprogramms ist davon abhängig, wie das Kundenproblem, das dem Angebot der Unternehmensgründung zugrunde liegt, abgegrenzt wird. Es resultiert aus dem Bedarf der Zielgruppe, auf deren Befriedigung sich die Unternehmensgründung mit der Gründungsidee konzentriert. Liegt der bisher unbefriedigte Bedarf der Zielgruppe in einer eher breiten Auswahl zwischen verschiedenen Produkten und Dienstleistungen, kommt man im Fall eines neu zugründenden Handelsunternehmens zu einem **Warenhauskonzept** (z.B. große Zoohandlung für den Heimtierbereich), in dem viele unterschiedliche Artikel aber nur wenige unterschiedliche Sorten pro Artikel angeboten werden. Kleine und mittlere Unternehmen sowie auch Unternehmensgründungen erlangen jedoch meist ihre Vorteile durch Spezialisierung. Das bedeutet im Handel, dass eine Konzentration durch ein **Fachmarktkonzept** z.B. auf die Bedürfnisse von Hundehaltern („Alles für den Hund) vorgenommen wird. Dann bietet man in relativ wenigen Artikelgruppen viel Auswahl, also eine hohe Sortimentstiefe.

Simon (1996) identifizierte bei mittelständischen Weltmarktführern („Hidden Champions") **sehr schmale aber tiefe Sortimente**, die dadurch gekennzeichnet waren, dass sie für den Zielkunden eine weitgehend vollständige Lösung eines Kundenproblems darstellten. Nachfolgendes Beispiel illustriert ein solches Angebotprogramm. Das untersuchte Unternehmen hat sich darauf spezialisiert, nur Geschirrspülmaschinen für Hotels und Gaststätten anzubieten, da sich diese ganz stark von denen in anderen Marktsegmenten (z.B. für Krankenhäuser) unterscheiden. Um die Produktpalette für den Kunden zu einer vollständigen Problemlösung für das „Spülproblem" zu entwickeln, komplettieren Wasseraufbereitungsanlage, Spülmittel und ein entsprechender Service das Angebot. Es entsteht ein „**Komplettpaket**", das zusammen an viele Kunden sogar weltweit verkauft werden kann. Meist entwickelt sich ein solches Komplettangebot im Zeitverlauf, wenn die Kernleistung der Gründung am Markt Resonanz findet und Kunden zusätzlichen Bedarf rund um die Kernleistung äußern.

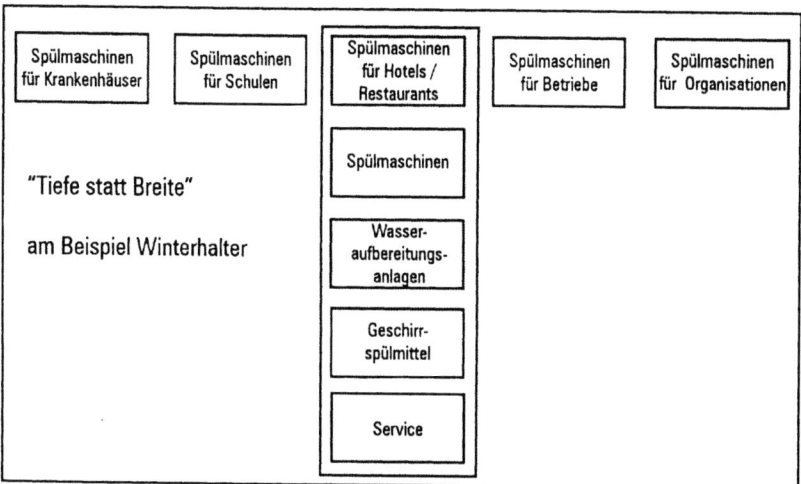

Abb. 3-24: Angebotsprogramme von Hidden Champions (Simon, 1996, S.55)

Für die **Entwicklung eines Angebotsprogramms** zum Start des Geschäfts versetzt man sich am besten in die Zielkundengruppe und entwickelt auf der Basis des Wissens um diese Zielgruppe einen ersten Entwurf. Diesen diskutiert man dann mit Mitgliedern der Zielgruppe und ggf. mit Zulieferern und erhält auf diese Art relativ schnell ein Anfangssortiment. Da ein junges Unternehmen meist nur über geringe Vertriebsressourcen verfügt, kommt vor allem der Erzielung von **Marktsynergien** bei der Gestaltung des Angebotsprogramms eine hohe Bedeutung zu. Damit ist gemeint, dass z.B. im Business-to-Business-Marketing die für Vertrieb zuständigen Personen bei einem Kundenbesuch **mehrere Leistungsangebote** aus dem Angebotsprogramm **an denselben Kunden** verkaufen können. Es ist also ein sogenanntes **Cross-Selling** möglich, so dass Kunden mehrere Produkte aus dem Angebotsprogramm bei der Unternehmensgründung kaufen. Im Idealfall erwerben sie eine komplette Problemlösung aus einer Hand. Alle Leistungen sollten nach Möglichkeit schon beim Start der Unternehmensgründung dem Kunden angeboten werden können. Da junge Unternehmen dieses meist nicht von Beginn an leisten können, kommt hier der Ressourcenstrategie eine hohe Bedeutung zu. In ihrer Verantwortung steht die Akquisition von Kooperationspartnern für ein Unternehmensnetzwerk, das diese zusätzlichen Leistungsbestandteile bereitstellt und auf diesem Weg die Angebotspalette komplettiert.

3.4.2.3 Servicepolitik und Garantieleistungen

Ein Service ist eine kostenlose immaterielle Leistung (Winkelmann 2000, S. 213). Serviceleistungen werden sowohl vor, während als auch nach der Nutzung eines Leistungsangebotes erbracht. Zu den Serviceleistungen gehören u.a. auch Leistungen des Kundendienstes, die das Sachgüterangebot vor allem während der Garantiezeit ergänzen. Mit Hilfe eines speziellen Service-Mixes besteht die Möglichkeit für Unternehmensgründungen, sich mitunter erheblich vom Wettbewerb zu unterscheiden und Mehrwert für den Kunden zu bieten. Dazu eignen sich u.a. die nachfolgend aufgeführten Leistungen:

Arten von Kundendienst- und Serviceleistungen		
Kundenservice / Zeitpunkt	**Technische Leistungen**	**Kaufmännische Leistungen**
Vor der Nutzung	– Technische Beratung – Technische Vorprüfung – Erarbeitung von Projektlösungen – Demontage von Altanlagen	– Kaufmännische Beratung (Wirtschaftlichkeit und Finanzierung) – Bestelldienst – Testlieferung
Während der Nutzung	– Technische Einweisung – Installation – Reparaturen / Wartung – Sicherheitsberatung – Hot-line-Service	– Schriftliche Gebrauchsanleitung – Anwenderschulung – Ersatzteilversorgung – Ersatzgeräte
Nach der Nutzung	– Umbauarbeiten – Erweiterungen – Abbau und Entsorgung – Beratungsleistungen	– Beschwerdemanagement – Telefon- / Online-Hilfe über Neuentwicklungen – Beratung bei Updates

Abb. 3-25: Arten von Kundendienst- und Serviceleistungen (nach Becker 2001, S. 511)

Da auch die Breite und Tiefe des Serviceangebots eine Frage der damit verbundenen Kosten ist, kommt es für ein junges Unternehmen besonders darauf an, einen Service-Mix zu entwickeln, der beim Kunden eine besondere Wertschätzung erfährt und für das junge Unternehmen vergleichsweise günstig anzubieten ist. Stellt man fest, dass bestimmte Serviceleistungen für den Kunden von besonderem Wert sind, so sind sie dazu geeignet, dass man sie als Vertrauens- und Kompetenzbeweis für das junge Unternehmen in das Angebot mit aufnimmt, um die Hemmschwelle gegenüber der Neugründung zu senken.

Besonders geeignet als Vertrauensbeweis sind **Garantien bzw. Garantieverlängerungen über das durch den Gesetzgeber vorgegebene Maß**, um Kernprobleme von Kunden wie das Ausfall- oder das Reparaturkostenrisiko durch bestimmte Leistungszusagen zu kompensieren. Allerdings ist dieses Vorgehen nicht ohne Risiko, wenn nur vergleichsweise wenig Informationen über die Langzeitstabilität neu entwickelter Produkte vorliegen. In jedem Fall bietet das Instrument der Servicepolitik eine Reihe von Möglichkeiten, ein für den Kunden individuelles und Kundennutzen schaffendes Leistungsangebot über die Kernleistung hinaus zu entwickeln.

3.4.2.4 Markenaufbau

Um ein neues Unternehmen mit seinen Leistungsangeboten zu individualisieren und damit unverwechselbar zu machen, ist es erforderlich, einen **Namen** zu entwickeln, der möglichst folgende Eigenschaften aufweist (in Anlehnung an Winkelmann 2000, S. 204):

- gute Aussprechbarkeit,
- hohe Wiedererkennbarkeit,
- Einfachheit / Merkfähigkeit,
- gute Unterscheidbarkeit z.B. von Konkurrenznamen,
- Dauerhaftigkeit,
- vor allem bei Konsumgütern erkennbarer Lebensstil-Bezug und
- unmissverständlich in unterschiedlichen Sprachen und Kulturen.

Ein nach diesen Kriterien entwickelter Name für ein Unternehmen bzw. Leistungsangebot kann genauso wie ein Zeichen, ein Symbol, eine Gestaltungsform oder eine Kombination aller dieser Elemente als **Marke** geschützt werden. Das Recht, die jeweilige Marke ausschließlich zu nutzen, sichert sich der Markeninhaber durch Eintragung des
Warenzeichens in die Zeichenrolle beim Deutschen Patentamt. Dort wird nach einer
Anmeldung der Marke geprüft, ob bereits ein ähnliches Zeichen oder Verwechslungsge-
fahr mit schon angemeldeten Zeichen besteht. Da es weltweit viele Millionen Marken
gibt, sollte man vor der Verwendung eines Markennamens diesen durch einen auf
Markenrecht spezialisierten Rechtsanwalt überprüfen lassen. Dadurch kann man schon
sehr früh der späteren Forderung eines Markeninhabers auf Unterlassung der
Namensnutzung aus dem Weg gehen. Es hat schon Gründer gegeben, die nach einem
Jahr aktiven Geschäftsbetriebs ihren Firmennamen und sämtliche produzierten
Unternehmens- und Produktinformationen komplett verwerfen mussten, da ihnen ein
anderes Unternehmen die Nutzung des Unternehmensnamens aufgrund von
Markenrechten untersagte.

Durch die Anmeldung einer Marke können die Gründer die Voraussetzung für die **Entwicklung eines Markenartikels** schaffen, in den über Jahre hinweg in Form von Kommunikationsaufwendungen investiert wird. Dabei ist der Aufbau einer Marke im Kon-
sum- wie im Business-to-Business-Marketing gleichermaßen wichtig (Caspar / Hecker /
Sabel 2002, S. 43). In beiden Bereichen vereinfacht eine Marke die Informationsverar-
beitung des Kunden (**Informationseffizienz**), indem sie ein klare Information über die
Herkunft des Angebots gibt und für Wiedererkennung sorgt. Der **ideelle Nutzen**, den eine Marke besonders im Konsumgüterbereich stiften kann, in dem die Verwendung einer
bestimmten Marke zu einem persönlichen Prestigegewinn des Verwenders in seinem
Umfeld führt, ist für den Business-to-Business-Bereich weniger wichtig (Caspar / Hecker / Sabel 2002, S. 53). Die stärkste Bedeutung einer eingeführten Marke im Business-
Märkten besteht in der **Reduktion des Kaufrisikos** für den Kunden, da die Marke für
Sicherheit und Vertrauen in Bezug auf einen Anbieter steht. Aus diesem Grund kommt
es für eine Gründung darauf an, möglichst schnell nicht nur die Bekanntheit des Unter-

nehmensnamens zu fördern, sondern auch zu entscheiden, ob eigenständige Namen für einzelne Produkte (**Einzelmarke, z.B.** Persil von Henkel) entwickelt werden sollen. Eine Alternative zu Einzelmarken sind **Familienmarken** für bestimmte Produktgruppen (wie z.B. Tesa für Klebeprodukte) oder **Dachmarken** (z.B. Nahrungsmittelprogramme von Dr. Oetker). Gerade bei besonders innovativen und ggf. fehlerbehafteten Produkten kann es sehr gefährlich sein, diese direkt mit einem den Unternehmensnamen teilweise enthaltenden Produktnamen einzuführen. Es kann im Falle eines Flops passieren, dass negative „badwill"-Effekte auftreten können. Diese strahlen auf das junge Unternehmen dann als Ganzes ab und beschädigen den Namen, so dass der Einzelmarke hier der Vorzug zu geben wäre. Der große **Vorteil der Dachmarke** besteht darin, dass alle Kommunikationsaufwendungen für Produkteinführungen der Steigerung der Unternehmensbekanntheit dienen. Dadurch wird auch die Erwähnung eines einzelnen Produktes z.b. in einer Fachzeitschrift immer gleich zu einer Werbung für das Unternehmen (zu den Vorteilen und Nachteilen der verschiedenen Markenkonzeptionen ausführlich Becker 2001, S. 196ff.).

Da der Aufbau einer Marke sehr kostspielig ist und sich der Erfolg erst nach einer relativ langen Zeit kontinuierlicher und klarer Kommunikation mit denselben Kernbotschaften zeigt, müssen Gründer schon beim Start des Unternehmens diese Kernbotschaften präzise festlegen. Dann ist es möglich, von Beginn an der Entwicklung der eigenen Markenidentität zu arbeiten. Als Hilfestellung zur systematischen **Entwicklung einer Marke** bietet sich das Modell von Kapferer (1997) an. Danach kann eine Marke über sechs **Dimensionen** beschrieben werden:

Physisch-materiell: ...durch den gewählten Namen, Farben, Logo und Verpackung.

Spiegelbild: ...durch das in der Kommunikation mit der anvisierten Zielgruppe vermittelte Image der Zielgruppe von sich selbst. Beispielsweise zeigt Coca Cola überwiegend Jugendliche in seiner Kommunikation, obwohl die tatsächliche Zielgruppe viel größer ist.

Beziehung: ...durch die Art der durch die Marke zum Kunden aufgebauten Beziehung. Eine Premiummarke möchte z.b. Menschen in einen besonders exklusiven „Club" aufnehmen.

Persönlichkeit: ...durch den Charakter der Marke.

Kultur: ...durch die der Marke zugrundeliegenden kulturellen Wurzeln und Werte.

Selbstbild: ...durch die Art und Weise wie der Kunde sich durch den Kauf der Marke selbst sieht. Beispielweise sieht sich eine Käuferin der Marke Bodyshop häufig als besonders umweltbewusst.

Doyle (2000, S. 237) gibt als Beispiel für die Charakterisierung der Marke Apple Computer folgende Beschreibung:

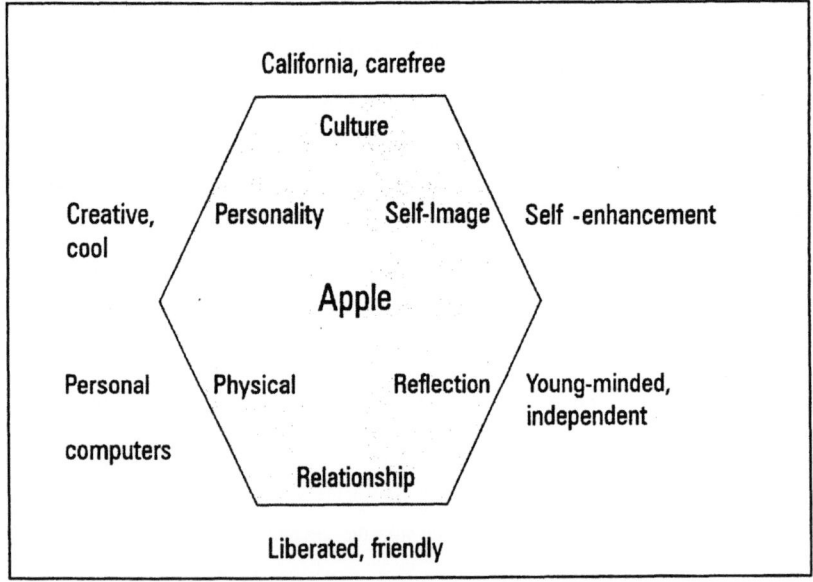

Abb. 3-26: Markenpersönlichkeit von Apple (Doyle 2000, S. 237)

Für den **Aufbau einer Marke** ist es aus der Gründerperspektive erforderlich, diese sechs Dimensionen auf der Basis der Grundwerte der Gründer, der Mission und der Unternehmensstrategie mit Leben zu füllen, um die Kommunikation der Markenpersönlichkeit in der anvisierten Zielgruppe anhand dieser Dimensionen operativ in der Kommunikationspolitik zu gestalten. Diese positive Verknüpfung des Unternehmens- oder einzelner Produktnamen mit zielgruppenrelevanten Aspekten (besonders aus den Bereichen Kultur, Persönlichkeit und Selbstbild) ist die Voraussetzung für eine hohe Identifikation der angesprochenen Menschen mit der Marke. Die Markenpersönlichkeit kann dann nicht nur durch die Kommunikationspolitik, sondern auch durch die Gestaltung der **Produktverpackung** besonders im Konsumgütermarketing an die Zielgruppe übermittelt werden.

3.4.3 Preispolitik

3.4.3.1 Einflussgrößen der Preispolitik

Ausgangspunkt der Preispolitik einer Unternehmensgründung ist die Frage, welches Entgelt das junge Unternehmen von den Zielkunden für seine Leistungsangebote verlangen kann. Aus der Marketingperspektive denken Kunden jedoch nicht isoliert über Preise nach, sondern über das gebotene **Preis-Leistungsverhältnis**.

Dieses Preis-Leistungs-Verhältnis wurde schon als **Netto-Nutzen** beschrieben, der aus der Differenz zwischen wahrgenommenem Nutzen und dem verlangten Entgeld entsteht. Das Entgeld setzt sich dabei zusammen aus dem eigentlichen Preis des Leistungsangebotes und den zusätzlich gebotenen, den Gesamtpreis beeinflussenden **Konditionen**. Dazu gehören u.a. Rabatte, eingeräumte Boni, Skonti und Absatzkredite.

Die Unternehmensgründung sucht also nach einer bestmöglichen Festlegung der Ausgangspreisforderung und der dazugehörenden Konditionen für ihr Leistungsangebot. Das geschieht unter der Überlegung, einen höheren Netto-Nutzen für die anvisierten Zielkunden zu schaffen als ihn die Angebote der etablierten Konkurrenz derzeit bieten.

Hierfür sind folgende **preispolitischen Entscheidungen** zu treffen:

- Festlegung der Ausgangspreise für die Leistungsangebote,

- Differenzierung der Preise nach verschiedenen Zielgruppen, Regionen oder innerhalb eines Angebotsprogramms,

- Gestaltung des Konditionensystems (u.a. Rabatte, Boni, Skonti, Finanzierungen).

Für diese Entscheidungen der Preis- und Konditionenfestsetzung haben vor allem folgende **Einflussgrößen** eine hohe Bedeutung:

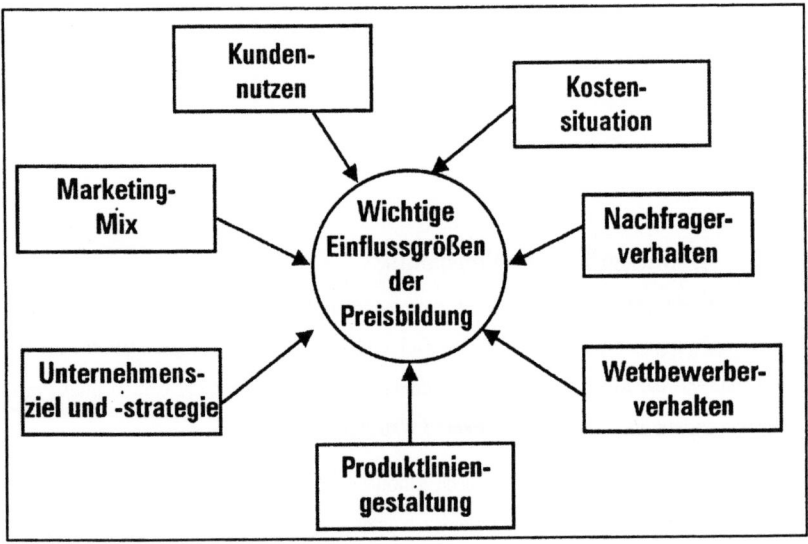

Abb. 3-27: Einflussgrößen der Preispolitik

Zu beachten ist, dass Kunden objektive Preise im Zuge der Verarbeitung von Preisinformationen in **psychologische, subjektive Preise** übersetzen (Homburg / Krohmer 2003, S. 583). Das Beispiel von Kaas / Hay (1984) zeigt, dass keinesfalls eine Preisspanne zwischen 8,98 und 10,98 Geldeinheiten (GE) linear in eine siebenstufige Skala mit den Polen sehr teuer bis sehr billig übertragen wird. Statt einen Preis von 9,98 GE, der genau in der Mitte zwischen 8,98 und 10,98 GE liegt, auch ebenso mittig auf der subjektiven Skala einzuordnen, wird er als subjektiv billiger angesehen (der Skalenwert müsste statt bei 4,27 bei 4,56 GE liegen). Im Gegenzug wird der Wert von 10,48 GE als subjektiv teurer angesehen. Der subjektive Wert liegt bei 5,53 GE und damit über dem linear transformierten Wert von 5,22 GE (= 3,22 + (5,89-3,22) * 0,75).

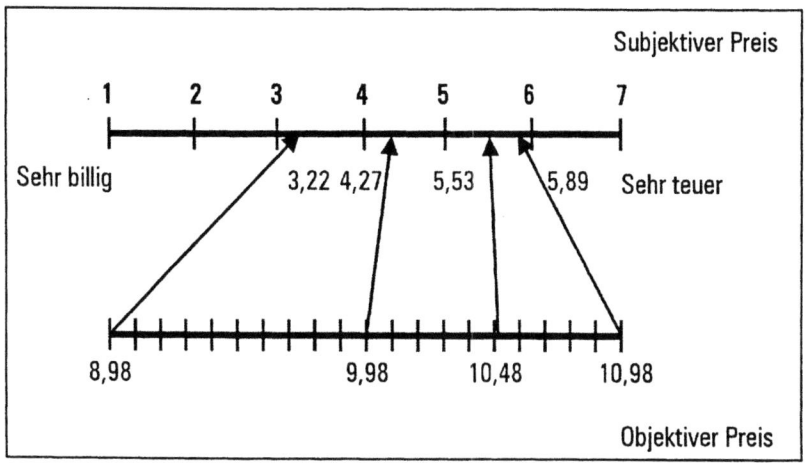

Abb. 3-28: Vergleich zwischen objektivem und subjektivem Preis (Kaas / Hay 1984)

Man erkennt, dass der subjektiven Wahrnehmung des Preises eine hohe Bedeutung für die Preisbildung zukommt. Subjektive Preisschwellen (hier 10 GE) können die Preiswahrnehmung maßgeblich beeinflussen, so dass Preise über einer psychologischen Preisschwelle als besonders teuer und Preise darunter als besonders günstig eingestuft werden. Da Unternehmensgründer ihre Preise erstmalig festlegen, konzentrieren sich die weiteren Ausführungen auf die Ausgangspreisfestlegung der Kernleistung.

3.4.3.2 Preispolitische Ziele

Ausgangspunkt einer Preisfestlegung sind die mit der Preissetzung verknüpften Ziele. Oberziel einer Unternehmensgründung ist ein gelungener Markteintritt und ein gesicherter Fortbestand des Unternehmens. Jedoch bestehen bei den angestrebten Gewinn- und Umsatzzielen meist erhebliche Unterschiede. Kotler / Bliemel (2001, S. 819) nennen folgende **Ziele** für die Ausgangspreisfestlegung **aus Unternehmenssicht**:

- Festlegung eines **kurzfristig gewinnmaximalen** Ausgangspreises,

- Festlegung eines **kurzfristig umsatzmaximalen** Ausgangspreises,

- **Maximales Absatzwachstum** (Erzielung möglichst hoher verkaufter Stückzahlen in einem längeren Zeitraum),

- **Maximale Marktabschöpfung** (Erzielung möglichst hoher Preise in einem längeren Zeitraum),

- **Andere Preisbildungsziele** (z.B. Kostendeckung oder Hochpreis-Politik als Ausdruck einer Positionierung im Luxus-Segment).

Weiterhin ist **aus der Kundenperspektive** wichtig, dass die Preispolitik ein **Konditionensystem** schafft, das nicht nur vom Kunden bezahlbar und vom Preis-Leistungs-Verhältnis attraktiv ist, sondern auch **Preissicherheit, Preiszufriedenheit und Preisvertrauen** garantiert. Winkelmann (2000, S. 249) spricht in diesem Zusammenhang vom Preis als Eisberg-Phänomen, bei dem nur die Preishöhe und die Preisattraktivität oberflächlich wahrgenommen werden, jedoch langfristig die sich unter der „Wasserlinie" befindenden weiteren Elemente viel stärker auf die emotionale Beziehungen zwischen Anbieter und Kunde niederschlagen.

Preissicherheit bezieht sich vor allem auf Preistransparenz, so dass der Kunde einfach und klar das Zustandekommen des Preises versteht. Ein dieses Ziel erfüllendes Konditionensystem erhöht nicht nur die Übersichtlichkeit für den Kunden, sondern erleichtert auch dem Verkäufer die Arbeit. Selbst bei nur zwei Produkten mit jeweils zwei Varianten haben Unternehmen es schon geschafft, das Zustandekommen der jeweiligen Preise so zu verschleiern, dass die allgemeine Kundenreaktion durch den Begriff „unseriös" geprägt war.

Preiszufriedenheit bedeutet, dass die gebotenen Leistungen (z.B. Qualität des Kundendienstes) einem marktüblichen Niveau entsprechen und einem Vergleich mit den Preiserwartungen der Kunden standhalten. Selbst wenn der Kunde mehr als anfangs gewünscht bezahlt hat, kann eine begeisternde Leistung zu hoher Preiszufriedenheit führen.

Preisvertrauen bildet sich, wenn der Kunden auf der Basis der Gesamterfahrungen mit dem Anbieter emotional positiv gestimmt wurde und den Anbieter und seine Preisforderungen als „fair" einstuft. Das bedeutet, dass z.B. Rabatte oder Boni an eine vom Kunden zu erbringende Leistung gekoppelt werden. Dann können Kunden, die ihre mit dem jungen Unternehmen individuell ausgehandelten Preise vergleichen, trotzdem verstehen, wie die verschiedenen Preise zustande gekommen sind. Diese vom Kunden wahrgenommene Fairness ist die Grundlage für dauerhafte Geschäftsbeziehungen und nachfolgende Wiederholkäufe, denn enttäuschte oder sogar übervorteilte Kunden tätigen nur im Ausnahmefall (z.B. in einer Monopolsituation) erneut bei einem solchen Anbieter einen Kauf.

Mit diesen Preissetzungszielen kann unter Berücksichtigung der in der Wettbewerbsstrategie bestimmten Preislage die Festlegung des Ausgangspreises vorgenommen werden.

3.4.3.3 Dynamische Preisstrategien

Mit der Formulierung einer Wettbewerbsstrategie haben die Gründer auch eine Festlegung über die Preislage getroffen, in der sie sich im Markt positionieren möchten. Dabei konnten die Gründer prinzipiell zwischen der Präferenzstrategie mit hohen Preisen bei hoher Produktqualität, einer Mittellagenstrategie und einer Preis-Mengen-Strategie mit niedrigen Preisen und niedriger Produktqualität wählen. Die Grundsatzentscheidung besteht nun darin, ob die Gründer eine langfristige **Beibehaltung oder eine Veränderung dieser Preislage** im Zeitablauf anstreben.

Der Grund für die Beibehaltung einer einmal gewählte Preislage besteht in der Überlegung, das junge Unternehmen dauerhaft z.B. als Qualitätsführer oder als Mittellagenanbieter in der Wahrnehmung der Zielkunden zu positionieren. Hierbei wird der Signalcharakter des Preises für das zu vermittelnde Unternehmensimage benutzt.

Die Alternative z.B. bei der Einführung neuer Produkte ist eine Veränderung der Preislage im Zeitverlauf. Man unterscheidet die **Skimming-Preisstrategie** von der **Penetrations-Preisstrategie** (Simon 1992, S. 295). Bei einer **Skimming-Preisstrategie** versucht der Anbieter eine hohe vorhandene Zahlungsbereitschaft von Kunden abzuschöpfen, die einen besonders hohen Nutzen durch den frühen Kauf haben. Damit verzichtet der Anbieter meist auf den Absatz großer Mengen seines Leistungsangebotes und eine schnelle

Marktdurchdringung. In der weiteren Marktentwicklung senkt er die Preise, um eine Mengenausweitung vorzunehmen. Im Gegensatz dazu steht die **Penetrations-Preisstrategie** bei der durch einen niedrigen Preis von Beginn an große Absatzvolumina und damit auch hohe Marktanteile gesichert werden sollen. Ziel ist der Aufbau einer Marktführerposition durch Kosten- und Erfahrungsvorsprünge und eine Abschreckung der Konkurrenz durch niedrige erzielbare Renditen. Im weiteren Zeitverlauf erhöht dann der Anbieter langsam seine Preise, um die erreichte Marktposition und den damit verbundenen Goodwill auch in Gewinne umzusetzen. Welche Strategie für ein junges Unternehmen vorteilhaft ist, hängt ab von internen und externen Bedingungen.

Skimming- und Penetrations-Preisstrategie im Vergleich	
Die **Skimming-Strategie** ist zu bevorzugen, wenn...	Die **Penetrations-Strategie** ist zu bevorzugen, wenn...
– Kurzfristig hohe Gewinne angestrebt werden.	– Kurzfristig deutliche Absatzzuwächse und erst langfristig Gewinnmaximierung erreicht werden soll,
– Das Marksegment der frühen Erstkäufer und Innovatoren ausreichend groß und möglichst auch preisunempfindlich ist,	– Substitutionsprodukte der Konkurrenz drohen,
– Ein deutlicher Wettbewerbsvorteil (KKV) besteht,	– Die Wettbewerbsvorteile nur durchschnittlich ausgeprägt sind,
– Leistungserstellungskapazitäten niedrig sind,	– Es sich um preissensible (Massen-) märkte handelt,
– Zukünftige Preissteigerungen eher unwahrscheinlich oder schwierig durchsetzbar erscheinen,	– Folge- oder Ergänzungsprodukte später zu höherem Preis verkauft werden können oder direkt vom Absatz profitieren,
– Hohe Eintrittsbarrieren für nachfolgende Konkurrenten existieren,	– Die Schaffung eines Quasi-Standards durch hohe Verbreitung angestrebt wird,
– Der Produkt-Lebenszyklus eher kurz ist.	– Hohe anfängliche Fixkosten schnell amortisiert werden müssen.

Abb. 3-29: Skimming- und Penetrations-Preisstrategie im Vergleich

Z.B. wählte Netscape bei der Einführung der Internet-Browser-Software Netscape Navigator eine Penetrations-Preisstrategie, um sich schnell für einen gegen Null gehenden Preis eine erhebliche Marktstellung zu sichern. Allerdings verdrängte Microsoft mit derselben Strategie Netscape wieder aus dieser Marktposition.

Mitunter kommt es auch vor, dass Unternehmen beide Formen dergestalt miteinander kombinieren, dass sie in frühen Marktphasen für ihre hoch innovativen Produkte den Markt abschöpfen, um dann auf Penetration-Pricing umzustellen und Massenmärkte z.B. durch Vergabe günstiger Lizenzen zu erschließen. Hat man sich zwischen einer eher dauerhaften Etablierung in einer Preislage und der Anwendung einer eher dynamischen Preislagenwahl im Zeitverlauf entschieden, ist für die anfänglich gewählte Preislage nun eine genaue Festlegung des Ausgangspreises vorzunehmen. Dabei kann die **kosten-, wettbewerbs- und nachfrageorientierte Perspektive für die Preisbildung** unterschieden werden.

3.4.3.4 Ausgangspreisbildung für die Kernleistung

3.4.3.4.1 Kostenorientierte Preisbildung

Kostenorientierte Preisbildung ist die einfachste und meist verwendetste Möglichkeit einer Ausgangspreisbestimmung. Bei dieser Methode entsteht der Verkaufspreis, in dem auf die Stückkosten ein branchen- oder firmenüblicher Gewinnanteil aufgeschlagen wird (**Zuschlagskalkulation oder Cost-Plus-Pricing**).

Der verwendete **Gewinnaufschlag** ist je nach Branche stark unterschiedlich. Im Fachhandel liegt er bei durchschnittlich 10% bis 25% für moderne Elektronikprodukte, bei Sportartikeln zwischen 35 und 50% und bei Bekleidung ebenfalls um 50% vom Endverkaufspreis. Großhändler für Medikamente müssen sich z.B. mit ca. 10% begnügen. Distributoren im Auslandsgeschäft erhalten bei Industrieprodukten zwischen 25% und 40% Wiederverkaufsrabatt auf den Listenpreis abhängig von den zusätzlich von ihnen übernommenen Serviceleistungen vor Ort.

Zuschlagskalkulation
Einzelmaterialkosten + Materialgemeinkosten
= Materialkosten
+ Lohneinzelkosten + Lohngemeinkosten
= Herstellkosten
+ Verwaltungsgemeinkosten + Vertriebsgemeinkosten + Sondereinzelkosten Vertrieb
= Selbstkosten
+ Provisionsaufschlag + sonst. Erlösschmälerungen
+ Gewinnaufschlag
= Nettoverkaufspreis
+ Rabattaufschlag
= Bruttoverkaufspreis o. Mwst.

Abb. 3-30: Progressive Preisbestimmung durch Zuschlagskalkulation

Mit der Zuschlagskalkulation auf der Basis von Vollkosten (d.h. fixen und variablen Kostenbestandteilen) ermittelt man die **langfristige Preisuntergrenze.** Diese muss erreicht werden, wenn man dauerhaft im Markt anbieten will. Erreicht man diese nicht, müssen auf lange Sicht zu anderen Zeitpunkten erzielte Gewinne die Differenzen ausgleichen, was sich bei einer Gründung mit vergleichsweise schmalem Angebotsprogramm als sehr schwierig erweist.

Die **kurzfristige Preisuntergrenze** wird verwendet, wenn sogenannte „Kampfpreise" zu kalkulieren sind. Dabei geht man von der Überlegung aus, dass die Fixkosten kurzfristig nicht beeinflussbar und demzufolge nicht entscheidungsrelevant sind, so dass man nur mit den variablen Bestandteilen der Selbstkosten kalkuliert. Allerdings darf man bei einer solchen Preisbildung nicht vergessen, dass Kunden sich selbst bei befristeten Einführungspreisen unter der eigenen langfristigen Preisuntergrenze sehr schnell an diese Preise gewöhnen und auch nach Ende der Befristung diese weiter verlangen und ansonsten den Anbieter wechseln. Grundproblem einer alleinigen Preisbildung nach diesem Muster ist jedoch die **Vernachlässigung des Wettbewerbs- und Nachfrageverhaltens**.

3.4.3.4.2 Wettbewerbsorientierte Preisbildung

Neben der Kostenbetrachtung ist aus der Perspektive der Unternehmensgründung besonders die Analyse der Preise der etablierten Konkurrenten und vor allem des Marktführers von Bedeutung. Dabei kommt es darauf an, das jeweils **gebotene Preis-Leistungs-Verhältnis** möglichst aus der Kundenperspektive zu betrachten. Dabei steht man vor dem Problem, dass neben den objektiv vorhandenen Eigenschaften eines Leistungsangebotes zusätzlich bei im Markt etablierten Unternehmen eine Prämie für das Image des Markt- oder Qualitätsführers gezahlt wird. Diese Situation führt dazu, dass selbst bei geringfügig besserem Preis-Leistungsverhältnis das Angebot des Marktführers gegenüber dem des Gründungsunternehmens präferiert wird.

Aus diesem Grund gehen viele Unternehmensgründer den Weg, ein identisches oder geringfügig besseres Preis-Leistungs-Verhältnis wie das marktführende Unternehmen anzubieten und den Ausgangspreis ihres Leistungsangebotes trotzdem bis zu 20% unterhalb des sogenannten **Leitpreises** des stärksten Konkurrenten festzulegen.

Allerdings führt auch diese relativ einfache Vorgehensweise häufig dazu, dass Gewinnpotentiale verschenkt werden, weil eine wirkliche Auseinandersetzung mit dem Preisverhalten des Kunden nicht stattfindet.

3.4.3.4.3 Nachfrageorientierte Preisbildung

Gibt es keine für eine Orientierung geeigneten Wettbewerber oder sucht man nach innovativen Preisgestaltungsmöglichkeiten, kommt dem Nachfrageverhalten der Kunden eine noch höhere Bedeutung als ohnehin schon zu.

Bei einer nachfrageorientierten Preisbestimmung sollte man sich zuerst Gedanken über die **Abrechnungsgrundlage für die Preisgestaltung** machen. Grundsätzlich kann der Kunde **nutzungsabhängig oder –unabhängig** bezahlen (Knyphausen-Aufseß / Meinhardt 2002, S. 77). Nutzungsunabhängig ist z.B. der klassische Stückpreis einer Ware oder die Wohnungsmiete. Unabhängig davon, wie häufig das gekaufte Gut verwendet oder eine Wohnung bewohnt wird, fällt der Kauf- oder Mietpreis an. Nutzungsabhängige

Preisgestaltung ist z.b. auf die zurückgelegte Entfernung (Preis pro Bahnkilometer), auf

die Nutzungszeit (Telefonverbindungspreise) oder die genutzte Menge (Benzinpreis pro

Liter) bezogen. Welche Abrechnungsgrundlage für den Kunden attraktiver ist, kann man

beispielsweise über einen Akzeptanztest des Leistungsangebots erfragen, wenn man

Kunden nach der bevorzugten Abrechnungsweise fragt. Anzumerken ist, dass sich selbst

in etablierten Märkten durch die Nutzung einer anderen **Ertragsmechanik** mitunter ein

erheblicher Mehrwert für eine bestimmte Kundengruppe ergeben kann. Dieses ist z.B.

der Fall, wenn ein nutzungsabhängiges Entgelt (Telefongebühren bei Interneteinwahl)

auf ein nutzungsunabhängiges Modell (Pauschalpreis, sogenannte Flat-Rate) umgestellt

wird. Hat man die Abrechnungsgrundlage für die Preisgestaltung bestimmt, möchte man

als Gründer natürlich gerne wissen, wie viel Nachfrage für einen bestimmten Preis des

Leistungsangebotes zu erwarten ist. Diese Information erhält man durch die sogenannte

Preis-Absatzfunktion eines Marktes. Da im Normalfall mit steigendem Preis die Nach-

frage sinkt und umgekehrt, stellt sich die Frage, wie viel weniger ein Gründer verkauft,

wenn er den Preis für sein Leistungsangebot z.B. um 50% erhöht. Das beantwortet die

sogenannte **Preiselastizität der Nachfrage**.

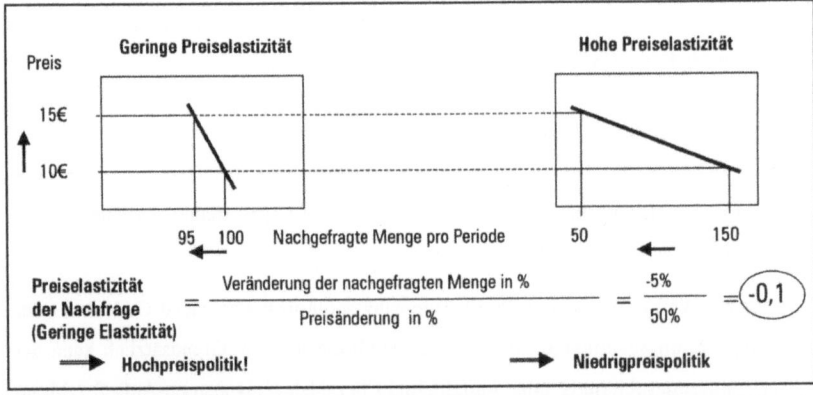

Abb. 3-31: Preiselastische und unelastische Nachfrage (Beispiel aus Kotler / Bliemel
2001, S. 827)

Bewirkt in einem Markt eine Preiserhöhung um 50% (10 auf 15 EUR) nur einen Nachfragerückgang um 5% spricht man von einer **preisunelastischen Nachfrage.** Würde dieselbe Preiserhöhung zu einem Nachfragerückgang um 66% führen (150 Einheiten auf 50 Einheiten), spricht man von **preiselastischer** Nachfrage. Dieselbe Preiserhöhung führt zu einer deutlich stärkeren Mengenreduktion. Unelastische Nachfrage bietet so die Möglichkeit für eher höhere Preise. Weitere Anhaltspunkte für eher höhere Preise liefern Nagle und Holden (1995):

Abb. 3-32: Einflussfaktoren auf die Preisempfindlichkeit der Kunden

Die Konsequenz aus diesen Überlegungen ist, dass sich ein hoher Preis umso mehr lohnt, je unelastischer die Nachfrage ist, also je weniger die Abnehmer das Leistungsangebot der Unternehmensgründung substituieren können. Für den Gründer besteht nun bei der Umsetzung einer nachfrageorientierten Preispolitik das Problem, eine **Bestimmung der Preis-Absatz-Funktion** für das Kernprodukt vorzunehmen. Dazu gibt es verschiedene Möglichkeiten (Kuß 2000, S. 215):

Verwendung realer Marktdaten: Das setzt voraus, dass schon Informationen über vergangenes Marktverhalten von Kunden gesammelt wurden. Diese Möglichkeit scheidet für die meisten Unternehmensgründungen aufgrund der fehlenden Geschäftsvorfälle aus der Vergangenheit sowie bei hoch innovativen Produkten aufgrund der Neuartigkeit der Situation aus.

Kundenbefragungen: Dieses Instrument ist für Gründer gangbar, die einen Akzeptanz-test ihres Kernproduktes durchführen, da sie dann die Frage stellen können: „Würden Sie das Leistungsangebot zum Preis von X kaufen?". Nachfolgend kann man dann mit dem höchsten denkbaren Preis beginnend, die Zahlungsbereitschaft der Interessenten für das Leistungsangebot in Stufen abfragen, bis der Befragte sagt, dass die Leistung zu einem bestimmten Preis von ihm gekauft werden würde. Die kumulierte Anzahl der Personen, die bei einem bestimmten Preis bereit waren, das Produkt zu kaufen, kann man dann in ein Preis- / Absatz-Diagramm eintragen und die Preis-Absatz-Funktion ermitteln.

Befragungsergebnisse einer Preis-Absatz-Studie				
Preis Käufer	20 EUR	15 EUR	10 EUR	5 EUR
Potentielle Käufer eines Produktes (n= 100) für einen Preis von ... EUR	10	20	40	20
Potentielle Käufer (Kumuliert*)	10	30	70	90**)
Erzielbarer Umsatz***)	200 EUR	450 EUR	700 EUR	450 EUR

Abb. 3-33: Befragungsergebnisse einer Preis-Absatz-Studie

*) Dabei wird angenommen, dass Personen, die eine höhere Preisbereitschaft haben, auch bereit sind, zu einem niedrigeren Preis das Leistungsangebot zu kaufen.

**) 10% der Befragten wollten die Leistung unabhängig vom Preis nicht kaufen.

***) Der jeweilig erzielbare Umsatz errechnet sich durch Multiplikation des Preises mit der kumulierten Zahl der potentiellen Käufer

Das **Problem** dieser Methode besteht darin, ob man von den verbalen Angaben auf das tatsächliche Kaufverhalten in späteren Situationen schließen kann. Meist geben Personen bei hohen Preisen tendenziell zu geringe Kaufbereitschaften an, was unter dem Ge-sichtspunkt einer Preiskalkulation für Gründer zwar eher positiv zu sehen ist, da man seine Umsatzplanung eher auf geringeren Erlösen aufbaut. Allerdings verschenkt man dadurch mögliches Gewinnpotential.

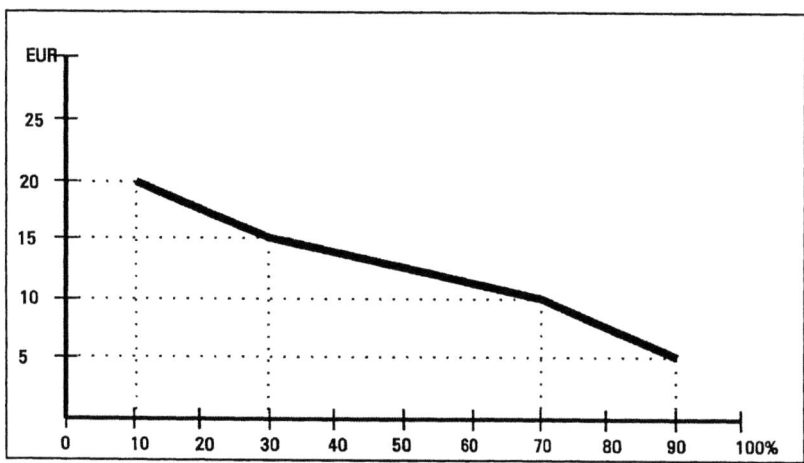

Abb. 3-34: Preis-Absatz-Funktion auf der Grundlage der Befragungsergebnisse

Aus diesem Grund sind Verfahren wie die **Conjoint-Measurement-Analyse** (hierzu detailliert Backhaus u.a. 2000, S. 564ff.) entwickelt worden, die die direkte Preisabfrage vermeiden und auf indirektem Weg Teilnutzenwerte für einzelne Bestandteile eines Leistungsangebotes ermitteln und so die Akzeptanz verschiedener Preishöhen bestimmen können. Allerdings sollten derartige Analysen nur von Spezialisten durchgeführt werden, die derartige Verfahren seit langer Zeit anwenden. Für Gründer lohnt sich die Beauftragung einer darauf spezialisierten Agentur nur, wenn es sich um innovative Produkte oder Dienstleistungen handelt, die mit sehr hohem Kapitalaufwand vor allem in Massenmärkten verkauft werden und ein hohes Flop-Risiko durch eine falsche Anfangspreisbildung besteht.

Die dritte Methode sind **Preisexperimente:** Hier versucht man Wirkungen von Preisveränderungen direkt am Markt zu testen. Für Gründer bietet sich abhängig von der Erreichbarkeit der Zielgruppe die Möglichkeit, das Leistungsangebot in Tages- oder Fachzeitschriften (z.B. im Kleinanzeigenteil) zu inserieren und den Response bei unterschiedlichen Preissetzungen zu vergleichen. Viele Angebote kann man auch im Internet durch Schaltung von Werbebannern auf von der Zielgruppe stark frequentierten Seiten testen. Auch hier vergleicht man anschließend die Anzahl der Interessenten bei unterschiedlichen Preisen. Diese Möglichkeiten sind vergleichsweise preiswert und geben interessante Aufschlüsse über die Nachfrage bei unterschiedlichen Preisen. Lodish / Morgan / Kallibur (2001, S. 48) berichten von Unternehmensgründungen, die durch Tests mit Werbebannern die erzielbare Gewinnspanne deutlich (z.T. bis zu 50%) gegenüber dem „instinktiv gewählten Preis" verbessern konnten.

Zusätzlich zu diesen Methoden, die Preis-Absatz-Funktion zu bestimmen, kann man noch den durch das Angebot geschaffenen Wert für den Kunden (**Value-based Pricing**) durch die **Bestimmung der Alternativkosten** ermitteln. D.h. man berechnet, was die Kunden bezahlen müssten, wenn ihnen das Angebot nicht zur Verfügung stehen würde. Ein Beispiel für diese Art der Preisbildung geben Heucher u.a. (1999, S. 79):

„Wenn ein Fernmeldeunternehmen die Übertragungskapazität seiner Glasfaserkabel erhöhen wollte, musste es bisher neue Kabel verlegen. Die Grabarbeiten belaufen sich je nach Topographie auf ca. 25-50 EUR pro Meter. Bei einer Streckenlänge von 50 km ergeben sich Gesamtkosten von 1,25-2,5 Mio EUR.

Alternativ bietet die Firma Ciena Corp. elektronische Geräte an, die die Kapazität bestehender Glasfaserkabel durch „wave length multiplexing" vervielfachen. Anstelle eines Lichtstrahls wird Licht in mehreren Farben (verschiedene Wellenlängen) durch das Kabel geschickt. Mit jedem Farbstahl lässt sich gleich viel Information übertragen wie mit dem herkömmlichen Lichtstrahl insgesamt. Ein Gerät mit 24facher Übertragungskapazität kostet die Ciena Corp. in der Herstellung etwa soviel wie ein gut ausgerüsteter PC. Welcher Preis kann für die Abgeltung der Entwicklungskosten und vor allem für den Wert der Idee verlangt werden ? Ciena Corp. bietet das System mit 24 Kanälen für 1,25 Mio EUR an."

Das Beispiel zeigt, dass bei der Vermarktung neuer Technologie die Wertermittlung des Systems über die Bestimmung der Alternativkosten ein geeignetes Mittel zur Festlegung des Ausgangspreises ist.

3.4.3.4.4 Zusammenfassung der Preisbildung

Für die Kernleistung einer Unternehmensgründung sollte die Preisbildung sehr sorgfältig erfolgen. Untergrenze des Preises sind die Gesamtkosten für das Leistungsangebot. Die Obergrenze wird gebildet durch das Wertempfinden der Käufer. Die Preise der Konkurrenz (sofern vorhanden) sowie Einkaufspreisforderungen von Zwischenhändlern bilden wichtige Orientierungspunkte.

Niedriger Preis				Hoher Preis
Zu diesem Niedrigpreis Gewinn unmöglich	Gesamtkosten für das Produkt	Preis der Konkurrenz für das Produkt sowie weitere interne und externe Einflussgrößen	Wertempfinden der Käufer	Zu diesem Höchstpreis Absatz unmöglich

Abb. 3-35: Grundsatzüberlegungen zur Ausgangspreisbildung (Kotler 1999, S. 622)

Insgesamt kommt es für eine Unternehmensgründung besonders darauf an, ein **besseres Preis-Leistungs-Verhältnis** unter Berücksichtigung des Markengoodwills der etablierten Unternehmen gegenüber dem Kunden und ggf. Zwischenhändlern **schlüssig begründen** zu können.

Mit Hilfe von Tests oder Kundenbefragungen zur Ermittlung einer Preis-Absatz-Funktion kann man das Risiko einer falschen Ausgangspreissetzung verringern, jedoch nicht gänzlich ausschließen. Allerdings bewahren diese Tests Gründer vor einem völligen „Blindflug", der sonst häufig in Rabattaktionen bei zu hoch angesetzten Preisen und verschenkten Gewinnpotentialen bei zu niedrig angesetzten Preisen endet.

Von der Vorgehensweise hat sich für die Entwicklung eines Leistungsangebotes zu einem adäquaten Preis eine marktorientierte Vorgehensweise bewährt, die man auch als **„Target Costing" oder retrograde Kalkulation** bezeichnet (Simon 1992). Hierbei wird auf der Basis nachfrageorientierter und wettbewerbsorientierter Preisbildungsmethoden ein **Zielpreis** bestimmt, zu dem vermutlich das Leistungsangebot verkauft werden kann. Dieser Preis dient dann bei Annahme einer branchenüblichen Gewinnspanne zur Bestimmung sogenannter **Zielkosten**. Diese Zielkosten dürfen bei Produktionsunternehmen in der Entwicklung bzw. bei Handelsunternehmen im Einkauf nicht überschritten werden, da sonst die anvisierte Gewinnspanne nicht erreicht wird. Die Vorgehensweise des Target Costing zeigt nachfolgende Abbildung.

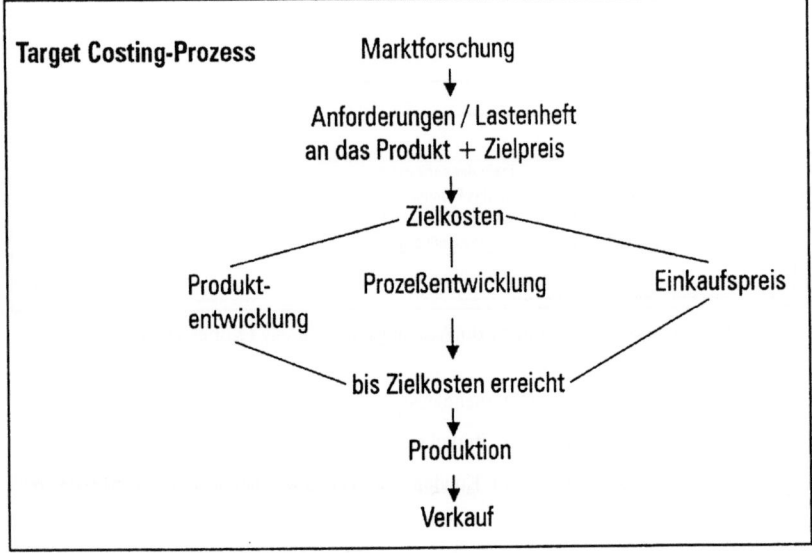

Abb. 3-36: Prozess des Target Costing (Simon 1992, S. 63)

Target Costing stellt eine Kombination zwischen nachfrage-, wettbewerbs- und kostenorientierter Preisbestimmung dar. Dabei sind Handelspartner wie Nachfrager zu behandeln, da sie Gründungsunternehmen Einkaufspreise vielfach „diktieren" können. Auch deswegen bietet es sich an, schon im Vorfeld der Gründung das Gespräch zu suchen und zu erkunden, in welchem Preisbereich eine Akzeptanz für das Leistungsangebot besteht.

Insgesamt zeigt die Erfahrung mit der Preissetzung für Gründer, dass es schwieriger ist, einen einmal im Markt eingeführten Preis im Zeitablauf zu erhöhen als ihn zu senken.

3.4.3.5 Preisanpassungsmaßnahmen

3.4.3.5.1 Preisdifferenzierung

Hat man die Ausgangspreisforderung für das Kernleistungsangebot ermittelt, stellt man mitunter fest, dass nicht alle Kundengruppen eines Marktes mit dieser Ausgangspreisforderung bedient werden können. Dann stellt sich die Frage, ob man (annähernd) identische Leistungsangebote **an unterschiedliche Kunden(-gruppen) mit Preisen verschiedener Höhe** verkaufen kann. Voraussetzung hierfür ist, dass man den Gesamtmarkt in klar **abgrenzbare Teilmärkte** aufteilen kann, in denen die Reaktion auf preispolitische Maßnahmen unterschiedlich ist (Kuß 2000, S. 220-221). Darüber hinaus sollte möglichst **kein Wechsel der Käufer zwischen den Teilmärkten** möglich sein.

Ein Unternehmensgründer kann untersuchen, ob er eine **Preisdifferenzierung** nach folgenden Kriterien vornehmen kann:

- **örtlich** (Beispiele sind: Inlands- / Auslandspreise, unterschiedliche Sitzplatzpreise im Theater oder Innenstadt / Außenbezirk),

- **zeitlich** (Beispiele sind: Mondschein- oder Wochenendtelefontarife zur Auslastung von Kapazitäten; Saisonzuschläge bei Ferienhäusern),

- **nach Abnehmergruppen:** (Beispiele sind: Schüler- und Studententickets oder Gruppentarife bei der Bahn, Sonderpreise für Hochschulen bei Software),

- **nach der Abnahmemenge:** (Beispiele sind: günstige Abonnementpreise von Zeitschriften oder 2 Liter-Packungen im Lebensmittelhandel),

- **Produktformorientiert** (Beispiele sind: Basislinien bei Elektronikprodukten oder eine Luxusedition von Buntstiften).

Dabei unterscheiden sich die Kosten für das differenzierte Angebot einer Basis- und einer Premium-Produktlinie meist viel weniger als die Zahlungsbereitschaften der Kunden für die unterschiedlichen Produktlinien. In jedem Fall befindet man sich bei der Beantwortung dieser Frage an der Schnittstelle zwischen Angebotprogramm- und Preispolitik.

Entscheidend für den Erfolg derartiger Preisdifferenzierungen ist die **Höhe der Barrieren zwischen den Kundensegmenten.** Diese Barrieren können z.B. auch in der Möglichkeit des Weiterverkaufs oder Reimports (z.B. bei Arzneimitteln oder Automobilen) bestehen. Alleine durch die Einführung des EURO mit dem deutlich vereinfachten

Preisvergleich in vielen Ländern Europas sind die Möglichkeiten der Preisdifferenzierung zunehmend schwieriger geworden. Darüber hinaus tragen die Liberalisierungsbemühungen der Europäischen Union ebenfalls dazu bei, diese Barrieren zu senken, so dass im Auslandsgeschäft uneinheitliche Preise für Vertriebspartner in verschiedenen Ländern nur noch sehr schwierig durchsetzbar sind. Allerdings kommt es darauf an, ob das gewählte Preissystem durchsichtig und für die jeweiligen Kunden oder Handelspartner nachvollziehbar ist.

3.4.3.5.2 Konditionenpolitik

Fast jedes Unternehmen nimmt auf Dauer Preisanpassungen vor, womit auf unterschiedliche Kaufsituationen und Unterschiede von einzelnen Käufern (besonders bei Organisationen im Business-to-Business-Marketing) reagiert wird. Zu den Konditionen zählen alle preislichen Maßnahmen, die begleitend zur eigentlichen Preisgestaltung eingesetzt werden (Lötters 1998, S. 142). Dazu gehören **Rabatte, Liefer- und Zahlungsbedingungen und Kredite.**

Rabatte sind Preisnachlässe, die Kunden gewährt werden, wenn sie bestimmte Bedingungen erfüllen (Kuß 2000, S. 223). Ausgangspunkt ist immer ein Grund- oder Listenpreis, auf den dann verschiedenen Rabattarten gegeben werden.

Hinter **Funktionsrabatten** verbergen sich Preisnachlässe für Leistungen wie Lagerung, Produktpräsentation, Kundenberatung oder Übernahme von Finanzierungsfunktionen.

Mengenrabatte werden als Anreiz zum Abschluss größerer Order pro Auftrag oder pro Zeiteinheit gegeben.

Zeitrabatte sind bestellzeitpunkt- oder bestellperiodenbezogen. Dazu gehören z.B. sogenannte Vor-Order-Rabatte, die bei frühzeitiger Bestellung z.B. vor Saisonbeginn gegeben werden oder Einführungsrabatte, die zur Übernahme einer Produktneueinführung veranlassen sollen.

Treuerabatte belohnen ein längerfristiges kontinuierliches Bestellverhalten und sind darauf gerichtet, die Lieferantentreue zu steigern. In diese Kategorie fallen z.B. Boni, die am Ende des Jahres ab einer gewissen Ordermenge gewährt werden und einer Art Rück-vergütung entsprechen.

Zusätzlich gibt es noch sogenannte **Naturalrabatte**, die unentgeltliche Zugaben darstel-len („Zwei Wochen buchen – eine Woche bezahlen" oder 3 beim Kauf von 2 Stück).

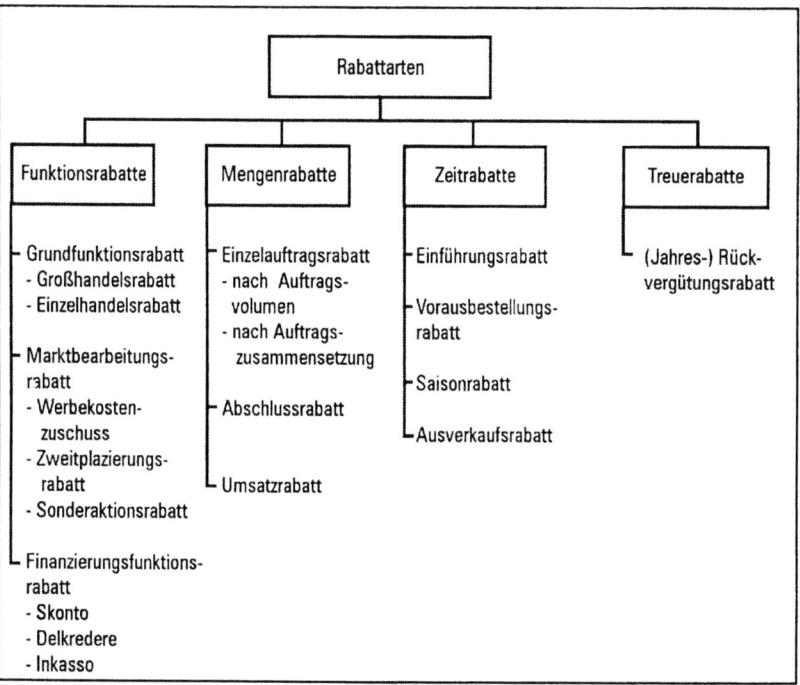

Abb. 3-37: Rabatte auf der Wiederverkäufer- und Handelsebene (Becker 2001, S. 525)

Sonderrabatte werden zu besonderen Anlässen gewährt. Beispiele sind Rabatte zu Fir-menjubiläen oder ein Messerabatt.

Insgesamt muss sich der Gründer fragen, ob und wie er mit Hilfe von Rabatten eine **Feinsteuerung des Absatzes** erreichen kann, ohne die eigene Preisstruktur auszuhöhlen. Es gibt Industriebranchen, in denen die Listenpreise z.T. bis zu 80% durch Rabatte ge-senkt werden, so dass der Kunde praktisch den Listenpreis überhaupt nicht mehr als relevant erachtet, sondern die im Vorjahr gewährten Rabatte sofort vom Listenpreis abzieht. Tritt man als Gründer in eine derartige Branche ein, kommt es vor allem darauf an, dass branchenübliche Gepflogenheiten entweder miteinkalkuliert werden oder aber, wenn man ihnen nicht folgen möchte, sehr gut und einfach begründet wird, wieso man auf eine derartige Preisbildung verzichtet. Allerdings übersteht man als unbekanntes Unternehmen nur dann derartige Verhandlungen „ungeschoren", wenn man über besondere Wettbewerbsvorteile verfügt, die kaum ein Konkurrent anbieten kann.

Neben den Rabatten und Boni spielen vor allem im Auslandsgeschäft die **Liefer- und Zahlungsbedingungen** eine Rolle, da sie über die Aufgaben- und Kostenverteilung zwischen Kunde und Anbieter entscheiden. Liefer- und Zahlungsbedingungen werden in den Allgemeinen Geschäftsbedingungen (AGB) niedergelegt, in denen der standardmäßige Ort und Zeitpunkt der Warenübergabe, der Gerichtsstand, die Art der Lieferung sowie Umtausch- und Rückgaberecht sowie Garantieleistungen formuliert werden. Mitunter gehören auch Portohöhe, Frachtberechnung, Versicherungskosten und Konventionalstrafen für den Fall von Leistungsstörungen in die AGB. Da die Individualabrede Vorrang vor den AGB hat, kommt es darauf an, was im Einzelfall schriftlich (unter Beweisgesichtspunkten!) aushandelt wurde.

Das gilt auch für **Zahlungsbedingungen** hinsichtlich des Zahlungszeitpunktes und eventueller Nachlässe für pünktliche Zahlung. Diese werden als **Skonti** bezeichnet und sind eine prozentuale Preisermäßigung (2-3%), die der Kunde erhält, wenn er ordnungsgemäß zum Termin (innerhalb von 20 oder 30 Tagen nach Lieferung) zahlt. Hier sollte man sich als Gründer vor allem erkundigen, was branchenüblich ist, um nicht unangenehm aufzufallen. Allerdings sollte man den Einsatz eines Skontobetrages im Preis mitkalkulieren und vor allem bedenken, dass es z.B. große Unternehmen gibt, deren interne Rechnungsbearbeitung länger als 20 Tage dauert aber trotzdem den Skontobetrag mit der Begründung abziehen, dass sie schnellstmöglich gezahlt haben, auch wenn sie nicht die Zahlungsfrist von 20 oder 30 Tagen eingehalten haben. Die Chance, dieses Geld zurückzubekommen ist angesichts der Einkaufsmacht gegenüber dem Gründer sehr gering. Abhängig von der Branche kann es deswegen sinnvoll sein, auf das Angebot eines Skonto zu verzichten und Endpreise mit dem Kunden zu verhandeln, die nicht noch nachträglich durch Skontogewährung geschmälert werden können.

Lieferantenkredite und Absatzfinanzierungsmaßnahmen sind für die meisten Gründungsunternehmen aufgrund der ohnehin geringen Eigenkapitaldecke meist nicht zu empfehlen, wobei auch hier immer die branchenspezifischen Geflogenheiten zu bedenken sind. Das Ziel, die Kauffähigkeit des Kunden durch Gewährung von Krediten zu stärken, ist für etablierte Unternehmen ein guter Weg zur Absatzsteigerung. Für Gründer ist noch viel stärker als von etablierten Unternehmen auf die Bonität des Kunden zu achten, da mitunter schon kleinere Forderungsausfälle zu großen Schwierigkeiten in der Liquiditätsplanung eines Gründungsunternehmens führen können. Entscheidend ist jedoch für die gesamte Preispolitik, dass Ausgangspreissetzung, Rabattstruktur und sonstige Konditionen in sich **widerspruchsfrei** sind und ein vom jungen Unternehmen angestrebtes Verhalten der Kunden unterstützen und fördern.

3.4.4   Distributionspolitik

3.4.4.1   Überblick über die Distributionspolitik

In der Distributionspolitik sind drei Kernfragen (Becker 2001, S. 527f.) zu beantworten, mit denen unterschiedliche Aspekte dieses Teilbereichs beschrieben werden:

- **Wie gestalten wir den Weg der Leistungsangebote vom Hersteller zum Kunden?**

  Mit dieser Frage wählt man die Absatzwege aus, wofür zu entscheiden ist, ob man den Weg zum Kunden direkt oder über Zwischenhandelsstufen sucht.

- **Wie stellen wir für den Absatz (Verkauf) der Leistungsangebote den Kontakt zum Kunden her?**

  Unter diese Frage fallen Entscheidungen mit denen eine Verkaufsorganisation gestaltet wird. Dazu gehört die Wahl zwischen unternehmenseigenen oder –fremden Verkaufspersonen sowie Aspekte der Einstellung, Entlohnung, Schulung, Motivation, Kompetenzzuweisung und Kontrolle des Verkaufspersonals. Gleichfalls ist bei indirektem Absatzweg über die **Gewinnung von Absatzmittlern** zu sprechen und bei Verwendung mehrerer Absatzkanäle über mögliche **Kanalkonflikte.**

– **Wie gestalten wir die Auslieferung der Leistungsangebote an unsere Kunden?**
Im Vordergrund steht, für den Kunden sicherzustellen, dass dieser die richtigen Produkte zur richtigen Zeit in der richtigen Menge in der richtigen Qualität am richtigen Ort zur Verfügung gestellt bekommt. Zur Erfüllung dieser Kundenforderung sind besonders Probleme der **Absatzlogistik** von Bedeutung.

Betrachtet man alle diese Fragen aus einer gründungsspezifischen Perspektive geht es vor allem um den **Aufbau eines adäquaten Vertriebs- und Leistungsverteilungssystems.** Dieser Aspekt bildet deshalb den Schwerpunkt der folgenden Ausführungen. Da jedes Unternehmen vom Verkauf seiner Produkte und Dienstleistungen lebt, ist eine schlagkräftige Vertriebsorganisation bei Unternehmensgründungen häufig **der** Engpass, an dem sich die weitere Entwicklung des Unternehmens maßgeblich entscheidet und an dem auch schon viele Gründungen gescheitert sind.

3.4.4.2   Entscheidungen über die Absatzwege

Die Wahlentscheidung über den Absatzweg hat in hohem Maße Grundsatzcharakter für das junge Unternehmen, da diese nur mit unverhältnismäßig hohem Aufwand wieder rückgängig gemacht werden kann. Man unterscheidet den **direkten und indirekten Absatzweg.** Indirekter Vertrieb liegt vor, wenn der Vertrieb über unternehmensfremde und rechtlich selbständige Absatzmittler (Handelsunternehmen) oder Franchise-Partner erfolgt. Ist beides nicht der Fall handelt es sich um Direktvertrieb.

Über die Anzahl der eingeschalteten Zwischenstufen wird der Absatzkanal charakterisiert. Bei einem **0-stufigen Absatzkanal** verkauft der Hersteller sein Leistungsangebot direkt an den Kunden mit Hilfe einer eigenen Absatzorganisation oder Mitteln des Direktmarketing (z.B. Werbebriefe, Telefonakquisition oder über das Internet). Bei **mehrstufigen Absatzkanälen** ist mindestens ein Absatzmittler zwischen Hersteller und Endkunde zwischengeschaltet. Entscheidet sich ein Unternehmen für einen indirekten

Absatzweg ist nachfolgend die **Art und Anzahl der auszuwählenden Handelsbetriebe** und die **Bindungsform dieser Handelsbetriebe** an das Unternehmen festzulegen.

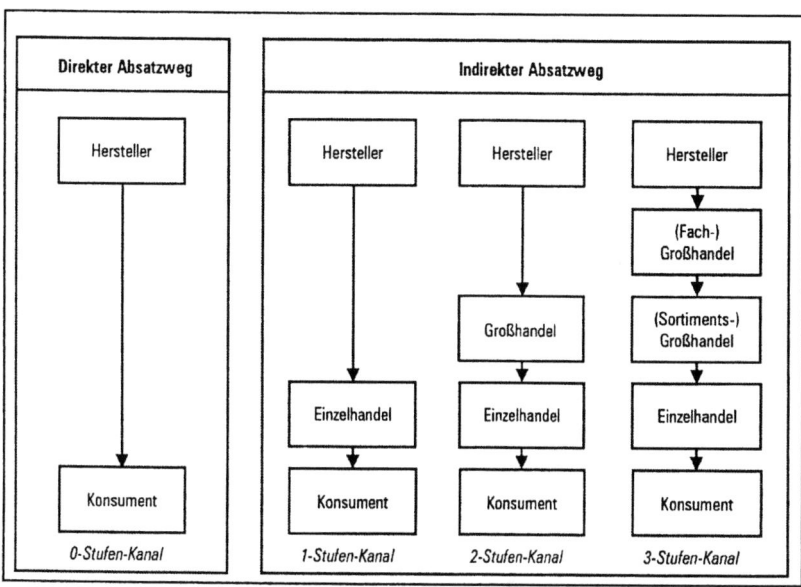

Abb. 3-38: System der Absatzwege (Becker 2001, S. 528)

Die Bedingungen für direkte Absatzwege erläutert die folgende Abbildung.

Eine verstärkte Anwendung direkter Absatzwege erfolgt bei...

- stark erklärungs- und überzeugungsbedürftigen Leistungsangeboten,

- bei Gütern, die aus wirtschaftlichen Gründen (hoher Preis) lagerfähig sind,

- bei transportempfindlichen Gütern, die möglichst wenig umgeladen werden sollten,

- bei großer regionaler Konzentration der Abnehmer,

- bei Käufen in großen zeitlichen Abständen durch die Kunden,

- wenn die durch Direktvertrieb einbehaltene Handelsspanne höher ist als die durch den Direktvertrieb verursachten (verglichen mit dem indirekten Vertrieb) zusätzlichen Kosten (z.B. Transport- sowie Kosten für Vertriebspersonal & Verkaufsaktivitäten).

Abb. 3-39: Vorteile direkter Absatzwege (Stender-Monhemius 2002, S. 154)

Die **Vorteile eines direkten Absatzweges** bestehen in der höheren Kontrolle der Absatzbemühungen und des damit verbundenen unmittelbar erhältlichen Kundenfeedbacks. Dem stehen als **Nachteile** erhöhte Kosten für eine eigene Vertriebsorganisation gegenüber und die Schwierigkeit, von Beginn an ein großes Absatzgebiet zu versorgen.

Je standardisierter Leistungsangebote sind und je breiter eine Verteilung regional vor Ort an die Zielgruppen vorgenommen werden muss, desto sinnvoller ist es, **indirekte Absatzwege** aufzubauen. Ist das Leistungsangebot besonders serviceintensiv, muss der Gründer zusätzlich klären, ob die Absatzmittler auch adäquat den Kundendienst übernehmen können. Damit ist normalerweise auch eine Erhöhung der Marge der Zwischenhändler verbunden, die sich die Serviceübernahme vom Hersteller bezahlen lassen. Neben dem Nachteil des Verlustes der Handelsspanne, die für den Gründer einen Gewinnverzicht darstellt, haben Zwischenhändler ein gewisses „Eigenleben" in Hinblick auf die Gestaltung der Endverbraucherpreise. Dieses Problem tritt besonders bei sehr machtvollen Zwischenhandelsorganisationen auf und vor allem dann, wenn der Gründer von diesem Absatzkanal abhängig ist, weil er einen Großteil seines Umsatzes damit erzielt. Darüber hinaus ist der tatsächliche Akquisitionseinsatz des Zwischenhändlers für das Leistungsangebot des Gründers immer mit Unsicherheiten behaftet.

Bei der **Wahl der Absatzwege** sind eine **Vielzahl von Einflussgrößen** zu bedenken. Dazu gehören:

- Besonderheiten des Leistungsangebotes (z.B. Breite des Angebotsprogramms, Erklärungs- und Servicebedürftigkeit, Verderblichkeit, Standardisierungsgrad und Umschlagsmengen),
- die genutzten Vertriebswege der Konkurrenz,
- Anzahl und Struktur der Abnehmer,
- die Größe und Finanzkraft des Unternehmens sowie
- die Kosten- und Erlössituation (Kotler / Bliemel 2001, S. 1087, Weis 2001, S. 353f.).

Als **Entscheidungskriterien** für die Wahl der Absatzwege sind besonders die **Wirtschaftlichkeit**, die **Kontroll- und Steuerungsmöglichkeit** sowie die **zukünftige Modifizierbarkeit** heranzuziehen.

Weiterhin ist für ein junges Unternehmen wichtig, ob es **branchenübliche Vertriebs-wege** verwendet oder diese durch **Erschließung neuer Absatzkanäle** umgeht. Bei-spielsweise haben viele Gründer durch radikale Abkehr vom jeweiligen in einer Branche vorrangig Verwendung findenden Vertriebssystem große Erfolge erzielt. Das galt in den letzten Jahren vor allem für Unternehmen, die frühzeitig die neuen Vertriebskanäle In-ternet und Telefonmarketing entwickelten. Ein Beispiel sind Direktversicherungsanbie-ter, die auf branchenübliche Vertreternetze konsequent verzichten und dem Kunden da-für billigere Versicherungen über ein Call-Center, per Werbebrief (Direct Mail) oder über das Internet anbieten. Bei einer Absatzwegeentscheidung ist deshalb auch zu be-denken, welche **Wettbewerbsvorteile durch die Wahl des Absatzkanals** geschaffen werden können.

Vorrangig ist jedoch jeder Vertriebskanal darauf zu prüfen, ob die **Erreichbarkeit der anvisierten Zielgruppen** wirklich sichergestellt ist. Immer dann, wenn es einem Grün-der nicht gelingt, bestimmte Kundengruppen über einen Absatzkanal erfolgreich anzu-sprechen, stellt sich die Frage, welcher Kanal dafür besser geeignet ist. So entstehen häu-fig **Mehr-Kanal-Vertriebssysteme**, die sowohl direkte als auch indirekte Absatzwege enthalten.

Ein Mehr-Kanal-Vertriebssystem eines Automobilzulieferers zeigt die nächste Abbil-dung. Hierbei werden direkt durch das Unternehmen die PKW-Hersteller und über das Internet Werkstätten und PKW-Endverbraucher angesprochen. Dazu wird über eigene Niederlassungen auch der klassische Handel und Facheinzelhandel bedient. Man er-kennt, dass einzelne Zielgruppen (z.B. die Werkstätten, PKW-Besitzer oder der Fachein-zelhandel) durch mehrere Absatzkanäle angesprochen werden.

Deshalb besteht das größte Problem eines Mehr-Kanal-Vertriebssystems in der **Vermei-dung von Kanalkonflikten** zwischen den verschiedenen Händlern und den Vertriebs-bemühungen der eigenen Organisation. Im schlimmsten Fall akquirieren Zwischenhänd-ler und eigene Vertriebsmitarbeiter beim selben Kunden mit unterschiedlichen Preisen für ein identisches Leistungsangebot. Dieses Problem kann z.B. dadurch vermieden wer-den, dass man Absatzkanäle so wählt, dass die jeweils angesprochenen Zielgruppen sich möglichst wenig überschneiden oder indem von den verschiedenen Kanälen unterschiedliche Angebotsprogramme vertrieben werden.

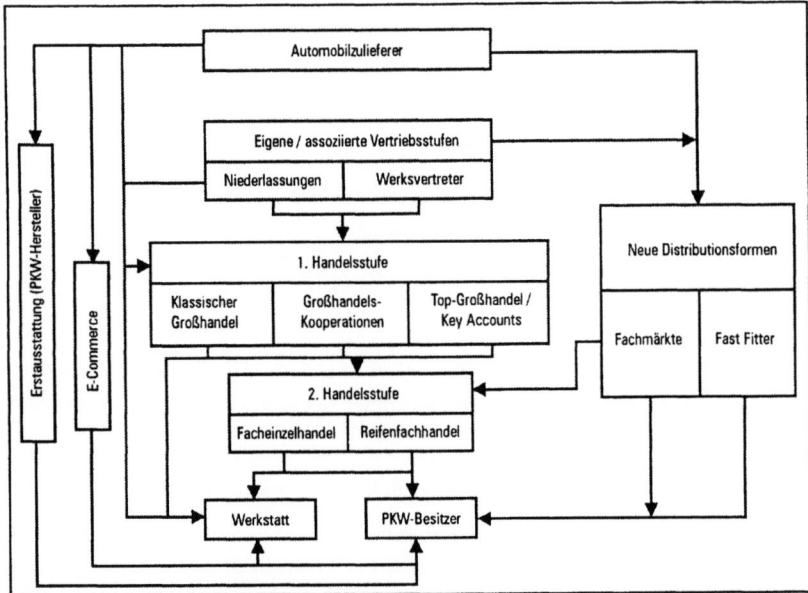

Abb. 3-40: Mehr-Kanal-Vertriebssystem eines Automobilzulieferers (Homburg / Krohmer 2003, S. 719)

Eine andere Möglichkeit zur Vermeidung dieser Kanalkonflikte ist **zeitliche Differenzierung**. Es gibt HiFi-Elektronikhersteller, die ihre neu eingeführten Produkte nur an ausgewählte Stützpunkthändler vertreiben und erst zwölf Monate später die „veralteten" Produkte dann in großen Elektronikdiscountketten verkaufen. So haben High-End-Händler genügend Zeit, mit den Neuheiten Geld zu verdienen. Anschließend verkaufen die Discounter die eingeführten Premium-Produkte sehr preiswert und können entsprechende Absatzmengen realisieren. So ist es für den Hersteller möglich, beide Händlergruppen gemeinsam zu bedienen, ohne Kanalkonflikte auszulösen und das Image der Neuprodukte durch Einführungspreiskämpfe zu untergraben.

Die Beispiele zeigen, dass das Thema Absatzwegewahl aufgrund der vielen genannten Einflussgrößen genau durchdacht werden muss. Deshalb sollte jeder Gründer zuerst ein Grundkonzept für „sein" Vertriebssystem entwickeln und es dann am besten zusammen mit einem in der jeweiligen Branche langjährig tätigen Vertriebsexperten besprechen. Dadurch ist es möglich, entstehende Schwierigkeiten und Unstimmigkeiten im Vertriebskonzept schon im Vorfeld zu erkennen und vor der Umsetzung zu vermeiden.

3.4.4.3 Aufbau eines persönlichen Verkaufs

Je erklärungsbedürftiger, neuartiger und hochpreisiger ein Leistungsangebot ist, desto sinnvoller kann es sein, einen persönlichen Verkauf aufzubauen. Unabhängig ob man persönlich an den Endabnehmer verkauft oder die Akquisition von Absatzmittlern betreibt, sollte ein **Gründungsteam** mindestens über einen **guten Verkäufer** verfügen. Meist ist es ein Mitglied der Geschäftsführung des jungen Unternehmens, das diese Tätigkeit übernimmt. Dieses Mitglied hat beim Aufbau einer Verkaufsorganisation folgende Aufgaben:

- Bestimmung der Anzahl der notwendigen Verkäufer zur Erfüllung der Verkaufsziele,
- Festlegung der Verkaufsstruktur,
- Entwicklung eines Entlohnungssystems,
- Anwerbung und Auswahl von Verkaufspersonal,
- Schulung und Führung sowie Kontrolle des Verkaufspersonals.

3.4.4.3.1 Bestimmung der Verkäuferzahl

Viele Gründer aus dem technischen Bereich haben wenig Vertriebserfahrungen. Deshalb kommt es nicht selten vor, dass die geplanten Umsatz- und Absatzziele mit der geplanten Zahl an Außendienstlern nicht realistisch zu erreichen sind. Möchte man also wissen, wie viele Verkäufer ein Unternehmen zur Erreichung seines Umsatzziels in einer Branche benötigt, sind **Annahmen über den Erfolg der Verkaufstätigkeit** erforderlich. Diese betreffen die aktive Verkaufszeit, die durchschnittliche Besuchszahl pro Tag, die benötigten Besuche pro Kaufabschluss und die Besuchserfolgsquote, für die nachfolgend einige Anhaltswerte beispielhaft aus dem technischen Vertrieb aufgeführt sind:

Die **aktive Verkaufszeit** liegt **zwischen 25% und 40%** der **Arbeitszeit** des Verkäufers (Weis 2000, S. 123). Der Rest sind Reise- und Wartezeiten, Planungszeiten für Touren und Besuchsvorbereitung, je nach Verkaufsorganisation unterschiedliche Umfänge von Angebotsbearbeitung und Berichtsdokumentation sowie Besprechungen und Weiterbildung.

Im Industriegütervertrieb macht ein technischer Vertriebsaußendienstmitarbeiter je nach Komplexität der Verkaufsaufgabe zwischen **2 und 5 Besuchen pro Tag**. Reine Regalpflege im Konsumgüterhandel in einer Großstadt mit kurzen Fahrwegen macht auch über 20 Besuche täglich möglich, jedoch ist das eher die Ausnahme.

Bei einem unbekannten Unternehmen − abhängig vom Investitionsvolumen und (technischen) Komplexitäts- und Standardisierungsgrad des Produktes - muss man im Industriegüterverkauf zwischen **2 und 10 Besuchen bis zu einem ersten Kaufabschluss** rechnen. Gerade wenn Produktdemonstrationen oder Testbetriebe erforderlich sind, kann diese Besuchszahl sogar noch überschritten werden.

Darüber hinaus steht nicht jeder Besuch mit einem Verkaufserfolg in Verbindung. Danneberg (1997, S. 144) weist darauf hin, dass für drei Kunden mit einem Abschlusswert von ca. 100.000 EUR 27 Interessenten kontaktiert werden müssen und neun Besuche durch den Verkäufer zu absolvieren sind. Das entspricht einer **Erfolgsquote von 33% der Besuche**.

Auf Basis dieser Informationen kann man den realistisch erzielbaren Umsatz **eines** Verkäufers näherungsweise bestimmen. Das Beispiel zeigt eine solche Berechnung für einen branchenerfahrenen Verkaufsmitarbeiter für hochwertige elektrotechnische Industrieprodukte einer Neugründung im Vergleich zu einem etablierten Unternehmen:

Umsatzabschätzung für einen Verkäufer von hochwertigen Industrieprodukten	
Ein Verkäufer hat nach Abzug von Wochenenden, Feiertagen, Urlaub, Krankheitstagen, internen Schulungen und Verkaufsmeetings ca. ... Reisetage pro Jahr für den Kundenbesuch zur Verfügung.	Verbleibende Tage: 200
Nur 25% (40%*) der Tage verbringt der Verkäufer davon als aktive Verkaufszeit mit dem Kunden, da Reise-, Warte-, Dokumentationszeiten abzuziehen sind und vor allem eine noch nicht eingespielte Organisation des Gründungsunternehmens diesen Prozentsatz erheblich senkt.	Verbleibende Tage: 50 (80*)
Pro Besuchstag macht er in seinem Gebiet zwischen 2 und 5 Besuchen, hier durchschnittlich .... Besuche.	3 (5*)
Das ergibt eine maximale Besuchsleistung von ... Besuchen pro Jahr	**150 (400*)**
30% der Besuche sind solche, die mit einem Verkaufsabschluss in Verbindung stehen. Dieser %-Satz ist nur durch langjährige Branchenerfahrung steigerbar, wenn man ein Verkaufsgebiet mit seinen Zielkunden sehr gut kennt. Für eine Unternehmensgründung ist das schon ein guter Wert.	50 (133*)
Pro Verkauf einer Industriekomponente im Wert von 25.000 EUR benötigt er aus der Situation eines unbekannten Unternehmens durchschnittlich **fünf Besuche** (1x Vorstellung von Unternehmen & Leistungsprogramm sowie Bedarfskonkretisierung, 1x Referenzkundenbesuch mit Interessenten, 1x spezielle Produktdemonstration vor Ort, 1x Abschlussverhandlung, 1x Installationsbesichtigung nach Betriebsaufnahme).	5 (3*)
= Maximal erzielbare Anzahl an Verkaufsabschlüssen	10 (44*)
x 25.000 TEUR pro verkaufte Komponente = **Maximaler Umsatz**	**300.000 EUR** **(1.1 Mio EUR*)**

Abb. 3-41: Verkaufsleistung für einen branchenerfahrenen Verkäufer

Der mit *) angegebene Wert entspricht einem durchschnittlichen Verkäufer derselben Branche eines etablierten Unternehmens mit optimaler Verkaufsorganisation. Top-Verkäufer etablierter Unternehmen erzielen für ein vergleichbares Produkt über 2 Mio. EUR Jahresumsatz. Der Unterschied in der umsatzbezogenen Verkaufsleistung beträgt in dieser Branche zwischen dem Verkäufer eines Start-Ups im ersten Geschäftsjahr und dem Top-Verkäufer eines etablierten Großunternehmens bei einem vergleichbaren Produkt also mehr als das Siebenfache.

Zu beachten ist bei diesen Zahlen, dass die **Umsätze bei unerfahrenem Verkaufsper-**
sonal des Gründungsunternehmens noch schlechter sein können, da dann die Unbe-
kanntheit des Unternehmens und seines Leistungsangebotes, mangelhafte Verkäuferleis-
tung und organisatorische Anlaufprobleme zusammenkommen. Man erkennt, welches
Optimierungspotential im persönlichen Verkauf liegt und vor allem, welche Anlauf-
schwierigkeiten unbekannte Unternehmen haben können, die vorhandenen Marktpoten-
tiale auszuschöpfen.

Teilt man den angestrebten Umsatz des Unternehmens durch den von einem guten Verkäufer realistischerweise in der Branche erzielbaren Umsatz (z.B. mit einem vergleichbaren Produkt) erhält man die **Anzahl der benötigten Verkäufer** unter der Annahme
eines bestimmten Akquisitionserfolges. Ergeben sich erhebliche Diskrepanzen zur geplanten Größe der Verkaufsmannschaft sind entweder die angestrebten Umsatzzahlen zu
korrigieren, die Zahl der Verkäufer zu erhöhen oder neue Vertriebswege zu erschließen.

3.4.4.3.2 Festlegung der Verkaufsorganisation

Grundsätzlich unterscheidet man die produktorientierte, branchen- bzw. kundengruppen-
und gebietsorientierte Verkaufsorganisation (Kotler / Bliemel 2001, S. 1020ff.).

Eine **produktorientierte Verkaufsorganisation** wird üblicherweise von „Multimarkt-
und Multiproduktunternehmen" angewendet (Weis 2000, S. 327), welche unter Unternehmensgründungen eher selten anzutreffen sind. Dabei beraten Spezialisten für die verschiedenen Produkte die jeweiligen Kunden, wobei darauf geachtet werden muss, dass
ein Kunde nicht von zu vielen Verkäufern bearbeitet wird.

Aus diesem Grund wurden **branchen- oder kundengruppenspezifische Verkaufsor-**
ganisationen entwickelt, bei denen ein Verkäufer für einen oder wenige Großkunden da
ist. Diese Organisation bietet sich für Unternehmensgründungen vor allem dann an,
wenn ein Mitglied der Geschäftsführung Großkunden akquiriert und betreut und weitere
Vertriebsmitarbeiter sich um „Normalkunden" kümmern.

Typisch ist für die meisten Unternehmensgründungen eine **gebietsorientierte Ver-**
kaufsorganisation. Kennt man die Zahl der für einen Zielumsatz erforderlichen Außendienstmitarbeiter kann man mit Hilfe der Verteilung des Marktpotentials des bearbeite-

ten geographischen Marktes eine sinnvolle **Abgrenzung von Verkaufsgebieten** zwischen verschiedenen Verkäufern vornehmen. Dabei versucht man, für den einzelnen Verkäufer ein vom Umsatzpotential möglichst gleich großes Gebiet festzulegen, um die Einkommensmöglichkeiten für alle Verkäufer möglichst gleich zu halten. Dabei sollten Nebenbedingungen wie möglichst kurze Reisezeiten und ähnliche Arbeitsbelastung aufgrund räumlicher Entfernung der Kunden mit Berücksichtigung finden. Bzgl. der Arbeitsbelastung ist ein wesentliches Problem, dass Außendienstler in einem Gebiet mit sehr verstreuten Kunden viel mehr Aufwand für einen bestimmten Zielumsatz betreiben müssen, als solche deren Kunden in einem sehr engen räumlichen Gebiet liegen. Möglichkeiten dieses Problem zu verringern, bestehen u.a. durch das gewählte Entlohnungssystem der Verkaufsmitarbeiter.

3.4.4.3.3 Entwicklung eines Entlohnungssystems

Eine wichtige Aufgabe beim Aufbau einer Verkaufsorganisation ist die **Wahl der Erfolgsmaßstäbe**, die **Höhe der Verkaufszielvorgaben** und der **Zeitpunkt der Zahlung von erfolgsbezogenen Vergütungen.**

Es können **erfolgsabhängige oder erfolgsunabhängige Entlohnungssysteme** unterschieden werden. Bei erfolgsunabhängigen Systemen wird für alle Außendienstler ein Festgehalt gezahlt. Problem daran ist, dass es eigentlich keinen Anreiz für exzellente und vor allem strategieadäquate Verkaufsleistungen gibt. Im Verkauf sind seit einigen Jahren deshalb zunehmend **erfolgsabhängige Systeme mit einem Basisgehalt** üblich. Dabei wird ein bestimmter Prozentsatz des Zielgehalts (z.B. 70%) unabhängig vom Erfolg bezahlt und darüber hinaus gehende Vergütungen entsprechend den erbrachten Leistungen.

Entscheidend für das Verhalten der Verkäufer im Sinne des Unternehmenserfolges ist die Kopplung von Vergütungsbestandteilen an differenzierte Vertriebszielsetzungen. Für Gründungen bieten sich neben „klassischen" **Erfolgsmaßstäben** wie Umsatz- oder Absatzzahlen vor allem erzielte **Deckungsbeiträge** an, da es bei einem jungen Unternehmen aufgrund der geringen Finanzdecke letztlich darauf ankommt, möglichst rentable Aufträge zu akquirieren. Gleichfalls sollte möglichst präzise festgelegt werden, bei welchen Kunden(-gruppen) Aufträge für welche Leistungsangebote bis wann in welchem

Volumen gewonnen werden sollen. Damit wird eine strategiekonforme Ausrichtung des Verkaufs sichergestellt. Ein Beispiel für eine differenzierte Verkaufszielsetzung gibt die nachfolgende Tabelle:

Differenzierte Verkaufszielsetzungen für eine Vertriebsregion (Deckungsbeitrag (DB I) in TEUR pro Jahr)				
Leistungsangebote / Kundengruppen	Leistungs- angebot I	Leistungs- angebot II	Leistungs- angebot III	Ziel-DB Branche
Kundengruppe A (Chemie- industrie)	20	40	25	**85**
Kundengruppe B (Lebens- mittelindustrie)	15	5	10	**30**
Ziel-DB Leistungsangebot	**35**	**45**	**35**	**115** **(Gesamt-DB)**

Abb. 3-42: Differenzierte Verkaufszielsetzungen für eine Vertriebsregion

Eine derartige Differenzierung setzt jedoch eine gute Kenntnis des jeweiligen Absatzge- bietes und vor allem eine strategische Ausrichtung voraus, um einem Verkäufer genau zu erklären, warum eine derartige Verkaufsquotenverteilung zu erreichen ist. Daran an- gekoppelt kann dann bestimmt werden, wann eine Erreichung welcher Deckungsbeiträge zu welcher Vergütungserhöhung führt. Damit ist es z.B. möglich, die Verkaufsbemü- hungen auch zuerst auf die z.B. strategisch wichtige Branche der Chemieindustrie zu richten, indem die Erzielung der dort vorgegebenen Deckungsbeitragsquote besser ver- gütet wird als in der Lebensmittelindustrie.

Zu beachten ist in einem Entlohnungssystem noch die Frage des **Zahlungszeitpunktes von leistungsbezogenen Vergütungen.** Da im Industriegüterbereich häufig Projekte ü- ber Zeiträume von mehreren Jahren abgewickelt werden, muss mit den Verkaufsmitar- beitern vereinbart werden, wann eine Bezahlung von Verkaufsprovisionen erfolgt. Gera- de bei Deckungsbeiträgen als Bezugsbasis kommt es darauf an, wann ein Projekt nachkalkuliert werden kann, so dass die Provisionen zweifelsfrei zu ermitteln sind. In der Praxis behilft man sich mit Abschlagszahlungen auf die Provisionen und macht eine

Endabrechnung, sobald das Projekt abgeschlossen ist bzw. die benötigten Daten verfügbar sind.

3.4.4.3.4 Auswahl von Verkaufspersonal

Wenn nicht einer der Gründer den persönlichen Verkauf übernehmen möchte, wird mindestens ein exzellenter Verkäufer benötigt. Um die richtige Person zu finden, ist die Formulierung eines **Anforderungsprofils** auf der Grundlage einer Arbeitsplatzbeschreibung erforderlich. In dieser Arbeitsplatzbeschreibung sollte festgelegt sein, welches die wesentlichen Tätigkeiten des zukünftigen Stelleninhabers sind. Wichtige Tätigkeiten der ersten Vertriebsmitarbeiter im Außendienst einer Unternehmensgründung sind:

- Akquisition von Neukunden und Durchführung von Kundenbesuchen,

- Angebotsausarbeitung und –präsentation unter Einhaltung des Preissystems,

- Beobachtung von Konkurrenzaktivitäten,

- Präzise Dokumentation der vorgenommenen Verkaufsaktivitäten,

- Entgegennahme von Reklamationen und

- ggf. Bereitschaft und Fähigkeit zu einfachen Service- und Reparaturleistungen.

Wesentliches Kriterium für die **Auswahl von Verkäufern** ist vor allem, dass sie möglichst **in der jeweiligen Branche** der Unternehmensgründung schon **Verkaufserfolge –** vor allem bei der Neukundenakquisition und für neue, unbekannte Produkte - vorweisen können. Selbstverständlich sind eine positive Grundeinstellung, hohe Eigeninitiative, zielorientiertes Arbeiten, Disziplin und Belastbarkeit. **Gute Kenntnisse und Kontakte in der Abnehmerbranche** sind häufig wichtiger als reine Produktkenntnisse, da diese auf der Grundlage eines soliden Basiswissens (im Technischen Vertrieb normalerweise eine technische Ausbildung oder ein Studium) durch Schulungen relativ schnell vermittelt werden können. Entscheidend sind dagegen **Ausdrucks- und Argumentationsfähigkeit,** wenn es sich um anspruchsvolle Leistungsangebote handelt, deren Vorteile kompakt und einleuchtend für den Kunden erklärt werden müssen. Anhaltspunkte für die Suche und Auswahl von Verkaufsmitarbeitern gibt Weis (2000).

Oft lohnt sich die **Investition in einen „alten Vertriebshasen"** – vielleicht sogar nur als
Coach – um einen schlagkräftigen Vertrieb möglichst schnell professionell aufzubauen.
Diese älteren Vertriebsmitarbeiter suchen mitunter noch einmal die persönliche Heraus-
forderung etwas Neues aufzubauen und können durch ihre vorhandenen Kontakte viele
Türen - auch zu guten Vertriebsmitarbeitern - in der Abnehmerbranche viel leichter öff-
nen, als es die Gründer jemals schaffen würden. Allerdings ist darauf zu achten, dass der
häufig erhebliche Altersunterschied von den Gründern und den meist jüngeren Mitarbeitern einer Unternehmensgründung „kulturell" verkraftet wird. Um derartige Verkaufs-
profis zu finden, kann es sich lohnen, mittelständische Unternehmen im Umfeld der Eintrittsbranche schon im Vorfeld des Markteintritts zu beobachten und ggf. abgebautes
Vertriebspersonal direkt anzusprechen. Auch über Industrie- und Handelskammern findet man mitunter ältere Vertriebsspezialisten, die einem jungen Unternehmen mit Rat
und Tat beim Vertriebsaufbau helfen können.

3.4.4.3.5 Schulung, Führung und Kontrolle

Grundlage jeder Verkaufstätigkeit ist ein **solides Wissen über das eigene Leistungsangebot.** Im Industriegüterbereich benötigen selbst branchenerfahrene Vertriebsmitarbeiter
mit entsprechend technischem Vorwissen bis zu vier Wochen intensive Schulung, um
eine Produktpalette aus fünf anspruchsvollen Geräten im Detail zu verstehen. Dabei
muss sämtliches Wissen, dass in irgendeiner Weise verkaufsrelevant ist, für die Vertriebsmitarbeiter aufbereitet werden. Dazu gehören vor allem:

Unternehmensbezogenes Wissen: über angestrebte Unternehmensziele, Zuständigkei-
ten und Regelungen im Unternehmen, Produktpalette und anvisierte Märkte,

Leistungsangebotsspezifisches Wissen: über die Funktionsweise der Produkte, deren
Entwicklungs- und Herstellungsweise sowie über den erreichten Qualitätslevel,

Vertriebsgebietsbezogenes Wissen: über potentielle und besonders an bestimmten
Leistungsangeboten interessierte Kunden, vorhandene Kundenbeziehungen bzw. Kontakte z.B. aus Akzeptanztests des Leistungsangebotes, mögliche vorhandene Referenzkunden oder andere Vertriebs- und Servicepartner,

Konkurrenzbezogenes Wissen: über Vorteile des Leistungsangebotes im Vergleich zu Wettbewerbsprodukten und Verhaltensweisen gegenüber dem Wettbewerb,

Verkaufsgesprächsbezogenes Wissen: über wirkungsvolle Verkaufsargumente für die jeweiligen Leistungsangebote sowie Argumentationsstrategien zur Kundenüberzeugung,

Ablauforganisatorisches Wissen: über z.b. die Handhabung der Tourenplanung, der Verkaufsberichterstellung und –archivierung, der Informationspflichten, der Spesenabrechnung und des Auslagenersatzes.

Je professioneller ein junges Unternehmen dieses Wissen vermittelt, desto höher ist die Bereitschaft der neuen Verkaufsmitarbeiter, sich für das Unternehmen einzusetzen. Dazu ist von Seiten der Geschäftsführung vor allem darauf zu achten, dass anspruchsvolle aber realistische Ziele gesetzt werden, die für den einzelnen Verkaufsmitarbeiter nachvollziehbar und von den einzelnen Vertriebsmitarbeitern als akzeptabel und fair empfunden werden (Godefroid 2001, S. 302). Kein Bonus-Programm kann Glaubwürdigkeitsverluste der für den Verkauf zuständigen Führungskräfte kompensieren, wenn es um die Verkäufermotivation für die schwierigste Vertriebsaufgabe, die Neukundenakquisition, geht.

Da klare Zielsetzungen die Grundlage für eine regelmäßige Kontrolle des erzielten Akquisitionserfolges sind, ist es erforderlich, in regelmäßigen Abständen (je nach Branche und räumlicher Verteilung der Verkäufer wöchentlich bis monatlich) die erzielten Fortschritte und Vertriebsergebnisse im Verkaufsteam in Bezug auf die Einhaltung der Umsatz- und Absatzplanungen zu besprechen. Dazu hilft eine systematische Erfassung der identifizierten Neukunden mit ihrem Bedarf und den jeweiligen Verkaufschancen anfänglich z.B. in **Projektdatenblättern.**

Datenblatt zur Projektverfolgung				
Endkunde / Projekt	**Postleitzahl**	**Projekt bekannt durch...**	**Priorität**	**Erwartet**
Süß Bonbon-fabrik	46	Hannovermesse, Vermittlung Müller, Mai 1999	A-Kunde	Februar 2003
Kunden-problem	**Ausschrei-bungsdaten**	**Beteiligte**	**Wettbewerber**	**Status / Termine**
Überwachung der Produktionsmaschine	Keine Ausschreibung	Ing-Büro PLF GmbH, Herr Nieder; BSP Anlagenbau, Abtlg. EPK-4, Herr Ziese	ZSR Messtechnik	Angebot abgegeben (Kalenderwoche (KW) 50/02)
Angebotene Produkte	**Angebots-summe (EUR netto)**	**Wahrscheinlich-keit, dass Kunde überhaupt kauft**	**Wahrschein-lichkeit für Auftrag**	**Wahrscheinl. Projektumsatz (EUR)**
ZPA-Analysator	30.000	0,9	0,6	16.200
Verantwortlich	**Nächste Schritte für Auftrags-gewinn**		**Kundenhistorie**	
Herrr Zottich	1) Überzeugung Produktionsleitung (Zottich bis KW 4) 2) Klärung verfügbares Budget (Zottich, bis KW 5)		KW 50 / 02 Angebot abgegeben KW 48 / 02 Besprechung Projektleitung Messtechnik Süßbonbonfabrik	

Abb. 3-43: Datenblatt zur Projektverfolgung als Grundlage für Vertriebsbesprechungen

Ein Projektdatenblatt liefert Informationen zu:

- den jeweilig verfolgten Kunden,

- der Herkunft des Projekts (z.B. über Werbemaßnahmen oder Vertriebsakquisition),

- der Priorität der Auftragsverfolgung (A= Top-Kunde, B= Normalkunde, C = wenig interessanter Kunde),

- dem Zeitpunkt, wann der Auftrag vom Kunden vergeben werden soll („erwartet"),

- dem zu lösenden Kundenproblem,

- der Art der Auftragsvergabe (z.b. direkt oder durch öffentliche Ausschreibung),

- den an der Entscheidung beteiligten Parteien mit den relevanten Personen,

- den mitanbietenden Wettbewerbern,

- dem Status der letzten Aktion beim Kunden mit Zeitpunkt, wobei rechnergestützt eine Kundenhistorie der vergangenen Verkaufsaktivitäten verfügbar sein sollte,

- stichwortartig den angebotenen Produkten und Dienstleistungen,

- der Angebotssumme,

- den durch die bearbeitenden Vertriebsmitarbeiter geschätzten Wahrscheinlichkeiten einerseits für den Fall, dass der Kunde überhaupt kauft und dass der Auftrag an das eigene Unternehmen vergeben wird,

- dem erwarteten Projektumsatz. Dieser ergibt sich aus der Multiplikation der Angebotssumme und den beiden Wahrscheinlichkeiten für Kauf und Auftrag, so dass hierüber unter Beachtung des zeitlichen Eintreffens sowie der Realisierungs-, Liefer- und Zahlungsbedingungen eine monatliche Umsatzplanung vorgenommen werden kann. Aus dieser ist dann erkennbar, welche Projekte bei Ausbleiben oder Verschiebung für das Unternehmen liquiditätsgefährdend sind.

- dem verantwortlichen Außendienstmitarbeiter und den nächsten Schritten, die von wem bis wann für die Auftragsgewinnung abzuarbeiten sind.

- der Kundenhistorie mit allen Ereignissen, die sich bei diesem Kunden zugetragen haben. Dabei sind Vertrieb und Service gleichermaßen an der Erstellung dieser Chronologie beteiligt. Der wesentliche Vorteil einer solchen Dokumentation besteht darin, dass ein Mitarbeiter im Gespräch mit dem Kunden sämtliche Daten zu einem Projekt einsehen kann und – disziplinierte Führung der Kundenhistorie vorausgesetzt – sofort auf dem aktuellen Stand ist.

Derartige vertriebsbezogene Informationssysteme werden heute u.a. von Anbietern sogenannter CRM (Customer Relationship Management)- bzw. CAS (Computer Aided Selling)-Software in unterschiedlichsten Preisklassen angeboten. Für eine Unternehmensgründung reicht in den meisten Fällen während des ersten Jahres eine Excel-basierte Tabelle, da das wichtige die systematische und konsequente Verfolgung der Neukundenakquisition ist, die vor allem von der Kommunikation der mit Vertrieb beschäftigten Personen abhängt. Darüber hinaus können auf diese Art relativ einfach operative Verkaufsziele mit diesem Instrument festgelegt und die Einhaltung der strategischen Ziele durch die Geschäftsleitung überprüft werden. Im Vertrieb mit sehr vielen Endkunden erfordert eine solche Vorgehensweise Investitionen in anspruchsvolle Software und hohe Dokumentationsaufwendungen, um Kundenprofile zu generieren. Deshalb wird diese Form der Kundenverfolgung vor allem im Business-to-Business-Marketing und in der Zusammenarbeit mit Absatzmittlern angewendet, deren Akquisition Gegenstand des nächsten Kapitels ist.

3.4.4.4 Gewinnung von Zwischenhändlern

Stellt ein Gründer fest, dass indirekte Vertriebskanäle genutzt werden müssen, um erfolgreich die anvisierten Zielgruppen zu erreichen, sind diese Zwischenhändler für den Vertrieb des eigenen Leistungsangebotes zu gewinnen. Dann muss der Gründer entscheiden,

- mit welchen und wie vielen Vertriebspartnern,
- zu welchen Konditionen und
- welchen wechselseitigen Verpflichtungen für die Partner

er zusammenarbeiten möchte (Kotler / Bliemel 2001, S. 1089).

Art und Anzahl der Vertriebspartner: Da der Zwischenhandel heute vielfach das „Nadelöhr" für den Vertrieb von Leistungsangeboten ist, wird dieser nur dann ohne größere Zugeständnisse das Leistungsangebot des Gründungsunternehmens in das Vertriebsprogramm aufnehmen, wenn die Leistung besondere Wettbewerbsvorteile gegenüber der Konkurrenz aufweist. Deshalb ist ein **Zwischenhändler** ebenso **als Kunde aufzufassen** wie der eigentliche Käufer des Leistungsangebotes.

Da man normalerweise mit einem Zwischenhändler langfristig zusammenarbeiten möchte, kann man die **Grundsätze der Anbahnung von Kooperationen** (bmwi 2002, S. 60) für die Gewinnung von Vertriebspartnern heranziehen. Für die Akquisition eines Vertriebspartners bietet sich im Vorfeld der Kontaktaufnahme folgendes Vorgehen an:

- Erstellung eines Partnerprofils (Mindestanforderungen an einen Zwischenhändler),
- Suche nach Unternehmen, die im Vertriebsgebiet dieses Partnerprofil erfüllen könnten,
- Formulierung der angestrebten eigenen Ziele der Vertriebskooperation (z.B. angestrebte Umsatz- und Absatzzahlen aber auch Anforderungen an Service und Garantiebearbeitung),

- Formulierung der Vorteile für beide Seiten (Win-Win-Situation), z.B. Produktschulungen, Einführungskonditionen, Unterstützung bei Marketingaktionen für den Händler,

- Kontaktaufnahme mit dem anvisierten Kooperationspartner und Vorstellung des eigenen Angebotes.

Bzgl. des Partnerprofils ist u.a. zu klären, welche Leistungen der Händler übernehmen soll. Zum **Leistungsumfang** eines Zwischenhändlers gehört normalerweise die Kundenakquisition, -beratung, -betreuung und ggf. auch der Kundenservice sowie ein Großteil der physischen Warenverteilung auf Basis einer eigenen Lagerhaltung. Danach richtet es sich, welchen Formen des Einzel- und Großhandels (vom Fachgeschäft bis zum Supermarkt) das Leistungsangebot vorgestellt wird (zu Handelsbetriebsformen ausführlich Weis 2001, S. 379ff.). Weiterhin spielt die Erfahrung des Händlers mit dem Verkauf der Produktkategorie, das aktuelle Sortiment und ggf. vorhandene Konkurrenzprodukte, seine Kooperationsbereitschaft und das Image bei den Abnehmern eine wichtige Rolle für die Auswahlentscheidung.

Grundsätzlich kann sich der Anbieter einer Ware zwischen **exklusiver, selektiver und intensiver Distribution** entscheiden (Becker 2001, S. 534).

Bei **intensiver Distribution** werden alle Handelsbetriebe eingeschaltet, die überhaupt in Frage kommen, um eine Überallerhältlichkeit des Produktes (z.B. bei Massengütern) zu erreichen.

Exklusive Distribution setzt auf ausgewählte Distributionspartner, die in einer Region das alleinige Recht haben, ein Leistungsangebot zu vertreiben. Als Gegenleistung darf der Händler meist kein Konkurrenzprodukt im Angebot führen. Dieses ist z.B. bei hochwertiger Bekleidung der Fall, wo die entsprechende Marke nur in ausgewählten Geschäften erhältlich ist. Durch exklusive Distribution kann tendenziell das Produktimage verbessert werden und für den Zwischenhändler sind größere Handelsspannen möglich.

Selektive Distribution steht zwischen intensiver und exklusiver Distribution und konzentriert sich darauf, nur solche Zwischenhändler zu gewinnen, die über bestimmte

Merkmale (z.B. eine adäquate Serviceabteilung) verfügen. Dadurch soll ein gewisser Qualitätsstandard sichergestellt werden, ohne Exklusivitätsrechte zu vergeben.

Die Entscheidung, welche Handelsbetriebe eine Distribution übernehmen sollen, ist von der angestrebten Strategie aber vor allem von der Machtstellung des Handelsunternehmens gegenüber dem Gründungsunternehmen abhängig. Viele Unternehmensgründer können sich glücklich schätzen, wenn ihre Leistungsangebote von Handelskonzernen gelistet werden, so dass den mitunter sehr harten Konditionen ein hoher zukünftiger Umsatz gegenübersteht. Zeigt ein Handelsbetrieb Kooperationsbereitschaft und möchte das Leistungsangebot der Neugründung in das Sortiment übernehmen, dann kommt der Festlegung der Konditionen und sonstigen gegenseitigen Rechten und Pflichten entscheidende Bedeutung zu. Grundlage hierfür ist ein **Distributionsvertrag**, der vor allem festlegt,

- welche Produkte vom Zwischenhändler,
- in welchem Gebiet (exklusiv oder nicht exklusiv),
- an welche Kunden,
- mit welchen Margen, Rabattkonditionen, Liefer- und Zahlungsbedingungen,
- bei welchen Nebenleistungen (u.a. Werbekostenzuschuss des Herstellers, Servicepauschale für Reparaturübernahme, Durchführung von Marktforschung)

verkauft werden.

Im Prinzip handelt es sich bei der Zusammenarbeit mit einem Zwischenhändler um einen **Vertrag mit einem Schlüsselkunden**, wobei das Hauptproblem aus Sicht des Gründungsunternehmens die Erreichung eines strategiekonformen Verhaltens in Hinblick auf Preissetzung und Vertriebsaktivitäten des Zwischenhändlers ist. Umso mehr kommt es nach dem Abschluss eines Distributionsvertrages auf die **Einhaltung der Zusagen** und eine **gute Betreuung der Vertriebspartner durch Schlüsselpersonen** des Gründungsunternehmens an. Dieses gilt besonders bei auftretenden Reklamationsfällen, bei denen viel gegenseitiges Vertrauen durch unsensible Vorgehensweise zerstört werden kann. Die Qualität einer Beziehung macht sich vor allem an der schnellen Bewältigung von Problemen z.B. mit Endkunden fest. Für die meisten Zwischenhändler sind deshalb vor allem die Lieferanten interessant, die möglichst wenig Probleme verursachen und die

Abwicklungskosten von Geschäften möglichst klein halten. Dieses ist fast immer dann der Fall, wenn qualitativ die Erwartungen des Handels erfüllende Leistungsangebote zu branchenüblichen Margen bei hoher Zuverlässigkeit des Herstellers einfach an den Endkunden verkauft werden können. Die Unternehmensgründung muss also erreichen, von den Zwischenhändlern genauso als kompetenter Partner wahrgenommen zu werden wie von ihren Endkunden.

3.4.4.5 Absatz-Logistik

Nach Kotler / Bliemel (2001, S. 1167) versteht man unter der Warenlogistik die Prognose, Planung, Durchführung und Kontrolle der physischen Bewegung von Materialien und Endprodukten vom Ursprungs- zum Verwendungsort, um den Bedarf des Kunden gewinnbringend zu befriedigen. Die dazugehörenden Aktivitäten sind in folgendem Schaubild dargestellt.

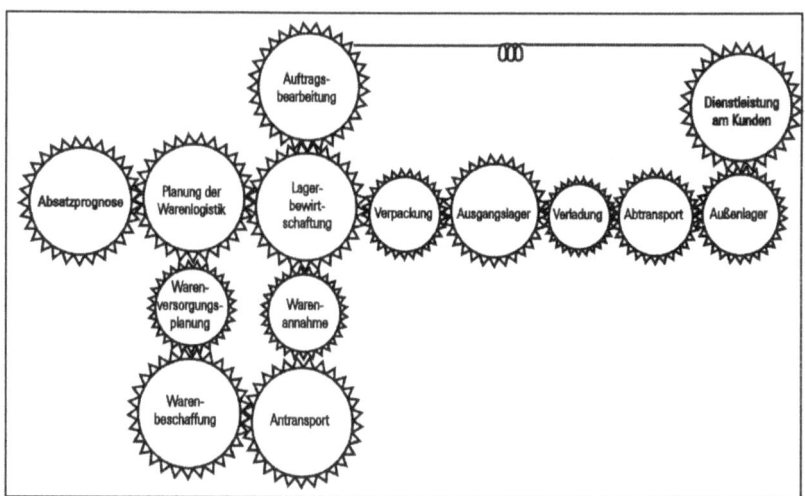

Abb. 3-44: Teilaufgaben der Warenlogistik (Kotler / Bliemel 2001, S. 1168)

Diese Aktivitäten haben in den letzten Jahren besonders deshalb eine hohe Bedeutung erlangt, weil 10-30% der Kosten auf den Logistikbereich zurückzuführen sind (Weis 2001, S. 403). Das hat die Warenlogistik besonders unter dem Aspekt der **Entwicklung**

von Wettbewerbsvorteilen interessant gemacht. Z.B. hat der Gründer von Federal Express, der größten Übernacht-Spedition der USA, seine Geschäftsidee auf der Verbesserung der Logistikkette aufgebaut und inzwischen haben sogenannte Systemlogistik-Unternehmen erhebliche Wachstumsraten erzielt, in dem sie spezielle Logistikdienstleistungen zusätzlich zum reinen Transport von Leistungen anbieten. Für Gründer aber auch für jedes andere Unternehmen stellt sich „nur" die Frage, wie das richtige Produkt zur gewünschten Zeit bei geringst möglichen Kosten zum gewünschten Ort gelangt. Das Ziel ist ein **höchstmögliches Serviceniveau** für Endkunden und Zwischenhändler in Hinblick auf **Lieferbereitschaft, Lieferzeit und Lieferzuverlässigkeit** (Becker 2001, S. 557). Dabei sind folgende Fragen im Gründungsunternehmen zu klären (Kotler / Bliemel 2001, S. 1175):

– Wie gestaltet sich der Prozess der Auftragsabwicklung, so dass dieser in kürzestmöglicher Zeit abgearbeitet werden kann?

– Wenn Lager errichtet werden müssen, wo sollen diese Lager eingerichtet werden und wie hoch sollen eventuelle Lagerbestände sein?

– Wie erfolgt die Belieferung des Kunden (Eigen- oder Fremdbelieferung)?

Prozess der Auftragsabwicklung: Da in einem Gründungsunternehmen nicht auf vorhandene Prozesse eines etablierten Unternehmens Rücksicht genommen werden muss, kann der Prozess der Auftragsabwicklung idealtypisch aufgebaut werden. Erfahrungsgemäß vernachlässigen viele Gründer die Entwicklung von Prozessabläufen in ihrem Unternehmen. In jeder Unternehmensgründung sollte deshalb eine Person die internen Abläufe konzipieren, aufeinander abstimmen, dokumentieren und damit für eine funktionsfähige Prozessorganisation sorgen. Sinnvoll lässt sich dieses Problem nur durch ein **Design der Abwicklungsprozesse** vor Geschäftsbeginn lösen, in dem die Verantwortlichen die Details der Auftragsabwicklung Prozessschritt für Prozessschritt analysieren und dokumentieren. Anschließend können dann auch die während des Prozesses entstehenden Dokumente im vorhandenen EDV-System entworfen werden. Zu diesen Dokumenten gehören u.a. die Kundengesprächsnotiz, das Angebot mit Allgemeinen Geschäftsbedingungen, Auftragsbestätigung, Produktionsauftrag, Warenbestellungen von Vorprodukten, Fertigmeldung, Lieferschein, Speditionsbestellung, Rechnung sowie

Mahnung in den entsprechenden Mahnstufen. Diese Arbeit erfordert pro Kernprozess eines Gründungsunternehmens ungefähr einen Arbeitstag. Sie rentiert sich jedoch schnell durch eine erheblich verbesserte Prozessorganisation in Form von Zeitgewinn und weit geringeren Fehlerquoten. Speziell im Handel und bei produzierenden Unternehmen kommt **edv-gestützten Warenwirtschaftssystemen** eine hohe Bedeutung zu, mit denen sowohl der Warenein- als auch –ausgang sowie die Disposition von zu bestellenden Einzelteilen als auch das eigentliche Bestellwesen mit der Bestellschreibung erledigt werden kann. Für eine Unternehmensgründung geht es ab einem gewissen Zeitpunkt um die Anschaffung einer einfachen aber leistungsfähigen Unternehmenssoftware (Enterprise Resource Planning-System), die mit den zukünftigen Anforderungen einer Expansion mitwächst und nicht nach einem Jahr Geschäftstätigkeit ausgetauscht werden muss.

Lagerhaltung: Die Frage der Lagerung von Produkten ist immer auch eine Frage der im Lager gebundenen Kapitalkosten. Deswegen ist bei einer Neugründung aufgrund der meist geringen Kapitaldecke besonders darauf zu achten, dass **möglichst keine oder kleine Lager** aufgebaut werden. Ideal ist ein Built-to-Order-System wie beim schon angesprochenen Computerbauer Dell, wo das Lager prinzipiell vom Zulieferer unterhalten wird und Dell nur auf Abruf Waren erhält. Das bedeutet, dass erst nach dem Auftragserhalt produziert wird, was jedoch bei kurzen Lieferfristen problematisch werden kann. Aus der Perspektive einer Unternehmensgründung, die im Normalfall in der Anfangszeit noch über keine Lagerstrukturen mit Zentral-, Regional- und Auslieferungslagern vor Ort verfügt, kommt es zuerst darauf an, das **Bestellverhalten der Kunden und Zwischenhändler** möglichst schnell kennen zu lernen und vor allem saisonale und branchenspezifische **Nachfragespitzen** zu berücksichtigen. Dazu muss der zwischen **Lagerkosten und Lieferbereitschaft** bestehende **Zielkonflikt** gelöst werden. Meist entscheiden sich Gründer zugunsten der Lieferbereitschaft, da besonders in der Frühentwicklungsphase Lieferschwierigkeiten die Geschäftsbeziehung mit dem Handel oder Endkunden stark belasten können. Deshalb werden häufig **Mindestbestände für kritische Teile** eingeführt, die zwar erhöhte Lagerkosten mit sich bringen, jedoch weitgehende Lieferbereitschaft garantieren.

Kundenbelieferung: Ein in den meisten Fällen relativ leicht zu lösendes Problem ist die Wahl der geeigneten Transportmittel für die Belieferung des Kunden. Jedoch müssen auch hierfür zuerst die Anforderungen der Kunden bekannt sein, bevor zwischen **Eigen- und Fremdtransport** entschieden wird. Neben Kostengesichtspunkten sind auch Transportzeit, -häufigkeit, -qualität und Flexibilität als Entscheidungskriterien zu berücksichtigen (Homburg / Krohmer 2003, S. 756). Da einfache Tourenplanungssoftware schon für wenig Geld zu erhalten ist, lohnt sich der Einsatz schon relativ schnell, wobei zusätzlich die Software auch von Verkäufern für ihre Verkaufsroutenplanung eingesetzt werden kann.

3.4.5   Kommunikationspolitik

Kommunikationspolitik ist das „**Sprachrohr des Marketing**" und umfasst die **Basisinstrumente Werbung** (incl. Direktwerbung), **Verkaufsförderung** (Sales Promotion) und **Öffentlichkeitsarbeit** (Public Relation) (Becker 2001, S. 565). Zusätzlich gibt es neuere Kommunikationsinstrumente wie **Sponsoring, Event- und Online-Marketing**, die vor allem für junge Unternehmen im letzten Jahrzehnt hohe Bedeutung erlangt haben. Im **Kommunikations-Mix** gilt es, die verschiedenen Kommunikationsinstrumente so zusammenzufügen, dass die Marketingziele bestmöglich erreicht werden.

3.4.5.1   Anforderungen an Gründungskommunikation

Die vergleichsweise geringen Finanzmittel von Gründungsunternehmen sind oft auch das wesentliche Hindernis für einen schnellen Markterfolg. Man führe sich vor Augen, dass die **Kommunikationsaufwendungen für Markteinführungen** von Neuprodukten in vielen Branchen heute das **3- bis 10-fache der Entwicklungskosten** betragen. Verfügt man nicht über diese Mittel kommt der Effizienz der gewählten Kommunikationsmaßnahmen höchste Bedeutung zu. Um diese Kosten-Nutzen-Relation bestmöglich zu gestalten, sind einige Anforderungen an die Kommunikationspolitik hervorzuheben, die bei geringen Finanzmitteln besondere Bedeutung haben:

Hohe Zielgruppengenauigkeit: Die Kommunikationsmaßnahmen müssen die Zielgruppe mit möglichst wenig Streuverlusten treffen, d.h. es werden mit den gewählten Kommunikationsmaßnahmen überproportional viele bzw. im Idealfall nur Personen der Zielgruppe angesprochen. Das ist z.B. dann der Fall, wenn ein Gründer eines Kinderspielzeugladens direkt vor der Kindertagesstätte an die vorbeigehenden Eltern mit Kindern Informationen über neue Spielzeuge verteilt.

Hohe Aufnahmebereitschaft der Zielgruppe in der Kommunikationssituation für die Botschaft: Der Gründer muss Situationen für seine Kommunikation auswählen, in der die Zielgruppe die Werbebotschaft möglichst aufgeschlossen und interessiert aufnimmt. Dazu folgendes Beispiel aus Levison / Godin (2000, S. 142):

„Ein **Makler** in Kalifornien händigt an der Mautstelle zusätzlich drei Dollar und eine Visitenkarte aus, wenn er die Brücke vom exklusiven Landkreis Marin nach San Francisco überquert. "Ich zahle auch für den Wagen hinter mir. Geben Sie dies dem Fahrer." In neun von 10 Fällen ruft der andere Fahrer an, wenigstens, um sich zu bedanken. Unter dem Strich hat er mehrere teure Häuser verkauft und bei einer Provision von 6 % kann er es sich leisten, täglich die Brücke mehrfach in beiden Richtungen zu überqueren, in dem er sich vor Autos der Marken BMW, Cadillac und Mercedes setzt."

Für den Gründer des Kinderspielzeugladens läge eine ähnliche Situation vor, wenn er mit einer Kindertagesstätte vereinbart, regelmäßige Spieletage mit Eltern und Mitarbeitern durchzuführen, in denen neue pädagogisch wertvolle Spielzeuge vorgestellt werden. Diese Situation ist keine typische Verkaufssituation aber trotzdem zur Generierung von Verkäufen und vor allem zur Knüpfung von Kundenkontakten gut geeignet.

Vom Unternehmen beeinflussbare und einfache Wiederholbarkeit der Kommunikation: Da Menschen vor allem durch Wiederholung lernen und nicht jeder beim ersten Werbekontakt sofort kauft, ist entscheidend, dass die gewählten Kommunikationsmaßnahmen problemlos wiederholt werden können. Es kann z.B. sehr erfolgreich sein, seine Leistungsangebote auf einer alle drei Jahre für die Zielgruppe stattfindenden Messe zu präsentieren, jedoch kann eine derartige Veranstaltung nur eine Ergänzung im Kommunikations-Mix sein, da das Ereignis vom Unternehmen selbst nicht beeinflusst werden kann. Deshalb müssen Kommunikationsmaßnahmen gefunden werden, die aktiv vom Unternehmen bei Bedarf einsetzbar sind und auch bei regelmäßiger Anwendung möglichst keinen Abnutzungserscheinungen unterliegen.

Möglichst einfache Messbarkeit des Kommunikationserfolges: Für Gründer ist es besonders entscheidend schnell festzustellen, ob eine Werbemaßnahme zu einem Absatzerfolg führte. Deshalb muss der Kommunikationserfolg mit einfachen Mitteln mess- und damit überprüfbar sein. Beispielsweise ist die Erfolgsquote von Direktwerbemaßnahmen (z.B. Mailings) viel leichter überprüfbar als die einer Anzeigekampagne.

Für Gründer bilden die genannten Anforderungen eine **Leitlinie**, um für ihr Unternehmen einen möglichst einfach zu realisierenden und dabei möglichst effizienten Kommunikations-Mix zu entwickeln.

3.4.5.2 Planungsprozess eines Kommunikations-Mix

Die für die Entwicklung eines wirksamen Kommunikations-Mixes für Gründungsunternehmen erforderlichen Schritte sind in Anlehnung an Kotler / Bliemel (2001, S. 887), Becker (2001, S. 567) und Homburg / Krohmer (2003, S. 622) in der nachfolgenden Abbildung dargestellt:

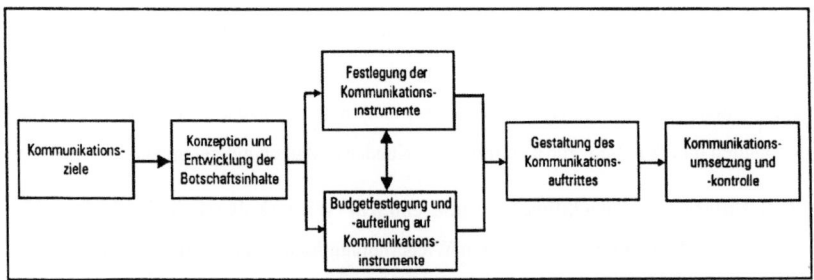

Abb. 3-45: Planungsschritte zur Erstellung eines Kommunikations-Mix

Ausgangspunkt ist die **Entwicklung von Kommunikationszielen** aus den Marketingzielen des Unternehmens. Durch Ableitung der Kommunikationsaufgabe aus der schon formulierten Marketingstrategie kann die Kenntnis der angesprochenen Zielgruppen sowie die angestrebte Wettbewerbspositionierung in Hinblick auf Wettbewerbsvorteile und den Markteintrittszeitpunkt als bekannt vorausgesetzt werden. Der zweite Schritt ist die **Entwicklung der Botschaftsinhalte**, so dass für die **Festlegung der Kommunikationswege** eindeutig definiert ist, was kommuniziert werden soll. Bei der Auswahl der Kommunikationswege wird überlegt, welche Instrumente wie Werbung, Öffentlichkeitsarbeit, Verkaufsförderung oder neue Kommunikationsformen (z.b. Sponsoring, Online-Marketing) am besten geeignet sind, die Botschaft zu transportieren. Anschließend wird unter der Maßgabe der zu erreichenden Kommunikationsziele eine **Budgetfestlegung und -aufteilung auf die gewählten Kommunikationsinstrumente** vorgenommen. Dann findet die **Gestaltung des Kommunikationsauftrittes** ggf. unter Hinzuziehung von Kommunikationsdienstleistern statt, um nachfolgend die **Umsetzung des Kommunikationsauftrittes** und eine **Erfolgskontrolle** vorzunehmen.

3.4.5.3 Entwicklung von Kommunikationszielen

Für Unternehmensgründer besteht das zentrale kommunikationspolitische Ziel in der **Bekanntmachung** des neuen Unternehmens mit seinem Leistungsangebot bei den Zielkunden. Damit verbunden ist die **Vermittlung eines Vorstellungsbildes** (Image) von Leistungsangebot und Unternehmen, das dazu geeignet ist, möglichst schnell **Erstkäufe** zu stimulieren. Für kleine Unternehmen ist in den meisten Fällen eine Messung des erreichten Bekanntheitsgrades in der Zielgruppe aufgrund des damit verbundenen Aufwandes kaum zu realisieren. Man kann sich deswegen häufig nur **inputseitige Ziele** setzen, also z.B. die Information einer bestimmten Anzahl von potentiellen Kunden in einem bestimmten Zeitraum.

Aus demselben Grund muss man auch auf die Bestimmung von erreichten **Imagepositionen** aufgrund des dafür erforderlichen Befragungs- und damit Kostenaufwandes fast immer verzichten. Auch hier ist es aus demselben Grund bestenfalls möglich, kommunikative Ziele in Hinblick auf zu kommunizierende Eigenschaften festzulegen. Beispielsweise kann man einen Unternehmensauftritt mit Logo und Schriftart sowie Internetseite nach gewissen Anforderungen (z.B. „frisches und lebendiges Aussehen") gestalten (las-

sen). Die repräsentative Überprüfung, ob dieser Auftritt auch vom Kunden so wahrge-
nommen wird, bleibt aber für Gründer fast immer unmöglich. Im Gegensatz zu Großun-
ternehmen, die Millionenbeträge für den Imageaufbau und die Messung der erreichten
Imageposition verwenden können (s. die Imagekampagne zur Einführung des Namens
„Eon" für über 20 Mio EUR), kommt dagegen der **Umsetzung der kommunikativen
Maßnahmen in zählbare Verkaufserfolge** bei einem Gründungsunternehmen aufgrund
der geringeren Finanzdecke eine weitaus höhere Bedeutung zu. Marketing-
Kommmunikation für Gründer muss sich also möglichst **sofort** „rechnen".

Zwischen dem gewünschten Ergebnis „Kauf eines Leistungsangebotes" und dem Erst-
kontakt (Kenntnisnahme vom Angebot) steht ein bestimmter Wirkungsprozess. Dieser
verläuft bei neuen Leistungsangeboten in Anlehnung an Rogers (1962) auf mehreren
Stufen und korrespondiert mit den Kommunikationszielen.

Verlauf der Kommunikationswirkung bei neuen Leistungsangeboten				
Ebene	**Wahrneh-mungsebene**	**Gefühlsebene**		**Handlungsebene**
Stufen	Kenntnisnahme	Interesse	Beurteilung	Versuch	Kauf (Über-nahme)
Kommuni-kationsziel	Bekanntheit	Einstellungs- / Imagebildung	Präferenz-bildung	Probier- / Erstkauf

Abb. 3-46: Verlauf der Kommunikationswirkung bei neuen Leistungsangeboten

Ein bestimmter Prozentsatz der Zielgruppe wird also nach Kenntnisnahme vom Leistungsangebot dafür Interesse entwickeln, von den Vorteilen überzeugt werden (positive
Beurteilung), dann ggf. das Leistungsangebot ausprobieren wollen (z.B. wenn ein hohes
wahrgenommenes Kaufrisiko besteht), bevor es endgültig gekauft wird.

Hat man markterfolgs- und marktpotentialbezogene Marketingziele formuliert (siehe das
hier verwendete Beispiel aus dem Kapitel „Marketingziele"), kann man diese entsprechend des Verlaufes der Kommunikationswirkung anordnen. Aus dem Oberziel der
Kommunikationspolitik der Gründer „Entwicklung und Umsetzung einer Markteinfüh-

rungskampagne für das Leistungsangebot des Unternehmens im ersten Halbjahr des Geschäftsjahres" lassen sich dann folgende Unterziele ableiten.

Beispielhafte Zielsetzungen der Kommunikationspolitik für eine Softwareneueinführung

Wahrnehmungsebene	Gefühlsebene	Handlungsebene	
Bekanntheit	Einstellungs- / Image- / Präferenzbildung	Probier- / Erstkauf	
Information aller Forschungs- und Entwicklungsleiter aus Unternehmen der relevanten Marktsegmente mit mehr als 500 Mitarbeitern in den ersten drei Einführungsmonaten	Vermittlung der Produktvorteile „Höhere Integrationsfähigkeit der Software", „bessere Bedienbarkeit" sowie „Herstellerkompetenz"	Anforderung und Test einer Demo-Softwareversion durch 30% aller kontaktierten Unternehmen der Zielgruppe in den ersten sechs Einführungsmonaten	Gewinnung von 50 Neukunden in den Marktsegmenten: Chemie (70% = 35 Kunden), Petrochemie (20% = 10 Kunden), Pharmazeutik (10% = 5 Kunden) in Deutschland im ersten Geschäftsjahr

Abb. 3-47: Beispielhafte Zielsetzungen der Kommunikationspolitik

Dieser angestrebte Kommunikationserfolg auf den verschiedenen Wirkungsstufen des Kommunikationsprozesses hängt von einer Vielzahl von Einflussgrößen ab, wie z.B.

- der möglichst **vollständigen Erreichung der Zielgruppe** durch die Kommunikationsmaßnahmen,

- der **Qualität der Werbebotschaft** zur Darlegung der Vorteilhaftigkeit von Unternehmen und Leistungsangebot,

- dem **Überbringer der Werbebotschaft** (persönlicher oder medialer Kommunikationsweg),

- der **Kommunikationssituation**, in der eine Wahrnehmung der Werbebotschaft erfolgt,

- der **Wiederholungshäufigkeit der Werbebotschaft** sowie

- der Abstimmung und dadurch den entstehenden Synergien zwischen den eingesetzten Kommunikationsinstrumenten (**Integrationsgrad der Kommunikation**).

Für die Erreichung der Kommunikationsziele mit Maßnahmen der Kommunikationspolitik ist es zuerst einmal erforderlich, die Kommunikationsbotschaft zu formulieren.

3.4.5.4 Entwicklung des Botschaftsinhaltes

Für die Qualität einer Kommunikation ist die Formulierung der zu kommunizierenden Botschaft („Message") für die in der Marketingstrategie festgelegte Zielgruppe entscheidend. Jeder Kommunizierende sollte sich deshalb besonders gut überlegen, **was** er **inhaltlich** seiner Zielgruppe übermitteln möchte. Grundlage des Botschaftsinhalts ist die in der Wettbewerbsstrategie formulierte Positionierung (s. Kapitel Wettbewerbsstrategie) von Unternehmen und Leistungsangebot.

Aus der Gründerperspektive ist bei der Botschaftsgestaltung deshalb zu überlegen, ob der **Schwerpunkt der Kommunikation** inhaltlich auf dem **Unternehmen oder** dem **Leistungsangebot (Wahl des Kommunikationsobjektes)** liegen soll. In manchen Branchen wie z.B. im Verlagsgeschäft werden überwiegend Buchtitel und Autoren (also Leistungsangebote) und weniger der sie herausgebende Verlag hervorgehoben. Bei Unternehmensberatungen steht aufgrund der Immaterialität der Dienstleistung dagegen nicht das konkrete Leistungsangebot (z.B. die spezielle Personalberatung) im Vordergrund, sondern die Vermittlung der besonderen Kompetenz des Unternehmens zur Schaffung von Kundenvertrauen.

Entscheidet man sich für eine Kommunikation der Unternehmenseigenschaften steht im Zentrum der Botschaftsgestaltung die Vermittlung der sogenannten **Corporate Identity**. Darunter versteht man ein einheitliches, prägnantes Erscheinungsbild des Unternehmens (zur Gestaltung einer Corporate Identity siehe auch Birkigt / Stadler / Funk 1995). Ziel ist die Vermittlung der besonderen **Eigenschaften des Unternehmens**, die sich aus der Mission und den Grundsätzen des Unternehmens ableiten lassen. Diese Eigenschaften, die den Unterschied zwischen dem Gründungsunternehmen und Konkurrenzunternehmen ausmachen, bilden dann den Inhalt der Botschaft. Ein typisches Beispiel für Unternehmenskommunikation war der Slogan der neu aufgebauten Advance Bank „Direkt besser beraten", der für die spezifische Beratungskompetenz einer Online-Bank stand.

Bilden die **eigenen Leistungsangebote** den Schwerpunkt der Botschaft werden der sich ebenfalls aus der Marketingstrategie ableitende spezifische Produktnutzen oder ein einzigartiger Wettbewerbsvorteil des Leistungsangebotes kommunikativ herausgestellt. Beispielsweise stand im Zentrum der Kommunikation bei der schon erwähnten Polaroid-Kamera die besondere Leistung des Sofortbildes.

Anforderungen an die Aussagen einer Botschaft sind nach Kotler (1999, S. 716):

- **Aussagekräftigkeit**: d.h., die Botschaft sollte den für die Zielgruppe interessanten Nutzen (Consumer Benefit) verdeutlichen,

- **Differenzierungsfähigkeit**: d.h., die Botschaft muss Unterschiede zwischen den Angeboten für die Zielgruppe erkennbar machen (Reason Why),

- **Glaubwürdigkeit**: d.h., der Absender der Botschaft muss als seriös durch die Zielgruppe wahrgenommen werden.

Gerade wenn ein Gründer mit einer Werbeagentur zusammenarbeitet, ist die inhaltliche Formulierung der Botschaft neben der Definition der Zielgruppe und dem verfügbaren Kommunikationsbudget die entscheidende Information, die von der Agentur benötigt wird, um eine kreative Umsetzung zu realisieren.

3.4.5.5 Kommunikationsinstrumente

Neben dem schon angesprochenen persönlichen Verkauf (z.B. durch Präsentation oder ein Telefongespräch) gibt es eine Vielzahl von Kommunikationsinstrumenten, die für die Kommunikation der Botschaft an die Zielgruppe eingesetzt werden können. Die **Basisinstrumente** sind **Werbung (incl. Direktwerbung), Verkaufsförderung** (Sales Promotion) und **Öffentlichkeitsarbeit** (Public Relation) (Becker 2001, S. 565). Diese Basisinstrumente werden erweitert durch z.T. neuere Formen wie **Sponsoring, Messen- / Event- sowie Online-Marketing**. An dieser Stelle soll nur ein Überblick über die wesentlichen Inhalte der verschiedenen Kommunikationsinstrumente gegeben werden. Detaillierte Ausführungen finden sich bei Bruhn (2003) und Pepels (1997).

Werbung unterteilt man in Direktwerbung und klassische Mediawerbung. Werbeträger klassischer **Mediawerbung** sind Printmedien (Zeitungen, Zeitschriften), das Fernsehen, Kino, Hörfunk sowie Außenwerbung (z.B. Plakatwerbung). **Direktwerbung** umfasst alle Formen der direkten, individuellen Ansprache von Zielgruppen (z.B. Werbebriefe, Telefonmarketing, e-mail-Newsletter). In jedem Medium gibt es zumeist eine Vielzahl einsetzbarer **Werbemittel**.

Werbeträger und Werbemittel	
Werbeträger	Dazugehörende Werbemittel
Zeitungen und Zeitschriften, Anzeigenblätter	Anzeige mit und ohne Coupon, Beilagen, Beihefter, Warenproben u.v.m.
Plakatanschlagstellen	Plakate
Fernsehen	TV-Spots, Werbesendungen (z.b. Glücksrad), Dauerwerbesendungen (z.b. Sell Direct), Laufbandwerbung u.v.m.
Hörfunk	Hörfunk-Spot
Direktwerbung	Werbebrief, Telefon, Warensendung, Werbebanner, SMS (Short Messaging Service) oder MMS (Multimedia Messaging Service, E-Mail, Homepage u.v.m.

Abb. 3-48: Werbeträger und Werbemittel

Verkaufsförderung (Promotion) verfolgt als Ziel die unmittelbare Unterstützung des Verkaufs der Leistungsangebote, wobei im Zentrum die Leistungsfähigkeit der angebotenen Produkte und Dienstleistungen steht. Durch Verkaufsförderung wird kurzfristig der Zielgruppe ein Zusatznutzen offeriert, der zum Kauf anregen soll. Man unterscheidet drei Formen von Verkaufsförderung: Verkäufer-, Händler und Verbraucherpromotion.

Verkäuferpromotion dient bei etablierten Unternehmen der Motivation des eigenen Außendienstes z.b. für den Verkauf eines neuen Produktes. Angesichts der hohen Motivation der (wenigen) Verkäufer in Gründungsunternehmen geht es hier vor allem um eine entsprechende Vorbereitung der Verkäufer auf die Verkaufsaufgabe. Dazu gehören entsprechendes Präsentationsmaterial wie Broschüren, Prospekte sowie Eröffnungs- oder Einführungsveranstaltungen.

Händlerpromotion zielt einerseits auf „Hineinverkaufsmaßnahmen", um einen Platz im Handelsregal zu erhalten. Neben Informations- und Schulungsangeboten für das Handelspersonal sind Einführungsangebote, Listungsgelder sowie Unterstützung bei der Einführungswerbung des Handels oftmals erforderlich. Dieses muss jedoch für einen erfolgreichen Verkauf an den Endkunden mit Maßnahmen zur Verbraucherpromotion kombiniert werden.

Verbraucherpromotion umfasst eine Vielzahl von Maßnahmen wie Produktproben oder Vorführgeräte, Coupons und Gutscheine, Einführungs- oder Sonderpreispackungen, Zusatzausstattungen zum Einführungspreis, Gewinnspiele, Kundenwettbewerbe und Werbegeschenke.

Öffentlichkeitsarbeit zielt im Gegensatz zu Werbung und Verkaufsförderung auf die mittel- und langfristig orientierte **Entwicklung von Beziehungen** zu den sogenannten Stakeholdern (Bezugsgruppen) des Unternehmens. Dabei wird zwischen internen Bezugsgruppen wie z.B. Mitarbeitern und Kapitalgebern und externen **Bezugsgruppen** wie z.B. Kunden, Lieferanten, Wettbewerbern und staatlichen Institutionen unterschieden. Als Instrumente der Öffentlichkeitsarbeit kommen speziell für Gründungsunternehmen Eröffnungsfeiern z.B. von Handelsgeschäften, Ausrichtung von Seminaren und Fachtagungen sowie - entsprechende Beziehungen in die Medien vorausgesetzt - Pressemitteilungen und –konferenzen in Frage. Eine zwischen Werbung und Öffentlichkeitsarbeit stehende Form ist die **Produkt-PR**, die vor allem im Business-to-Business-Marketing zur Ankündigung von Neuprodukten Verwendung findet. Dabei werden Berichte über neu vorgestellte Leistungsangebote in den Fachmedien im redaktionellen Teil veröffentlicht. Diese Berichte basieren auf vorbereiteten Texten der Hersteller und werden durch die Fachredakteure geringfügig modifiziert. Derartige Kurzberichte haben eine erheblich höhere Reaktion der Zielgruppe zur Folge als Anzeigen vergleichbarer Größe und sind kostenlos bzw. mit vergleichsweise geringen Kosten im Vergleich zu Anzeigen verbunden. Sie erscheinen regelmäßig unter Überschriften wie „Aus der Industrie" oder „Neue Produkte" bzw. schwerpunktmäßig als Vor- und Nachmessebericht sowie als Messesonderheft.

Über Werbung, Verkaufsförderung und Öffentlichkeitsarbeit hinaus gibt es noch **weitere Kommunikationsinstrumente**, die erhebliche Bedeutung besitzen oder in den letzten

Jahren erheblich dazu gewonnen haben. Besonders im Business-to-Business-Bereich
spielen **Messen** für die Präsentation von Unternehmen und ihrem Leistungsprogramm
eine erhebliche Rolle. Das Interesse der Kunden reicht von der Verschaffung eines ersten Angebotsüberblicks über die Möglichkeit, Produkte auszuprobieren oder demonstriert zu bekommen bis zur Pflege von Geschäftskontakten. Während es sich bei Messen
um Veranstaltungen mit stärkerem Informationscharakter handelt, tendieren viele Unternehmen vor allem im Endkundenmarketing zur erlebnisorientierten Inszenierung von
Produkt und Unternehmen in Form von **Events**. Events sind häufig im Gegensatz zu
Messen Eigenveranstaltungen, die der Hersteller zur Inszenierung seiner Leistungsfähigkeit konzipiert und selbst oder in Zusammenarbeit mit einer Eventagentur durchführen
lässt. Auf Events besteht die Möglichkeit, persönlich mit der Zielgruppe in einer unge-
zwungenen Athmosphäre Kontakt aufzunehmen, wobei den Teilnehmern häufig das Gefühl vermittelt wird, Teil einer besonders exklusiven Veranstaltung zu sein. Ziel ist der
Aufbau oder die Steigerung von emotionaler Verbundenheit mit Unternehmen und Leistungsangebot. Manche Events werden vor allem kreiert um Aufmerksamkeit zu erzielen.
Eine der erfolgreichsten Neugründungen der 90er Jahre, die „bruno banani underwear
gmbH", inszenierte z.B. den ersten Wäschetest im Weltall, durchgeführt von Astronau-
ten der russischen Weltraumstation MIR.

Eng mit Eventmarketing verknüpft ist das **Sponsoring** von Personen oder Organisationen in den Bereichen Sport, Kultur, Soziales, Umwelt oder Medien, wobei das Unternehmen eine Gegenleistung in Form von Zielgruppenkontakten, also eines Beitrags zur
Erreichung der Kommunikationsziele erhält (Bruhn 2003). Sponsoring dient hauptsäch-
lich zur Steigerung des Bekanntheitsgrades, Aufbau bzw. Veränderung eines Unternehmensimages und ggf. zur Mitarbeitermotivation (Kuß 2000, S. 237). Entscheidend für
den Erfolg derartiger Aktivitäten ist eine möglichst hohe Übereinstimmung der Zielgruppe der Veranstaltung mit der eigenen Kundenzielgruppe und die Konsistenz zwischen Sponsorobjekt und angestrebtem Produkt- bzw. Unternehmensimage (Homburg /
Krohmer 2003, S. 664).

Online-Marketing ist die Werbeform mit der höchsten Zuwachsrate in den letzten Jahren. Durch die inzwischen möglichen hohen Datenübertragungsraten sind der multimedialen Kommunikation (fast) keine Grenzen gesetzt. Neben der eigenen Website haben in den letzten Jahren vor allem die Platzierung von Werbebannern und das e-mail-Marketing einen erheblichen Aufschwung erlebt. Werbebanner wirken wie Plakate auf den Websites der meistbesuchten Netzknotenpunkte (z.b. Suchmaschinen oder Internetportale). Neben bezahlten Werbebannern sind gerade für junge Unternehmen Möglichkeiten des **Co-Branding** besonders attraktiv, wobei gegenseitige Links (Verknüpfungen) zwischen thematisch ähnlichen Seiten ausgehandelt werden, um auf das Angebot des jeweils anderen Unternehmens hinzuweisen und die Besucherzahlen der Websites zu erhöhen. Allerdings muss dazu gesagt werden, dass ausschließliche Internetkommunikation in der Vergangenheit überwiegend nicht ausreichte, um für im Internet aktive Unternehmen ausreichende Besucherzahlen zu generieren. Gerade junge nur im Internet aktive Unternehmen haben z.T bis zu 80% ihres Marketingetats für nicht internetbasierte Kommunikation ausgegeben (Becker 2001, S. 640), um ihre Website bei der Zielgruppe bekannt zu machen. Aus diesem Grund ist für die meisten Unternehmen Internet-Kommunikation ein zusätzliches, aber kein ausschließliches Kommunikationsinstrument, um mit den Zielpersonen in Kontakt zu treten.

3.4.5.6 Budgetfestlegung und -aufteilung

Das Kernproblem für jedes Kommunikation betreibende Unternehmen besteht in der Abschätzung der Wirksamkeit der verschiedenen Kommunikationsinstrumente zur Erreichung der Kommunikations- und Marketingziele. Diese Abschätzung ist mit großen Unsicherheiten behaftet, aber jedes Unternehmen stellt implizit eine Hypothese über den mit den Kommunikationsmaßnahmen erzielbaren Kommunikationserfolg auf. Allerdings werden auch branchenerfahrene Kommunikationsprofis vom Erfolg oder Misserfolg bestimmter Instrumente immer wieder überrascht. Da das Problem der optimalen Auswahl zwischen unterschiedlichen Werbeträgern (Klassische und nicht-klassische Werbung) bisher nicht gelöst ist (Pepels 2001, S. 834), bedient man sich sogenannter Entscheidungsheuristiken bei der Planung des Kommunikationsbudgets, der Auswahl von Werbeträgern und der Festlegung der jeweiligen Belegungshäufigkeit. Es gilt also eine möglichst gute Lösung zur Erreichung der Kommunikationsziele auf möglichst einfache Weise zu finden.

3.4.5.6.1 Budgetkalkulation

Bei einer Budgetfestlegung ist zu klären, ob der für Kommunikationsmaßnahmen kalkulierte Betrag ausreicht, um die Absatz- und Umsatzziele zu erreichen. Deshalb bietet es sich für Gründer an, mehrstufig vorzugehen und zuerst nach der **Prozentsatz-Methode** „typische" Kommunikationsbudgets von 5-12% (Industrie- bzw. Konsumgüter) des erwarteten Umsatzes des ersten Geschäftsjahres in der Unternehmensplanung einzustellen. Der dann verfügbare Betrag wird in einem nächsten Schritt nach der **Ziel- und Aufgaben-Methode** überprüft, ob er geeignet ist, die angestrebten Kommunikations- und Absatzziele zu erreichen. Dazu ist es jedoch erforderlich, einen **Mediaplan** mit den Hauptwerbeträgern und –mitteln sowie den damit verbundenen Kosten zu erstellen. Der **Erfolg eines Mediaplans** hängt ab von:

– der Menge der erreichten Zielpersonen der Zielgruppe (quantitativer Aspekt der **Reichweite**),

– der Wiederholungshäufigkeit der Botschaft (Werbedruck) bei den erreichten Zielpersonen (quantitativer Aspekt der **Kontakthäufigkeit**) und

– der **Intensität** der erzielten Zielgruppenkontakte mit der Werbebotschaft (**qualitativer Aspekt**).

Dabei kann mangelnde Reichweite eines Mediaplans nicht durch höhere Qualität der Werbemittel (z.B. einer Anzeige) kompensiert werden, da es eben einen hohen Prozentsatz nicht erreichter potentieller Kunden gibt. Allenfalls der erforderliche Werbedruck, also die Menge an nötigen Wiederholungen für eine Erinnerung oder eine Kaufhandlung, kann durch besonders intensive und in diesem Sinn hochwertige Kommunikation verringert werden (ähnlich Unger et.al. 1999, S. 56-57). Deshalb bringt ein Besuch des Außendienstmitarbeiters mitunter mehr Verkaufserfolg als 20 gleich teuere aufwendig gestaltete Werbebriefe. Es ist also bei der Auswahl der Werbeträger immer zu bestimmen, wie viel Prozent der Zielgruppe damit erreichbar, wie häufig Wiederholungen der Werbebotschaft erforderlich für einen Lern- oder Verkaufserfolg sind und wie intensiv der einzelne Werbekontakt im Vergleich der Werbeträger einzuschätzen ist. Generell kann man sagen, dass es bei Neueinführungen und unklaren Zielmärkten, wo die Marktreaktion erst noch festgestellt werden muss, besonders auf große Reichweite ankommt. Bei komplexen Werbebotschaften, starken Konkurrenten und schwierig zu überzeugenden Zielpersonen ist die Kontakthäufigkeit besonders wichtig (Kotler / Bliemel 2001, S. 949).

3.4.5.6.2 Werbeträgerauswahl

Ausgangspunkt der Überlegungen für Unternehmen mit eher kleinem Kommunikationsbudget ist die Frage, welche Medien besonders stark von der anvisierten Zielgruppe zur Produktinformation genutzt werden. Eine intensive Auseinandersetzung mit dem Werbeträger (z.B. einer Zeitschrift) bedeutet meist eine hohe Wahrscheinlichkeit der Informationsaufnahme der Kommunikationsbotschaft, so dass weniger Wiederholungen der Werbebotschaft erforderlich sind. Die Information über die **Werbeträgernutzung der Zielgruppe** kann man in einem Akzeptanztest des Leistungsangebotes in Erfahrung bringen, wenn man gleichzeitig die von der Zielgruppe besonders zur Produktinformation genutzten Medien erfragt. In Business-to-Business-Märkten besteht der beste Weg auch darin, sich von Brancheninsidern die für die Information über neue Leistungsangebote wichtigen Medien nennen zu lassen. Eine andere Möglichkeit, die **Mediennutzung von Konsumenten** herauszufinden, sind die vom Spiegel- und Bertelsmann-Verlag durchgeführte Verbraucheranalyse oder die vom Burda-Verlag veröffentlichte Studie „Typologie der Wünsche". Darüber hinaus kann man sich überlegen, welche Medien die **Zielgruppe mit** einer **Botschaftspräsentation** so **überraschen**, dass sie sich verstärkt mit der Werbebotschaft auseinandersetzt, ohne negative Assoziationen zu empfinden.

Kennt man die von der Zielgruppe als wichtig oder interessant erachteten Kommunikationsinstrumente kann man eine Unterteilung vornehmen in **obligatorische Medien**, die **objektiv zwingend** erforderlich sind, solche, die **subjektiv als wünschenswert** angesehen werden und solche, die **eher nicht zum Einsatz** kommen. Für einen Industriegüteranbieter sind z.B. Produktbroschüren auf branchenüblichem Standard zwingend, persönliche Kommunikation zur Beratung subjektiv wünschenswert und Öffentlichkeitsarbeit zum breiten Vertrauensaufbau fakultativ. Umgekehrt ist es für einen Konsumgüteranbieter fast immer objektiv zwingend, das Instrument Verpackungsgestaltung zu beherrschen, subjektiv wünschenswert Verkaufsförderung zur Absatzförderung einzusetzen und eventuell Direktwerbung zur Identifizierung und Kontaktierung von Endabnehmern vorzunehmen (Pepels 2001, S. 835). So kann jeder Gründer die zwei oder drei in seiner Branche zwingend erforderlichen Kommunikationsinstrumente (**Leitinstrumente**) bestimmen.

Ist dieses Leitinstrument der **persönlichen Verkauf** sind die darüber hinaus noch benötigten Druckschriften zu bestimmen, die als Produktinformationen herauszugeben sind. Hierfür sind dann die Produktionskosten für eine dem Branchenstandard entsprechende Form zu ermitteln und zu den Kosten des Vertriebs (Personal-, Lohnneben-, Reise-, KFZ-Kosten sowie Provisionen) zur Bestimmung des Kommunikationsbudgets hinzuzurechnen.

Ist das Leitinstrument **Direktwerbung** kann man das Kosten / Nutzen-Verhältnis der Kommunikationsmaßnahmen relativ gut zu ermitteln. Für eine Prognose des zu erwartenden Kommunikationserfolges verwendet man durch Studien ermittelte Mindesterfolgsquoten bestimmter Werbeformen (z.B. personalisiertes Mailing, Anzeige mit Coupon, Werbebanner im Internet), um auf die damit generierbare Mindestanzahl an Interessenten zu schließen. Die Anzahl der Probier- oder Erstkäufer, die sich unter den Interessenten befindet, kann man entweder durch recht aufwendige Experimente (z.B. Mini-Test-Märkte im Handel) bestimmen oder aus den Ergebnissen von Akzeptanztests näherungsweise abschätzen.

Nachfolgendes **Beispiel aus dem Softwarevertrieb** demonstriert die Vorgehensweise: Grundlage sind die Umsatzziele im ersten Quartal und der durchschnittlich erwartete Umsatz pro Kunde, woraus sich die Anzahl der zu akquirierenden Neukunden errechnen läßt. In unserem Beispiel bedeuten 50.000 EUR Umsatz im ersten Quartal bei einem Durchschnittsumsatz pro Kunde von 250 EUR eine Anzahl von 200 zu gewinnenden Neukunden. Da es sich um einen relativ kurzen Zeitraum von drei Monaten handelt, kann der Aspekt der Wiederholungskäufe vernachlässigt werden. Möchte man 200 Neukunden durch die einmalige Aussendung eines Werbebriefes (Mailing) und nachfolgende telefonische Verfolgung und Beratung durch einen Vertriebsmitarbeiter gewinnen, dann wäre bei einer „normalen" Response- (Antwort)quote von 2% eine Aussendung von 10.000 Mailings erforderlich, um diesen Umsatz zu erzielen. Mehrstufige Mailings mit sehr hohem Informations- und Unterhaltungswert erreichen mitunter auch zweistellige Responsequoten, was jedoch eher die Ausnahme als die Regel darstellt.

Budgetbestimmung für das Leitinstrument Mailing über Kommunikationsziele	
Angestrebter Umsatz in der Zielgruppe im ersten Quartal	50.000 EUR
Durchschnittlicher Umsatz pro Zielkunde	250 EUR
Anzahl zu gewinnender Kunden im ersten Quartal	200 Kunden
Erwartete Mindesterfolgsquote bei Mailings	2%
Erforderliche Mailingzahl an unterschiedliche Kunden	100% x 200 : 2% = 10.000 Mailings
Kosten pro Mailing mit Anschreiben und Prospekt, Porto & Adressenzukauf sowie Arbeitskosten	x 3,50 EUR
Erforderliches Kommunikationsbudget	= 35.000 EUR

Abb. 3-49: Bestimmung von Zielkundenzahl und Werbemittelaufwand

Würde die Mailing-Produktion mit Anschreiben, Prospekt und dem wichtigsten Erfolgsfaktor, den zugekauften personalisierten Adressen, pro Mail 3,50 EUR ausmachen, ergäben sich Kosten von 35.000 EUR und ein Überschuß von 15.000 EUR. Würde sich die Aktion nicht lohnen (z.B. aufgrund zu hoher Produktionskosten der Software), müsste entweder die Erfolgsquote (z.B. durch aufwendigeres Mailing mit Demoversion auf CD-ROM) gesteigert werden, die Mailingkosten gesenkt (z.B. einfacherer Prospekt, billigerer Adressanbieter, effizientere Produktion) oder andere Werbemittel vom Unternehmen eingesetzt werden. Man erkennt an diesem Beispiel, dass der **Abschätzung des** mit einem bestimmten Kommunikationsmittel **erzielbaren Kommunikationserfolges** höchste Bedeutung für die Wirtschaftlichkeit der gewählten Kommunikationsmaßnahmen zukommt. Nachfolgend kann man dann Zielerfolgswerte (z.B. 2% Mailingerfolg) und

Zielkosten für die Werbemaßnahmen aus den Umsatzzielen und Zielen zur Neukundengewinnung ableiten.

Ist das **Leitinstrument** aus den **klassischen Medien** (z.B. Fachzeitschriften) müssen die
entsprechenden Zeitschriften ausgewählt und die erforderliche Zahl der Werbeschaltungen für den Einführungszeitraum bestimmt werden. Zusätzlich sind die Produktionskosten für das Werbemittel (Anzeige) zu kalkulieren. Im Gegensatz zum persönlichen Verkauf oder personalisierter Direktwerbung kauft man bei **Mediawerbung** eine
durchschnittliche Kontaktchance, ohne zu wissen, ob daraus ein echter Werbekontakt
mit der Zielperson wird. Für die Mediaplanung werden eine Reihe von Kennziffern verwendet, die nachfolgendes Beispiel einfach erklärt.

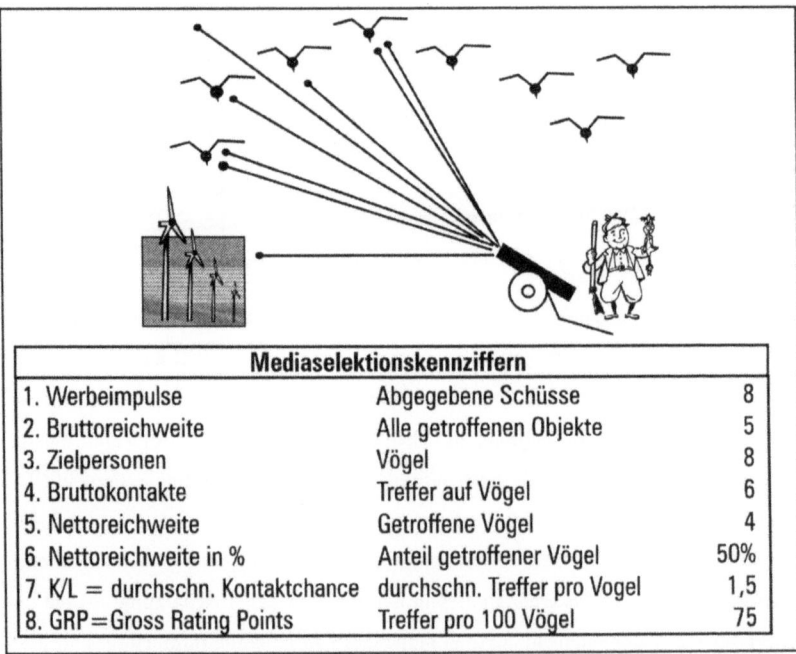

Mediaselektionskennziffern		
1. Werbeimpulse	Abgegebene Schüsse	8
2. Bruttoreichweite	Alle getroffenen Objekte	5
3. Zielpersonen	Vögel	8
4. Bruttokontakte	Treffer auf Vögel	6
5. Nettoreichweite	Getroffene Vögel	4
6. Nettoreichweite in %	Anteil getroffener Vögel	50%
7. K/L = durchschn. Kontaktchance	durchschn. Treffer pro Vogel	1,5
8. GRP=Gross Rating Points	Treffer pro 100 Vögel	75

Abb. 3-50: Kennziffern für Intermedia-Vergleiche (BAC-Burda Advertising Forschung:
übernommen aus Winkelmann 2000, S. 371)

Als **Vergleichsmaßstab** für die Kontaktleistung unterschiedlicher Werbeträger bzw. Werbeträgerkombinationen verwendet man den sogenannten **Tausendkontaktpreis**.

Tausendkontaktpreis

$$\frac{\text{Einschaltkosten x 1.000}}{\text{Bruttoreichweite (Kontaktmenge) x durchschnittliche Kontakthäufigkeit *)}}$$

*) Durchschnittliche Kontakthäufigkeit ist der Quotient aus Bruttoreichweite (Kontakte) und Nettoreichweite (Personen)

Abb. 3-51: Tausendkontaktpreis

Zur Illustration soll ein Tausendkontaktpreis für eine dreimalige Fachzeitschriftenbelegung für eine ½-seitige Schwarz-weiß-Anzeige berechnet werden: **Einschaltkosten** sind der Preis für die dreifache Belegung in Höhe von 15.000 EUR. Die **Bruttoreichweite** zählt alle Leser mit mindestens einer Kontaktchance, z.b. 60.000. Die **durchschnittliche Kontakthäufigkeit** ist der sogenannte **OTC (opportunity to contact)-Wert**, der die Anzahl der durchschnittlichen Kontakte pro Person angibt und sich aus dem Quotienten von Bruttoreichweite und Nettoreichweite ergibt, z.B. 60.000 Kontakte : 10.000 Personen = 6. Es ergibt sich ein Tausendkontaktpreis von (15.000 EUR x 1.000) : (60.000 x 6) = 41,66 EUR. Dieser kann verglichen werden mit einer anderen Belegung. Diejenigen Werbeträger mit dem niedrigsten Tausendkontaktpreis bei Einhaltung einer vorgegebenen Reichweite und bei einer bestimmten Kontakthäufigkeit (Werbedruck) werden bevorzugt verwendet. Dabei muss der erforderliche **Werbedruck** nach Unger et.al. 1999, S. 51-54) umso höher sein:

- je stärker die durch die Werbebotschaft zu bewirkende Verhaltensänderung ist,

- je mehr von den Zielpersonen durch die Werbebotschaft gelernt werden muss,

- je niedriger das Interesse der Zielpersonen am Leistungsangebot ist (niedriges Produktinvolvement),

- je geringer das Interesse der Zielpersonen am Werbeträger ist (niedriges Medieninvolvement).

Fill (2001, S. 357) berichtet, das mindestens durchschnittlich **drei Kontakte für** eine **Werbewirkung** erforderlich sind. Diese Aussage gilt vor allem für Produkte, bei denen eine hohe Wichtigkeit der Kaufentscheidung (sogenanntes hohes **Produktinvolvement**) für den Käufer gegeben ist. Dieses ist z.b. bei Käufern eines Eigenheims oder eines neuen Autos der Fall. Unger (1999, S. 53) weist jedoch darauf hin, dass bei **Low Involvement-Produkten** erst ab einer Schwelle von **10-12 Werbemittelkontakten** eine spürbare Werbewirkung eintritt. Als Low involvement-Produkte bezeichnet man solche Leistungsangebote, mit denen sich Konsumenten üblicherweise nur wenig intensiv beim Kauf auseinandersetzen, was auf die meisten Konsumgüter des täglichen Bedarfs zutrifft.

Grundsätzlich hängt es vom gesetzten Ziel ab, ob eher Werbeträger zur Erreichung möglichst vieler Personen mit vergleichsweise wenigen Kontakten oder eine kleine Gruppe mit möglichst hoher Kontakthäufigkeit bearbeitet werden soll. Im ersten Fall würde eine Zeitschrift mit einer stark wechselnden Leserschaft, im zweiten Fall eine Abonnementzeitschrift ausgewählt werden, um z.B. ein Low-Involvement-Produkt mit einer möglichst hohen Kontakthäufigkeit zu bewerben.

Unter **zeitlichen Aspekten** ist darauf zu achten, dass gerade **bei kleinen Budgets** eine möglichst **massierte Kommunikation** zu bestimmten Zeitpunkten (z.B. zu Saisonbeginn) einer schwachen durchgängigen und vom Werbedruck in der Medienlandschaft eher untergehenden Kommunikation vorzuziehen ist. Gleichzeitig können erhebliche Synergieeffekte durch eine integrierte Kommunikation erreicht werden, bei der zwei Werbeträger möglichst dieselbe Zielgruppe ansprechen.

Mit Hilfe des Tausendkontaktpreises können auch **unterschiedliche Mediapläne** miteinander verglichen werden. Dabei stellt sich aus einer zielorientierten Perspektive die Frage, welcher Mediaplan bei einer bestimmten Reichweite (z.B. Erreichung von 80% der Zielgruppe) und einem festgesetzten Werbedruck (Kontakthäufigkeit von z.B. durchschnittlich 5 Kontakten pro Zielperson) das niedrigste Budget erfordert. Dadurch kann dann die Untergrenze des Kommunikationsbudgets bestimmt werden, das die gesetzten Kommunikationsziele erreicht.

Die endgültig ausgewählten Kommunikationsmaßnahmen werden dann im Mediaplan eingetragen. Zur Kalkulation der entstehenden Kosten sei für Planungszwecke auf Durchschnittswerte von Produktionspreisen verschiedenster Werbemittel z.b. bei Levinson / Godin (2001) und für Schaltungspreise von klassischer Werbung bei Unger (2002) verwiesen, da derartige Detailangaben den Umfang dieses Buches überschreiten würden. Dazu sind sie natürlich von den Werbemöglichkeiten anbietenden Unternehmen unter dem Begriff **Mediadaten** zu erhalten.

Beispiel für Mediaplan mit Budgetkalkulation														
Werbeträger (Zeitschrift)	**Frequenz**	**Streukosten** Einzelpreis (Netto EUR)	**Januar**				**Februar**				**März**			
			1	2	3	4	5	6	7	8	9	10	11	12
			6	13	20	27	3	10	17	23	2	9	16	23
CAV	3	1400,-			x				x				x	
Korrespondenz Abwasser	3	1280,-			x				x				x	
ChemManager	6	760,-	x		x		x		x		x		x	

Abb. 3-52: Beispiel für Mediaplan mit Budgetkalkulation

Allerdings ist die Erfolgsquote einer Kommunikationsmaßnahme auch von der Intensität der Botschaft abhängig. Diese Intensität wird durch die Botschaftsgestaltung beeinflusst und ist auf das Wahrnehmungsverhalten der Zielpersonen abzustimmen.

3.4.5.7 Gestaltung des Kommunikationsauftrittes

Eine Botschaft kann eher **rational oder emotional** aufgebaut sein. Rationale Botschaften setzen verstärkt auf die Vermittlung von Informationen wie Produkteigenschaften, Preise, Garantien, Zahlungsbedingungen. Emotionale Botschaften sollen negative oder positive Gefühle auslösen, um Kaufmotivation zu erreichen. Früher glaubte man, dass Kommunikation im Business-to-Business-Marketing im Gegensatz zum Konsumgütermarketing überwiegend rational aufgebaut sein sollte, da die Einkäufer „ökonomische" Entscheidungen zu treffen haben. Jedoch haben sich auch im Business-to-Business-

Bereich inzwischen Elemente einer emotionalen Kommunikation (z.b. dosierte Angst-
appelle, Darstellung von Lebensfreude, Präsentation von Kindergesichtern, Humor und
Doppeldeutigkeit) zur Steigerung der Aufmerksamkeit durchgesetzt. Ob eine Botschaft
eher rational oder eher emotional gestaltet wird, hängt vor allem im Konsumgütermarketing von der **Form des Konsumbedürfnisses** und der **Stärke des Produktinvolve-
ments** ab.

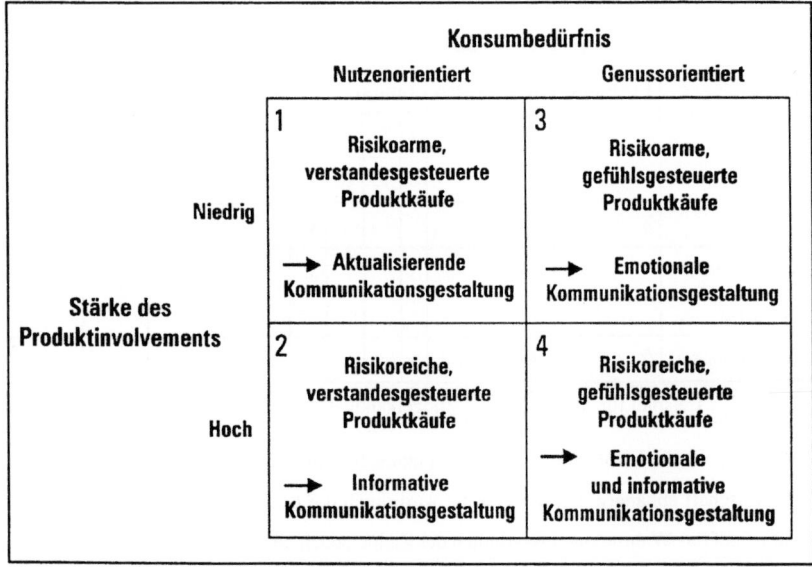

Abb. 3-53: Kommunikationsgestaltung in Anlehnung an das Rossiter / Percy-Grid-
Modell (zitiert nach Bruhn 2003, S. 177)

In **Feld 1** liegen überwiegend **risikoarme Käufe**, die verstandesgemäß gesteuert werden. Da die Käufer wenig am Produkt interessiert sind, kommt es besonders auf die Prä-
senz der Marke und des Produktes an, so dass stark informationsbezogene Kommunikation wenig vielversprechend erscheint.

Feld 2 enthält **risikoreiche Produktkäufe** wie Arzneimittel, die verstandesgesteuert gekauft werden, weshalb informative Kommunikationsgestaltung aufgrund des hohen
wahrgenommenen Risikos erforderlich ist.

Feld 3 enthält **genussorientierte Käufe** (z.B. Zigaretten), deren Kauf nur mit geringem Risiko verbunden ist. Aus diesem Grund ist eine eher emotionale Auslegung der Kommunikationsbotschaft erforderlich.

Feld 4 enthält **risikoreiche und genussgesteuerte Käufe** (z.B. teuere Kleidung), die im Gegensatz zu Feld 3 auch Informationsaspekte beinhalten (z.b. die Auseinandersetzung mit Konkurrenzaspekten), weshalb die bessere Bedürfnisbefriedigung über die emotionale Komponente hinaus durch zusätzlich informative Kommunikationsgestaltung ergänzt werden muss.

Über den Grad an Rationalität, Emotionalität, Aktualität sowie Information hinaus gehört zu einer Werbebotschaft auch die **Formulierung einer Werbeidee** als Kern der werblichen Präsentation. Diese Idee (z.b. „Wir machen den Weg frei" der Volks- und Raiffeisenbanken) ist das besondere „Etwas" und Grundlage der kreativen Gestaltung, die als eine Einheit von Bild, Text, grafischen und ggf. multimedialen Elementen einen Bezug zwischen Zielgruppe und Werbemittel herstellen soll. Für detaillierte Hinweise zur Gestaltung von Werbemitteln aus der Perspektive kleiner und mittlerer Unternehmen wird auf Levinson / Godin (2001) verwiesen.

3.4.5.8 Erfolgskontrolle der Kommunikation

Möchte man die **Werbewirkung** der eigenen Kommunikation messen, kann man zwischen der **Verkaufswirkung** und der **kommunikativen Wirkung** unterscheiden. Darüber hinaus hat jede Kommunikation eine kurzfristige direkte Wirkung, die sich in einer Rückmeldung der Zielgruppe äußert und eine längerfristige mehr oder weniger stark positive oder negative Erinnerungswirkung.

Für Gründer ist besonders die **direkte Resonanz** in Form von Rückmeldungen der Zielgruppe und die ggf. nachfolgende Verkaufswirkung entscheidend. Wichtig aus der Gründerperspektive ist, dass die angestrebten Kommunikationsziele formuliert und nach Durchführung der Werbemaßnahmen zeitnah (d.h. spätestens nach 2-3 Monaten) überprüft werden. Dafür ist darauf zu achten, das möglichst alle Werbemittel mit einer **Feedback-Möglichkeit** für die Zielgruppe ausgestattet werden. Das können z.B. bei Direktwerbung Antwortkarten, bei Anzeigen Coupons oder eine groß abgebildete

Rückruftelefonnummer sein und im Internet Verlinkungen von Werbebannern zu bestimmten eigenen Webseiten. Dadurch kann man feststellen, welche Kommunikationsmaßnahmen zu welchen (zählbaren) Erfolgen geführt haben. Rufen unbekannte Kunden an, ist die einfachste Möglichkeit etwas über die Effizienz von Kommunikationsmaßnahmen zu erfahren, wenn jeder, der mit einem Neukunden spricht, diesen danach fragt, woher er die Adresse des Unternehmens erhalten hat. Die monatliche oder vierteljährliche Auswertung gibt schon gute Hinweise, welcher Teil der Kommunikationsmaßnahmen Verkaufserfolge bringt.

Darüber hinaus sind auch **kommunikative Eindrücke** auf verschiedenen Stufen mit Hilfe von unterschiedlichen Verfahren messbar. Bekanntheit wird z.B. über den gestützten (Recognition) oder ungestützten **Bekanntheitsgrad** (Recall) gemessen. Dabei befragt man Personen der Zielgruppe und misst, ob sie sich gestützt (z.B. durch ein Logo) oder ohne Gedächtnishilfe (ungestützt) an einen Markennamen erinnern.

Ebenso ist es möglich, z.B. eine **Imagewirkung** durch Befragung mit Imagedifferenzialen festzustellen (hierzu Trommsdorff 1993). Allerdings sind derartige Untersuchungen in der Zielgruppe sehr aufwendig und müssen für gute Ergebnisse methodisch richtig durchgeführt werden. Wenn Gründer nach ein bis zwei Jahren im Markt genauere Informationen über ihre Imageposition benötigen, bieten sich hierfür **Kooperationen mit Hochschulen** an, die in Praxisprojekten derartige Untersuchungen als Projekt mitunter übernehmen. Die Ergebnisse reichen nicht immer an die Ergebnisse von professionellen Anbietern heran, können jedoch gerade jungen Unternehmen häufig interessante Aufschlüsse über deren aktuelle Wettbewerbsposition liefern.

3.4.6   Abstimmung des Marketing-Mix

3.4.6.1   Adoptionsmerkmale als Leitlinie zur Mix-Gestaltung

Nachdem die Marketing-Mix-Instrumente dargestellt und ggf. schon Einzelentscheidungen über die Ausgestaltung einzelner Instrumente getroffen worden sind, gilt es, diese

Einzelentscheidungen unter Beachtung der Gesamtzielsetzung zu betrachten und aufeinander abzustimmen. Da es sich bei einer Unternehmensgründung für den Abnehmer um ein neues Unternehmen mit einem mehr oder weniger bekannten Leistungsangebot handelt, gilt es mindestens, die **Innovation „Neues Unternehmen"** zu vermarkten. Den Übernahme- oder Kaufprozess einer Innovation bezeichnet man auch als **Adoption** und viele Adoptionen (Käufe) einzelner Personen oder Organisationen lassen sich in einer **Diffusionskurve** ausdrücken. Diese spiegelt den Durchdringungsgrad der Zielgruppe mit einer Innovation im Zeitverlauf wider.

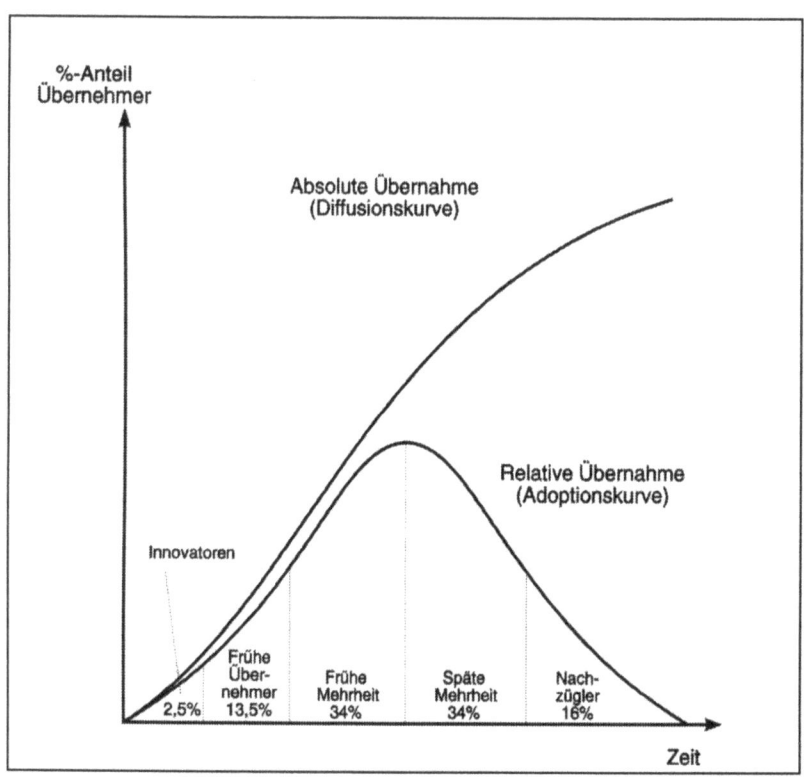

Abb. 3-54: Adoptions- und Diffusionskurve

Ein an der Marketingstrategie ausgerichteter Marketing-Mix zielt darauf, eine möglichst **schnelle Marktdurchdringung** der Leistungsangebote des jungen Unternehmens zu erreichen. Da Menschen unterschiedlich innovationsfreudig sind, ist nur ein Teil der potentiellen Kunden (insgesamt **16% Innovatoren und Frühadoptoren**) bereit, neue Leistungsangebote zu kaufen. Je subjektiv neuer das Leistungsangebot des Gründungsunternehmens deshalb wahrgenommen wird, desto mehr muss sich das junge Unternehmen mit den auf Rogers (1962) zurückgehenden adoptionsförderlichen Innovationsmerkmalen auseinandersetzen, um Erstkäufer zu gewinnen. Von Rogers wurden fünf Merkmale identifiziert, die diese Frühadoption erleichtern und die in einem Marketing-Mix zu berücksichtigen sind, der auf eine möglichst schnelle Durchdringung der Zielgruppe angelegt ist. Dieses gelingt, wenn der entwickelte Marketing-Mix des Gründungsunternehmens alles unter Berücksichtigung des vorhandenen Budgets tut, um dem **Kunden den Kauf des Leistungsangebotes so einfach wie möglich zu machen.** Um dieses zu illustrieren, sei darauf verwiesen, dass es viele Kunden zu Beginn des E-Commerce-Zeitalters gab, die auf den Websites für sie interessanter Produkte noch nicht einmal den Kontakt-Button finden konnten, um eine E-mail an den Hersteller zu schreiben. Man hatte diese Kontaktmöglichkeit einfach in den „Tiefen der Website" an unmöglicher Stelle versteckt. Gleichfalls erinnert man sich noch an langwierige Bestellroutinen in den ersten Internet-Shops, die man selbst als gutwilligster Kunde nach 5 Minuten Wartezeit entnervt abbrach.

Die von Rogers identifizierten **fünf Adoptionsmerkmale**, die eine schnelle Übernahme eines Leistungsangebots durch die Zielgruppe ermöglichen, sind:

Hoher relativer Vorteil der Innovation: Je größer der von der Zielgruppe wahrgenommene Vorteil des Leistungsangebots im Vergleich zu bisherigen Lösungen ist, desto schneller und häufiger wird das entsprechende Leistungsangebot gekauft werden. Es kommt also darauf an, die aus der Perspektive der Zielgruppe wesentlichen Unterschiede zwischen dem eigenen und den Konkurrenzlösungen am Markt darzustellen.

Möglichst hohe Kompatibilität der Innovation: Je höher die Vereinbarkeit einer Innovation mit den vorhandenen technischen, organisatorischen oder personellen Strukturen des Kunden, desto schneller und häufiger wird das entsprechende Leistungsangebot verkauft werden. Technische Kompatibilität bedeutet, dass z.b. eine neue Controlling-Software sich problemlos auf einem vorhandenen Computer installieren lässt. Organisatorische Kompatibilität heißt, das ein neues softwaregestütztes Controllingsystem sich möglichst leicht – im Idealfall vom Kunden selbst - an die internen Abläufe eines Unternehmens anpassen lässt und nicht die Organisation um die Software „herumgebaut" werden muss. Personelle Kompatibilität ist gegeben, wenn eine derartige Software möglichst auch zu den Denkwelten und Verhaltensweisen der mit Controlling befassten Menschen in einem Unternehmen passt. Deswegen ist es häufig sehr erfolgreich, z.b. einen Softwareprototyp beim späteren Nutzer vor der Markteinführung zu testen oder sogar gemeinsam mit ihm zu entwickeln.

Möglichst niedrige Komplexität der Innovation: Je niedriger die wahrgenommene Bedienungskomplexität, desto leichter kann der Kunde die Innovation handhaben und je schneller wird die Neuerung akzeptiert und dauerhaft verwendet. Jeder hat sich schon einmal über nicht intuitiv zu bedienende Produkte und anschließend über die dazugehörende unverständliche Bedienungsanleitung geärgert.

Möglichst hohe Teilbarkeit der Innovation: Je höher die Teilbarkeit, d.h., die stückweise oder schrittweise Testbarkeit, einer Innovation, desto höher ist die Übernahmewahrscheinlichkeit. Demo-Versionen im Softwarebereich, Teststellungen von Geräten sowie Rückgaberechte im Versandhandel verfolgen vor allem das Ziel, die Angst vor dem Fehlkauf zu mindern. Sie erhöhen so die Bereitschaft der Kunden zum Kauf, da das wahrgenommene Kaufrisiko durch die Maßnahmen stufenweise abgebaut wird.

Möglichst hohe Vermittelbarkeit der Innovation: Je besser die Vorteile des Angebots beschrieben und demonstriert werden können, desto schneller verläuft die Übernahme einer Innovation. Referenzanlagen im Industriegütergeschäft oder Produktdemonstrationen im Handelsgeschäft sind Ausdruck einer Kundenkommunikation, die die Vorteile möglichst plastisch, deutlich und einfach dem Kunden näher bringt.

Da Gründer immer - zumindest bezogen auf das Unternehmen – etwas Neuartiges verkaufen, sind diese Adoptionsmerkmale eine Leitlinie, um die Elemente des Marketing-Mix übernahmefreundlich zu gestalten.

3.4.6.2 Kombination der Marketing-Mix-Instrumente

Bei der Gestaltung des Marketing-Mix kommt es darauf an, eine **günstige Mittelkombination zur Erreichung der Marketingziele** zu entwickeln. Die bei der Abstimmung der Instrumente vorhandenen Probleme bestehen vor allem in:

- einer hohen Zahl von Kombinationsmöglichkeiten der verschiedenen Einzelmaßnahmen des Marketing-Mix,

- vielfältigen Wechselwirkungen der Marketing-Mix-Instrumente untereinander und

- schwieriger Prognostizierbarkeit der kurz-, mittel- und vor allem längerfristigen Wirkung eines spezifischen Marketing-Instrumenteneinsatzes.

Um trotzdem eine zieladäquate Marketing-Mix-Kombination zu entwickeln, sollte zuerst eine **Analyse des Marketing-Mix** etablierter und **erfolgreicher Wettbewerber** vorgenommen werden (s. Abschnitt Konkurrenzanalyse). Hat man eine Konkurrenzanalyse durchgeführt, kennt man das Marketing der Konkurrenten. Dadurch erfährt man, was branchenüblich ist und woran Abnehmer „gewöhnt" sind. Dieses Vorgehen hat sich auch bei Produkten oder Dienstleistungen mit hoher Neuartigkeit bewährt, da es für fast jedes Leistungsangebot ein Vorläufer-Produkt gibt oder zumindest eine vorherige Problemlösungsform gegeben hat.

Grundlage für die Ausgestaltung des eigenen Marketing-Mix ist die angestrebte **Wettbewerbspositionierung** mit den Extremen Präferenz- und Preis-Mengen-Strategie. Auf der Basis der eigenen Strategie sollte bei der Planung des Marketing-Mix mit den Instrumenten begonnen werden, bei denen die jeweilige Entscheidung eine starke **Bindewirkung** für die Zukunft hat. Das sind vor allem der gewählte **Absatzweg**, das **Leistungsangebot** und die **Preislage**. Erst wenn diese Elemente feststehen, sollte über Kommunikationsmaßnahmen nachgedacht werden.

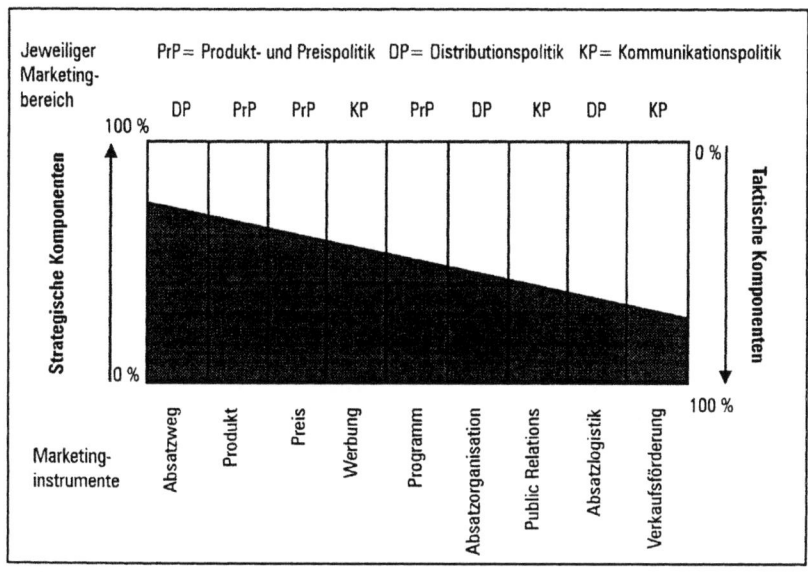

Abb. 3-55: Anteile strategischer und taktischer Komponenten bei Marketinginstrumenten (Becker 2001, S. 653)

Als Hilfestellung für Gründer zur Bestimmung der Wichtigkeit verschiedener Marketingmix-Instrumente bietet sich die **Kombinationsheuristik zur Abstimmung von Marketing-Maßnahmen** von Lipson, Darling und Robertson (1970) an (s. Abb. 3-58).

Diese basiert auf dem **Produktklassenansatz** von Miracle (1965), der Produkte in fünf Gruppen abhängig von verschiedenen Produktmerkmalen einteilt. Der Grundgedanke dieser Systematik besteht darin, das verschiedene Produktarten einen unterschiedlichen Marketing-Mix benötigen. Das zu vermarktende Produkt wird dazu anhand der neun Produktmerkmale auf der Skala von 2 (sehr niedrig) bis 10 (sehr hoch) beurteilt und eine Gesamtpunktzahl durch Addition der Punktwerte ermittelt (Abb. 3-56).

Miracle teilte die Produkte in fünf Klassen von Gruppe I (0-20 Punkte) mit klassischen Konsumgütern bis zu Gruppe 5 (> 80 P.) mit stark erklärungsbedürftigen Konsum- und Industrieprodukten (s. Abb. 3-57).

Produktmerkmale für fünf verschiedene Produktklassen					
Produktmerkmale	Gruppe I	Gruppe II	Gruppe III	Gruppe IV	Gruppe V
Preis (Wert) der Produkteinheit	Sehr gering	Gering	Mittel bis hoch	Hoch	Sehr hoch
Bedeutung jedes einzelnen Kaufs für den Kunden	Sehr gering	Gering	Mittel	Hoch	Sehr hoch
Für den Kauf aufgewandte Zeit und Mühe	Sehr gering	Gering	Mittel	Hoch	Sehr hoch
Rate der technischen und modischen Änderungen	Sehr gering	Gering	Mittel	Hoch	Sehr hoch
Technische Komplexität	Sehr gering	Gering	Mittel bis hoch	Hoch	Sehr hoch
Bedürfnis nach Serviceleistungen	Sehr gering	Gering	Mittel	Hoch	Sehr hoch
Kaufhäufigkeit	Sehr hoch	Mittel bis Hoch	Gering	Gering	Sehr gering
Schnelligkeit des Ver-/ Gebrauchs	Sehr hoch	Mittel bis Hoch	Gering	Gering	Sehr gering
Zahl (Art) der Verwendungsmöglichkeiten	Sehr hoch	Hoch	Mittel bis hoch	Gering bis mittel	Sehr gering

Abb. 3-56: Produktmerkmale für fünf verschiedene Produktklassen (Miracle 1965 zit. nach Becker 2001, S. 714)

Produktklassenbeispiele				
Gruppe I	Gruppe II	Gruppe III	Gruppe IV	Gruppe V
Zigaretten	Lebensmittel (Trockensortiment)	Radio- und Fernsehgeräte	Qualitätskameras	Elektronische Büromaschinen
Süßwaren-Riegel	Arzneimittel	Haushaltsgroßgeräte	Landmaschinen	Elektrische Generatoren
Rasierklingen	Haushaltswaren	Damenbekleidung	Personenkraftwagen	Dampfturbinen
Alkoholfreie Erfrischungsgetränke	Industrielle Betriebsstoffe	Reifen und Schläuche, Sportausrüstungen	Qualitätsmöbel	Spezialwerkzeuge

Abb. 3-57: Produktklassenbeispiele nach Miracle (1965, S. 20, zit. nach Becker 2001, S. 714)

Aufgrund von Beobachtungen und Plausibilitätsüberlegungen konnten den verschiedenen Produktklassen typische Marketing-Mix-Kombinationen von Lipton / Darling / Reynolds (1970) zugeordnet werden. Diese sind in der abgebildeten **Kombinationsheuristik** (Abb. 3-58) enthalten, die an einem Beispiel erklärt werden soll:

Angenommen ein Gründer bewertet das von ihm zu vermarktende Produkt mit insgesamt 35 Punkten (Gruppe II), dann würde auf der diagonalen Skala der Wert 35 aufgesucht werden und von dort senkrecht und waagerecht das Lot zu den Begrenzungen gefällt werden. Daraus ergäbe sich ein „**Norm-Marketing-Mix**", der folgende Zusammensetzung aufweisen würde:

- **Produktpolitik**: Große Bedeutung von Marke und Verpackung, begrenzter Produktservice, begrenzte Produktdifferenzierung (u.a. Produktvariantenzahl),

- **Preispolitik**: Begrenzte Preisdifferenzierung, gewisse Preiskontrolle, Kredite zur Absatzförderung von geringer Bedeutung,

- **Distributionspolitik**: Mäßig intensive Distribution, sehr lange Absatzkanäle, Lagerhäuser und –haltung von signifikanter Bedeutung,

- **Kommunikationspolitik**: Primär Einsatz von Werbung, persönlicher Verkauf von begrenzter Bedeutung, Verkaufsförderung von großer Bedeutung.

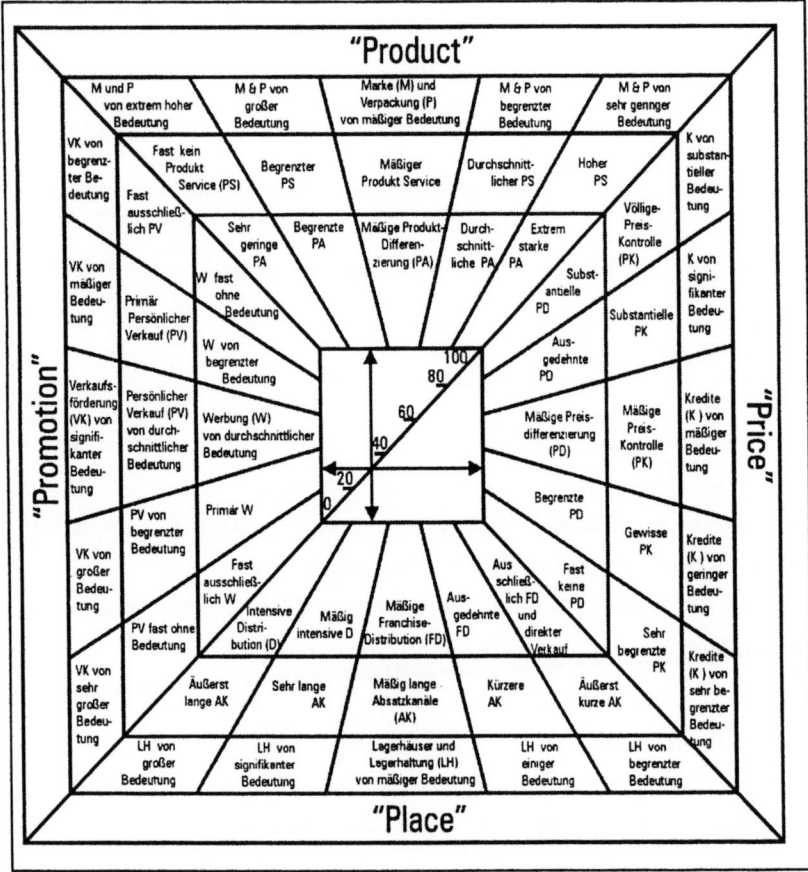

Abb. 3-58: Produktgruppenspezifische Kombinationsheuristik von Marketing-Mix-Instrumenten nach Lipton / Darling / Reynolds (1970, S. 40)

Ein derartiger **Norm-Marketing-Mix** kann nur ein erster **Anhaltspunkt** für einen Gründer sein, einen eigenen Marketing-Mix für seine Produkte zu entwickeln. Kombiniert mit einer Analyse des Marketing-Mix der etablierten Wettbewerber sowie der Hinzufügung eigener, firmenspezifischer Marketing-Mix-Ideen entsteht daraus eine individuelle Kombination von Marketingmaßnahmen für die Einführung der Leistungsangebote des neuen Unternehmens. Gerade Abweichungen vom branchenüblichen Vorgehen können bei entsprechend professioneller Umsetzung besondere Aufmerksamkeit und damit hohes Kundeninteresse erzeugen. Wichtig für die Zusammenstellung einzelner Marketing-Mix-Maßnahmen ist, sich in die **Perspektive der Zielgruppe** hineinzuversetzen und zu prüfen, ob durch die Marketing-Mix-Kombination ein **glaubhaftes, klar unterscheidbares und eindeutiges Bild von Unternehmen und Leistungsangebot** vermittelt wird.

Dieser **Plausibilitätstest** entlarvt widersprüchliche Marktauftritte, die kommunikativ Premium-Produkt-Anspruch behaupten, im mittleren Preissegment angesiedelt sind, vom Kunden produktverarbeitungsseitig als unterduchschnittlich empfunden und durch billige Schwarz-Weiß-Prospekte im Discounter vertrieben werden. Erst bei widerspruchsfreier Abstimmung der Instrumente sind wechselseitige Verstärkungseffekte (**Synergien**) der eingesetzten Mix-Instrumente möglich.

Ein derartig aufeinander abgestimmter Marketing-Mix wird in einen Marketingplan auch in zeitlicher und organisatorischer Hinsicht überführt. Auf seiner Grundlage ist die **Abschätzung des Absatz- / Umsatzpotentials** für das erste Geschäftsjahr möglich.

3.4.7 Marketingplan zur Absatzpotentialschätzung

Durch die ziel- und strategieadäquate Umsetzung des in einem Marketingplan dokumentierten Einsatzes der Marketing-Instrumente wird der Markteintritt der Unternehmensgründung vollzogen. Erster Schritt für die Umsetzung der Marketingkonzeption ist die Festlegung der **verantwortlichen Personen**. In einem Gründungsteam wird dieses zum Problem, wenn keine am Verkauf interessierte Person vorhanden ist. Spätestens jetzt ist diese Lücke im Gründungsteam jedoch zu schließen. Ausgangspunkt des nachfolgend dargestellten Marketingplans ist die Frage:

Welche Marketingmaßnahmen sollen bis wann von wem mit welchem Mitteleinsatz unter Berücksichtigung welcher Zusammenhänge mit welchem Ziel erledigt werden?

Ausschnitt aus einem Marketingplan für das 1. Geschäftsquartal						
Marketing-Maßnahme	Fertig am...	Verant-wortlich	Budget	Arbeit	Abstimmung mit ... ?	Zielsetzung
Entwurf Logo / Briefbögen	01.04.	MM	Noch zu klären	3 Tage	Graphiker	Fertiges Corporate Design
Adressenselektion und -kauf	03.04.	HM	500 EUR	1 Tag	Adress-anbietern	> 1000 Adressen der Zielgruppe
Anzeigen-schaltung MM-Verlag	04.04	HM	< 3000 EUR	1 Std.	Fr. XX von Anzeigen-abteilung	3 Anzeigen ¼ Seite s/w + Zusatzfarbe in Ausgaben Nr. 5/6/7
Druckauftrag Briefbögen	06.04.	HM	400 EUR	2 Std	Druckerei	10.000 Briefbögen
Entwurf Mailing mit Prospekt	10.04.	MM + HM	Noch zu klären	2 Tage	Graphiker	Mailing mit Res-ponsequote 5%
Konzeptentwurf Artikel MM-Verlag	13.04	MM		1 Tag	Fr. XY von Redaktion	1 DIN A4 Seite Produktvorstellung (Info Referenz!)
Anzeigenentwurf	15.04.	MM	Noch zu klären	2 Tage	Graphiker	Reprofähige Gra-phikdatei
Produktion An-zeigenfilm & -Versendung	18.04.	MM		1 Tag	Graphiker	Reprofilm Anzeige (Offsetdruckfähig)
Versendung Ar-tikel	19.04.	MM		1 Std.	Graphiker	Datei per Mail mit Bild (300dpi !)
Prospektdruck	20.04.	MM	1500,-	2 Tage	Druckerei	Auflage 1500 Stück
Offizieller Ge-schäftsbeginn	01.05.	HM + MM		1 Tag		Führung durch neue Räume mit AF
Mailingversand	02.05.	MM	1500,-	1 Tag	Dt. Post	Ziel 50 Kontakte
Beginn telefon. Nachverfolgung	08.05.	HM		3 Tage		Ziel 15 Kundenter-mine
Beginn Kunden-besuche	11.05.	HM		3 Tage		Ziel 5 Verkäufe im kommenden Monat

Abb. 3-59: Ausschnitt aus einem Marketingplan für das 1. Geschäftsquartal

Für die Gründer bildet dieser **Marketingplan** die **Verbindung** zwischen den **Umsatzzahlen des Geschäftsplans** (Businessplan) und den **Marketingmaßnahmen** mit ihren **Kosten**. Wird er zur Markteinführung umgesetzt, bildet er gleichzeitig die Grundlage für die Überprüfung der mit den einzelnen Marketingmaßnahmen verbundenen Ziele.

Um aus dem Marketingplan potentielle Absatz- bzw. Umsatzzahlen zu generieren, muss der Gründer abschätzen, welche Marketingmaßnahmen voraussichtlich zu welchem Erfolg bei der Interessenten- und bei der Neukundengewinnung führen werden. Unter Berücksichtigung von durchschnittlichen Verkäuferleistungen (s. das Kapitel Bestimmung der Verkäuferzahl) und branchenüblicher Erfolgsquoten von Kommunikationsmaßnahmen (Branchenexperten und Agenturprofis fragen!) sollte man versuchen, den Erfolg der geplanten Marketingmaßnahmen in Bezug auf Zielgruppenkontakte, Interessenten, ggf. Produkttester und gewonnene Neukunden abzuschätzen. Je nach Branche kann man ab einem bestimmten Zeitpunkt auch eine bestimmte Zahl an Wiederholkäufern annehmen. Das Vorgehen verdeutlicht die nachfolgende Abbildung.

Zu beachten ist, dass man den Vertriebs- und Kommunikationsaufwand je nach Branche für die ersten 6-12 Monate auf der Basis eines genauen Maßnahmenplans ermittelt. Hierfür schätzt man unter Einbeziehung typischer Erfolgsquoten bei Vertriebs- und Kommunikationsmaßnahmen den damit erzielbaren Absatz bzw. Umsatz. Dann berechnet man für eine Plausibilitätsprüfung das **Verhältnis** zwischen der **Summe aus Vertriebs- und Kommunikationsaufwand und dem erzielten Umsatz** und sollte eher **unter branchenüblichen Werten** liegen (Effizienznachteil durch Anlaufphase!).

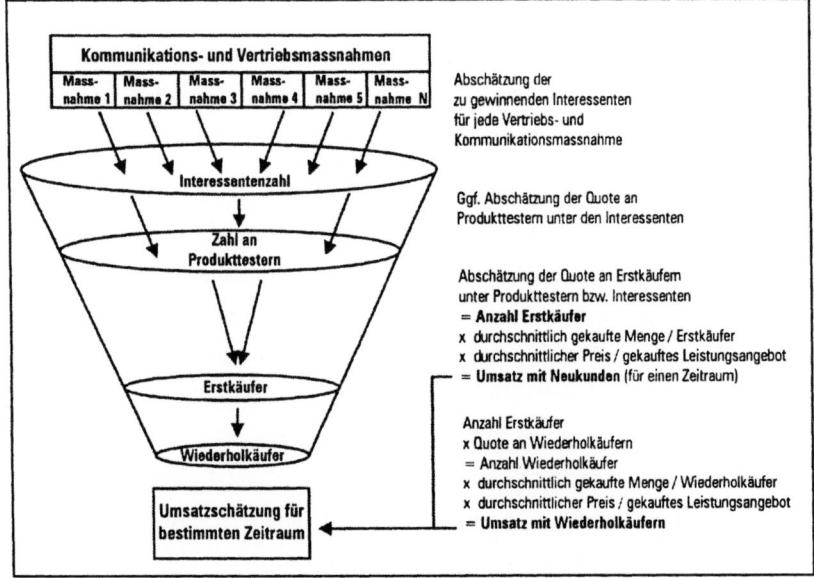

Abb. 3-60: Vorgehen zur Abschätzung des potentiellen Absatz- bzw. Umsatzvolumens

Da die meisten Marketingmaßnahmenpläne über den Zeitraum von einem Jahr hinaus nicht im Detail (!) sinnvoll zu planen sind, leitet man die zu prognostizierenden Umsatzzahlen aus der Steigerung des Kommunikations- und Vertriebsbudgets unter Berücksichtigung der Veränderung des Marktpotentials bzw. –volumens ab. In leicht wachsenden Märkten sollte bei branchenüblichen Kommunikationsaufwendungen (5-12 % vom Umsatz in Industrie- bzw. –Konsumgütermärkten) als Faustregel die geplante Steigerungsrate des eigenen Umsatzes ungefähr genauso hoch sein wie die Steigerungsrate des Marketingbudgets. Bei sinkendem oder stagnierendem Marktvolumen (Verdrängungswettbewerb!) muss man für eine Umsatzsteigerung selbst mit einem konkurrenzfähigen Produkt normalerweise überproportionale Vertriebs- und Kommunikationsbudgetsteigerungen vornehmen. In sehr starken Wachstumsmärkten ist das nicht unbedingt notwendig. Hier wächst man im Normalfall mit branchenüblichen Kommunikationsbudgets genauso schnell wie der Markt, wenn man ein konkurrenzfähiges Leistungsangebot und ein „durchschnittliches" Marketing betreibt.

Jedoch sollte man bedenken, dass bei allen Absatz- und Umsatzschätzungen ein großes **Fehlerpotential** enthalten ist, dass man nur durch Erfahrung mit der Erfolgskontrolle von Marketingmaßnahmen über einen Zeitraum von zwei bis drei Jahren in der jeweiligen Branche überwinden kann. Dazu gehört jedoch der Aufbau einer fundierten Marketing-Kontrolle.

3.4.8   Aufbau einer Marketing-Erfolgskontrolle

Noch vor einer Markteinführung am Ende der Gründungsdurchführungsphase sollten die Grundlagen für die Erfolgskontrolle der geplanten Marketingmaßnahmen gelegt werden. Kontrolle bezieht sich auf einen Vergleich des geplanten Soll-Zustandes mit dem eingetretenen Ist-Zustand. Der Soll-Zustand wird über die geplanten Marketingziele bestimmt, die durch strategieadäquate Umsetzung des Marketing-Mix erreicht werden. Minimum ist eine **Überprüfung des Marketingplans** in Hinblick auf die Abarbeitung der geplanten Maßnahmen durch die Gründer.

Für eine **operative Marketing-Kontrolle** sind **Kennzahlen** zu entwickeln, durch die die Umsetzungsqualität von Marketingmaßnahmen durch die Gründer vorerst für die ersten sechs Monate nach dem Markteintritt festgestellt werden kann. Dabei geht es um die Bereitstellung weniger und für das Ergebnis der Marketingmaßnahmen aussagekräftiger Kennzahlen, die möglichst einfach zu bestimmen sind.

Vorrangiges Ziel ist die Überprüfung der **Zielgerichtetheit (Effektivität)** und des **Kosten-Nutzen-Verhältnisses (Effizienz)** von Marketing-Mix-Maßnahmen zur Kundengewinnung. Die nachfolgend beschriebenen Kennzahlen sind nach den Marketing-Mix-Instrumenten geordnet und geben relativ zuverlässig Auskunft über die jeweils erzielten Ergebnisse. Sie stellen jedoch nur eine Auswahl dar, die sinnvoller weise je nach gewählter Marketingmaßnahme und vor allem Branche noch differenziert werden kann. Dabei sollte die Berechnung dieser Kennzahlen am besten **monatsweise** erfolgen, um möglichst frühzeitig Informationen über die Qualität der Einführungsmaßnahmen zu erhalten.

Unabdingbare Voraussetzung ist die **Ermittlung von Umsatz und Absatz nach Leistungsangeboten, bearbeiteter Kundengruppe und geographischem Gebiet** (s. hierzu auch Preißner 1999, S. 259).

Das **Angebotsprogramm** kann anschließend nach den ersten Monaten der Geschäftstätigkeit in Bezug auf **Markt- und Ergebniswirkung** (Haller 1997, S. 122f.) geprüft werden. Marktwirkung bedeutet, dass man prüft, wie häufig welche Teile des Angebotsprogramms verkauft wurden (Lagerumschlag). Zusätzlich ermittelt man den erzielten Deckungsbeitrag jedes Angebots des Leistungsprogramms und kann auf diese Art die Ergebniswirkung bestimmen. Alle Leistungsangebote sind in einer Matrix darstellbar.

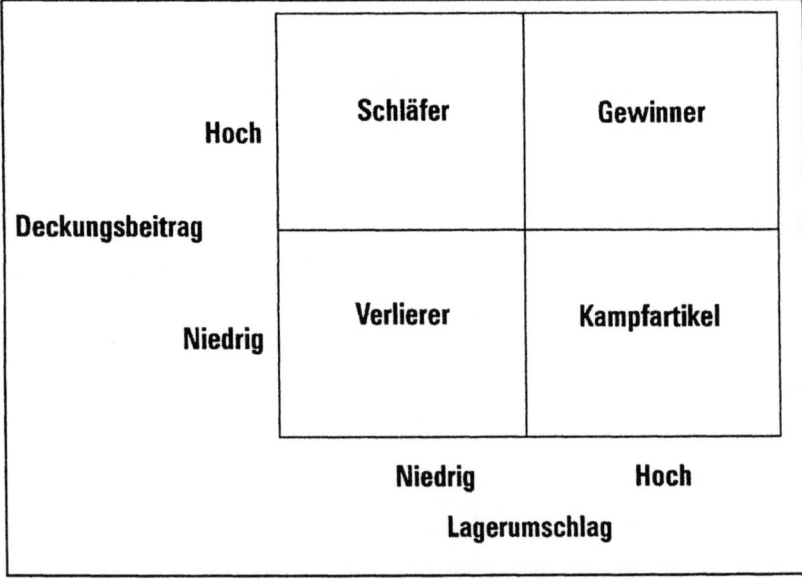

Abb. 3-61: Marktwirkungs-/ Ergebniswirkungsportfolio (Haller 1997, S. 123)

Man erkennt sofort, welche Leistungsangebote „Verlierer" sind. Allerdings ist die Erstellung einer derartigen Übersicht bei Handelsbetrieben mit relativ vielen Artikeln eine anspruchsvolle Controllingaufgabe, wenn man nicht über eine leistungsfähige EDV-Unterstützung verfügt. Jedoch lohnt sich der Aufwand, da auf diese Art wenig nachgefragte und wenig Deckungsbeitrag erwirtschaftende Leistungsangebote systematisch aus dem Angebotsprogramm eliminiert werden können. Nur sollte man vor einer Eliminierung prüfen, ob Ausstrahlungseffekte auf den Verkauf anderer Produkte und Dienstleistungen bestehen. Das ist z.b. der Fall, wenn ein eigentlich defizitäres Produkt als Einstiegsprodukt in das Leistungsprogramm eines Herstellers dient. Nach Erstinvestition und Umstellung des Geschäftsbetriebes kann der Kunde nur unter sehr hohen Kosten diesen Einstieg (z.b. bei Softwaresystemen) wieder rückgängig machen und ist dadurch an das Unternehmen gebunden. In Folge werden nun weitere Umsätze durch weitere Programmmodule und Dienstleistungen generiert, woraus sich die Profitabilität ergibt.

Neue Produkte sollten vor einer Aufnahme in das Sortiment immer daraufhin geprüft werden, ob sie einen positiven Deckungsbeitrag erzielen und / oder ob sie zumindest den wahrgenommenen Wert des Leistungsprogramms (Attraktivität) aus der Sicht des Kunden erhöhen. Dann kann man Ausstrahlungseffekte und dadurch Mehrkäufe bei anderen Produkten und Dienstleistungen erwarten. Über diese Grundauswertungen von Absatz und Umsatz hinaus, können weitere Kennzahlen zur Marketing-Mix-Kontrolle angewendet werden, die in der nächsten Abbildung dargestellt sind.

Die **Kennzahlen der Produktpolitik** zielen darauf ab, festzustellen, ob die Erwartungen der Kunden aber auch die Erwartungen der eigenen Mitarbeiter an das Leistungsangebot selbst und die Leistungserbringung erfüllt wurden. Nehmen eigene Mitarbeiter Probleme bei der Leistungserbringung wahr, bedeutet das nicht, dass der Kunde diese Probleme auch bemerkt hat. Aus der Perspektive des Kunden kann die Leistung perfekt abgewickelt worden sein, jedoch war der dafür notwendige Aufwand immens hoch und das ganze Projekt deswegen im schlimmsten Fall ein Minusgeschäft. In jedem Fall weist die Kennzahl „Anzahl unproblematischer Aufträge" auf Probleme in der Qualität des Leistungsangebotes oder in den Prozessen zur Erbringung der Kundenleistung hin, die üblicherweise hohe Kosten verursachen. Zur Erhebung muss man nur die eigenen Mitarbeiter bei jedem abgewickelten Auftrag fragen, wie gut der Prozess der Leistungserbringung ablief und was man hätte verbessern können. Nur abgewickelte Aufträge ohne Verbesserungsmöglichkeit sind wirklich unproblematisch.

Beispielhafte Kennzahlen zur Kontrolle von Marketing-Mix-Maßnahmen		
Mix-Element	**Effektivität**	**Effizienz**
Produktpolitik	Anzahl Aufträge mit unproblematischer Leistungserbringung	Prozentsatz der Aufträge mit unproblematischer Leistungserbringung an allen Verkäufen
	Anzahl der Beschwerden über das Leistungsangebot	Prozentsatz der Beschwerden über das Leistungsangebot an allen Verkäufen
Preispolitik	Anzahl der Aufträge / Verkäufe zum Listenpreis	Prozentsatz der Aufträge / Verkäufe zum Listenpreis an allen Verkäufen
		Durchschnittliche Rabatthöhe pro Auftrag
Distributionspolitik	Anzahl Kundenbesuche (ggf. nach Zielgruppen)	Anzahl Kundenbesuche / Auftrag (ggf. nach Zielkundengruppen)
	Anzahl abgegebene Angebote	Anzahl abgegebene Angebote / Auftrag, Erzielter Umsatz pro Besuch
	Anzahl termingerecht und fehlerfrei abgewickelter Lieferungen	Prozentsatz termingerecht und fehlerfrei abgewickelter Lieferungen an allen Lieferungen
	Anzahl der das Leistungsangebot führenden Händler	Prozentsatz der Händler, die Leistungsangebot führen an allen möglichen Händlern
Kommunikationspolitik	Anzahl von anfragenden Interessenten ggf. pro Werbemaßnahme*)	Anzahl Interessenten pro Auftrag
		Anzahl Interessenten bzw. Aufträge pro Werbemaßnahme*)
		Werbekosten pro Interessent bzw. Auftrag für jede Werbemaßnahme
	Anzahl neugewonnene Kunden bzw. Anzahl Aufträge	Durchschnittlicher Umsatz pro Neukunde bzw. Auftrag

Abb. 3-62: Kennzahlenbeispiele zur Marketing-Mix-Maßnahmenkontrolle

*) Bestimmung der Interessentenzahlen pro Werbemaßnahme bzw. pro Auftrag setzt voraus, dass beim ersten Kontakt mit einem Interessenten für das Leistungsangebot abgefragt wird, woher dieser vom Unternehmen Kenntnis erlangt hat.

Die wichtigste **Kennzahl der Preispolitik** ist die durchschnittliche Rabatthöhe. Sie sagt aus, wie stabil der veranschlagte Preis gehalten werden kann. Interessant ist vor allem, wie viel Prozent der Aufträge zum Listenpreis verkauft werden können.

In den **Kennzahlen der Distributionspolitik** geht es vor allem um die Qualität eines vorhandenen Vertriebs und dessen Erfolgsquote. Es werden weitgehend klassische Kennzahlen der Verkäuferakquisitionsleistung wie die Anzahl der Besuche bzw. Angebote pro Auftrag verwendet. Zusätzlich sollte die fehlerfreie (in Hinblick auf die Leistung) und termingerechte Abwicklung der Lieferung überprüft werden.

Kommunikationspolitische Kennzahlen sollen vor allem die Effizienz von Werbemaßnahmen ermitteln, wobei es vor allem um die mit Interessenten am Leistungsangebot generierten Kundenkontakte geht. Diese Kontakte sind auf die einzelnen Werbemaßnahmen aufzuschlüsseln und nachfolgend mit den jeweiligen Kommunikationskosten zu vergleichen, so dass man pro Werbemaßnahme die Kosten für die Gewinnung eines Interessenten bzw. eines Auftrags erhält. Letztendlich geht es um die insgesamt gewonnene Anzahl an Neukunden bzw. die mit diesen Neukunden erzielte Auftragszahl und Umsatzhöhe.

Um schon mit der Geschäftsgründung sofort diese Kennzahlen ermitteln zu können, ist die **Einrichtung einer Datenbank** mit entsprechenden Auswertungsroutinen zur Speicherung und Auswertung von Marketing- und Vertriebsinformationen unbedingte Voraussetzung. Ob man zu Beginn gleich mit einer integrierten Software mit Schnittstellen zu anderen Anwendungen (z.B. Kostenrechnung) oder mit einer selbst programmierten Access- oder Excel-Datenbank beginnt, hängt von der Größe und vom verfügbaren Budget ab. Jedoch sollte schon zu Beginn dafür gesorgt werden, dass eine **Verknüpfung von Marketing- und Vertriebsinformationen mit Kostenrechungsergebnissen** möglich ist.

4. Marketing in der Frühentwicklungsphase

Mit der Frühentwicklungsphase vollzieht das junge Unternehmen den Markteintritt und setzt die geplante Marketingkonzeption um. Nun müssen Interessenten angesprochen, für das Leistungsangebot gewonnen und dauerhafte Geschäftsbeziehungen zu neuen Kunden aufgebaut werden. Deshalb ist das Marketing auf den Beziehungsaufbau (**Relationship-Marketing**) auszurichten.

Auf der Grundlage intakter Geschäftsbeziehungen zu den wichtigsten Kunden des Unternehmens ist es möglich, ein **Früherkennungssystem** zur Umsatzprognose zu entwickeln. Außerdem erlaubt es die frühzeitige Erkennung von Marktchancen und -risiken durch Beobachtung weniger Frühindikatoren.

4.1 Aufbau eines Relationship-Marketing

4.1.1 Kundenbeziehungsphasen

Relationship-Marketing (Bruhn 2001, Gummesson 1997) umfasst sämtliche Maßnahmen für den Aufbau, die Intensivierung und den Erhalt von insbesondere kundenbezogenen Geschäftsbeziehungen. Dabei kommt es darauf an, **aus anfänglichen Interessenten** begeisterte Kunden zu machen, die schließlich zu **enthusiastischen Fürsprechern** des jungen Unternehmens werden. Grundlage eines Relationship-Marketing ist der **Kundenbeziehungszyklus** mit den Phasen Kundenakquisition, Kundenbindung und Kundenrückgewinnung (Bruhn 2001, S. 48). Für die Unternehmensgründung in der Frühentwicklungsphase sind besonders die Phasen **Kundenakquisition** und **Kundenbindung** von Bedeutung.

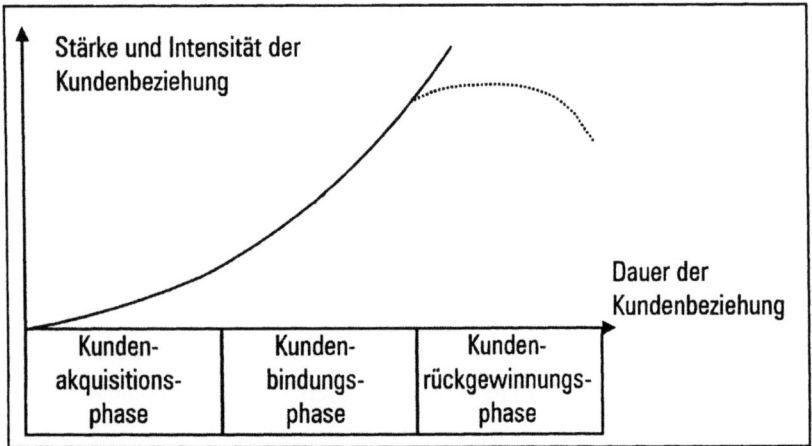

Abb. 4-1: Lebenszyklus einer Kundenbeziehung

Da bei einer Unternehmensgründung viele Neukundenbeziehungen geknüpft werden müssen, steht die **Kundenakquisitionsphase** in den ersten Monaten nach dem Markteintritt im Vordergrund. Dabei dienen die Marketingbemühungen des jungen Unternehmens der Bekanntmachung des Unternehmens mit seinem Leistungsangebot, der Vermittlung eines glaubwürdigen Unternehmensimages und vor allem der Generierung von Erstkäufen. Sobald das junge Unternehmen jedoch über die ersten Kunden verfügt und mit ihnen Aufträge abwickelt, wird bei diesen Kunden die **Kundenbindungsphase** wichtiger, um für Kunde und Unternehmen **dauerhaft** profitable Geschäftsbeziehungen zu entwickeln. Dieses ist aus Gründersicht der Fall, wenn möglichst weitere Leistungsangebote aus dem Angebotsprogramm an einen Kunden verkauft werden können oder kundenspezifische Leistungen höhere Deckungsbeiträge erlauben. Auch der Aufbau von Wechselbarrieren sowie die Standardisierung der Kundenbearbeitung können zur Profitabilitätssteigerung beitragen.

Erforderlich ist für das junge Unternehmen eine **Balance der Marketingbemühungen** (Bjerke / Hultman 2002, S. 209), so dass einerseits ausreichend Zeit für **Neukundenakquisition** vorhanden ist und andererseits **Geschäftsbeziehungen** zu einmal gewonnenen Kunden weiterentwickelt und gepflegt werden können.

Relationship-Marketing ist deshalb in zweierlei Hinsicht von **Bedeutung**:

Erstens vereinfacht es mittelfristig die Neukundenakquisition, da es keine seriösere Unternehmenskommunikation als die begeisterter Kunden gibt. Mit zunehmender Zahl vom Unternehmen überzeugter Multiplikatoren stellen sich erhebliche **Bekanntmachungserfolge durch Mund-zu-Mund-Propaganda** ein, so dass mitunter sogar auf große Teile der Werbung verzichtet werden kann.

Zweitens konnten Reicheld / Sasser (1990) zeigen, dass mit zunehmender Länge der Geschäftsbeziehungsdauer der Gewinn pro Kunde stark anstieg. Abhängig von der Branche konnte ein **1,8 bis 3,7-faches Wachstum des Gewinns pro Kunde** über einen Zeitraum von fünf Jahren in Bezug zum Gewinn des ersten Geschäftsjahres ermittelt werden.

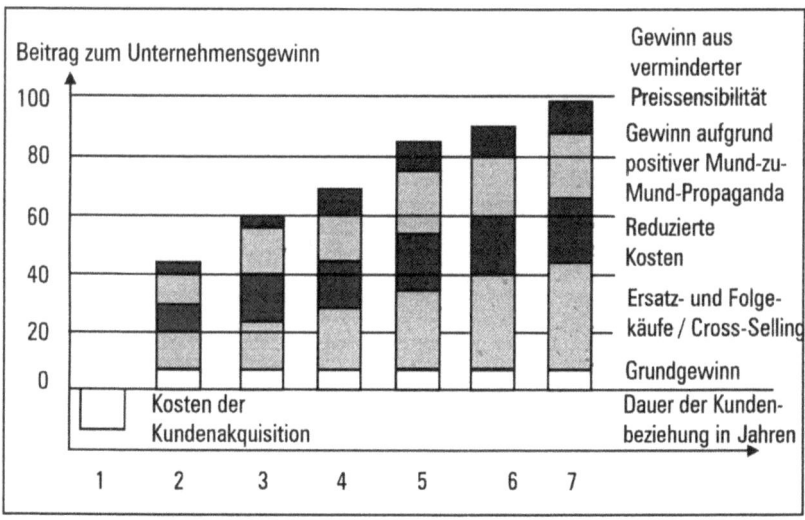

Abb. 4-2: Gewinnbeiträge über die Dauer der Kundenbeziehung (Reicheld / Sasser 1990)

Diese Profitabilitätssteigerung erklärt sich durch die Ausweitung der Geschäftsbeziehung mit zunehmender Beziehungsdauer, da der Kunde zusätzliche Angebote des Unternehmens oder größere Mengen aufgrund höheren Vertrauens zum Anbieter abnimmt. Dazu ist er mitunter weniger preissensibel und die Kosten des Einzelauftrags sinken aufgrund der größeren verfügbaren Informationen und des Verzichts auf Formalitäten. Bei extrem guten Kunden ist z.b. häufig keine Auftragsbestätigung und mitunter noch nicht einmal ein Angebot erforderlich.

4.1.2 Die Kundenakquisitionsphase

4.1.2.1 Marketingziele in der Kundenakquisitionsphase

Die Kundenakquisitionsphase im Geschäftsbeziehungsaufbau ist die aufwendigste Phase für eine Unternehmensgründung, da die Gründer meist bei den potentiellen Kunden unbekannt sind und im schwierigsten Fall der innovativen Gründung auch noch ein vollständig neuartiges, die Branchenspielregeln veränderndes Leistungsangebot verkaufen.

Ob ein potentieller Kunde erstmalig von einem jungen Unternehmen etwas kauft, hängt einerseits von der **wahrgenommenen Leistungsqualität** des Angebots und von der **Einschätzung der Vertrauenswürdigkeit** des jungen Unternehmens ab. Je wichtiger der Kauf für den Kunden ist und je höher seine Unsicherheit über die Qualität des Leistungsangebotes, desto stärker wird der Einfluss der Vertrauenswürdigkeit auf die Bereitschaft zum Erstkauf sein. Kenning (2002, S. 115) konnte z.B. für den Einzelhandel zeigen, das das Kundenvertrauen in das Geschäft überwiegend durch die **Glaubwürdigkeit der Verkäufer** bestimmt wird. Allerdings kann an die Stelle des personenbezogenen Vertrauens auch ein Systemvertrauen in das Unternehmen treten, so dass das Kundenvertrauen nicht mehr überwiegend von den Eigenschaften der Verkäufer abhängt. Das ist dann möglich, wenn es gelingt, die **vertrauensbildenden Eigenschaften Kompetenz, Beständigkeit / Zuverlässigkeit, Integrität, Loyalität und Aufgeschlossenheit** von der verkaufenden Person auf das (junge) Unternehmen zu übertragen. Kenning (2002, S. 148-149) identifizierte z.B. Discounthandelsgeschäfte, die trotz sehr geringem persönlichen Kontakt zu den Kunden als sehr vertrauenswürdig eingestuft wurden. Das bedeutet, dass Kundenvertrauen auch durch andere Wege als nur durch persönliche Kommunikation erreicht werden kann.

Dazu muss es gelingen, die oben aufgeführten vertrauensbildenden Eigenschaften glaubhaft durch mediale Kommunikation und konsistentes Unternehmensverhalten zu vermitteln.

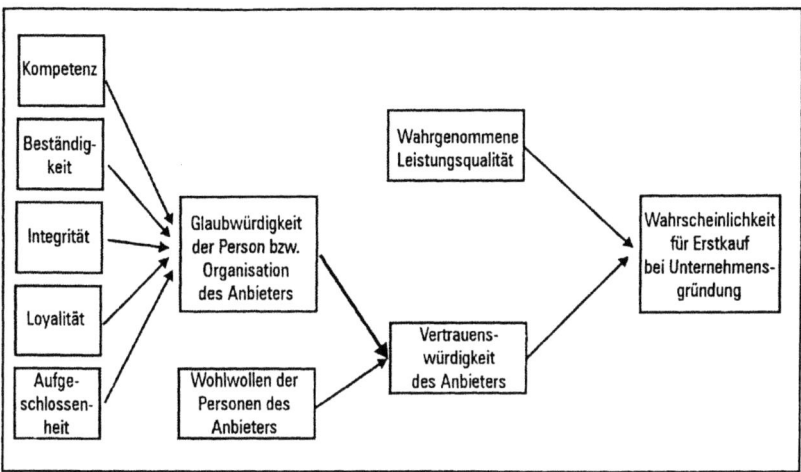

Abb. 4-3: Einflussgrößen des Akquisitionserfolges

Überträgt man diese Erkenntnisse auf die Situation von Unternehmensgründern, so muss es Ziel der Marketingbemühungen in der Akquisitionsphase sein, neben der Demonstration der Leistungsqualität vor allem Glaubwürdigkeit als Grundlage für die Entwicklung von **Kundenvertrauen** unter Beweis zu stellen. Dafür ist konsequent darauf zu achten, dass das persönliche Auftreten der Repräsentanten des jungen Unternehmens mit den Bausteinen der **Corporate Identity** (Unternehmenskommunikation, -verhalten und -erscheinungsbild) übereinstimmt.

4.1.2.2 Kundenakquisitionsstrategien

Da nur wenige potentielle Kunden bei der Vorstellung des Leistungsangebotes eines jungen Unternehmens sofort zum Kauf bereit sind, gilt es aus der Perspektive der Unternehmensgründung Wege zu finden, sie vom Leistungsangebot zu überzeugen und zum Kauf zu stimulieren.

Für den Aufbau von Geschäftsbeziehungen zu Neukunden in der Akquisitionsphase muss unterschieden werden, ob es sich um **Nichtverwender oder Kunden der Konkurrenz** handelt (Karg 2001, S. 94). Nicht-Verwender verfügen in den meisten Fällen nur über wenig oder nicht mehr aktuelle Vorerfahrungen zu einem Leistungsangebot, während Kunden der Konkurrenz eine mehr oder weniger aktuelle aber mit dem Leistungsangebot weitgehend vergleichbare Konkurrenzlösung nutzen.

Weiterhin sind die Aufgaben der Akquisitionsphase in die **Überzeugung** des Kunden von den Fähigkeiten des Unternehmens und die **Stimulierung** des Kunden zum Kauf des Leistungsangebotes (Bruhn 2001, S. 117) zu unterteilen. Durch Kombination dieser beiden Dimensionen kommt es zu unterschiedlichen Akquisitionsstrategien in Hinblick auf die Überzeugung und Stimulierung des potentiellen Kunden zum Kauf.

	Aufgaben der Akquisitionsphase	
	Überzeugung	**Stimulierung**
Nicht-Verwender	**Nutzen-argumentation**	**Überwindung von Innovationsbarrieren**
Kunden der Konkurrenz	**Wettbewerbs-vorteils-argumentation**	**Überwindung von Wechselbarrieren und ggf. von Innovationsbarrieren**

(Zeile links: **Art der potentiellen Kunden**)

Abb. 4-4: Akquisitionsstrategien

Zur Überzeugung von **Nichtverwendern** kommt es besonders darauf an, ob es gelingt, ein latent vorhandenes Bedürfnis zu stimulieren und den spezifischen **Kundennutzen des Leistungsangebotes** deutlich zu machen. Z.B. würde man einem Nicht-Verwender eines schnurlosen Festnetztelefons erklären, dass er auch bei seiner Lieblingsbeschäftigung Gartenarbeit im Umkreis von 50m vom Haus erreichbar wäre und nie mehr den Anruf seiner Familie versäumen würde.

Ist das Verständnis des Kundennutzens für den Nicht-Verwender zum Kauf nicht ausschlaggebend, dann sind zur Kaufstimulierung meist **Innovationsbarrieren** zu überwinden. Die Ursachen für diese Barrieren können unter Bezugnahme auf Hauschild (1993, S. 91-97) in rationale (z.b. ökonomische und technologische Barrieren) und tieferliegende Ursachen vor allem auf der Personenebene unterteilt werden. Im Fall des schnurlosen Telefons könnte eine tieferliegende Ursache für die Ablehnung z.b. sein, dass der beschriebene Gartenfreund Angst vor Gesundheitsschäden durch Funkwellen haben könnte und deswegen kein mobiles Telefon nutzen möchte.

Bei der Überzeugung von **Kunden der Konkurrenz**, die üblicherweise ein Leistungsangebot des Wettbewerbs nutzen, kommt es in der Akquisitionsphase darauf an, **den Kundennutzen der Wettbewerbsvorteile des eigenen Angebots** prägnant darzustellen. Es sind also die **Unterschiede zur Konkurrenz** herauszuarbeiten und die Vorteile, die sich für den Kunden aus diesen Unterschieden ergeben. Beispielsweise könnte ein Verkäufer von Mobiltelefonen mit eingebauter Digitalkamera gegenüber herkömmlichen Handys argumentieren, dass damit Schnappschüsse in guter Fotoqualität und eine sofortige Versendung als Urlaubsgruß an die e-mail-Adresse der Daheimgebliebenen möglich ist.

Jedoch kann der Kunde von den Vorteilen dieses neuen Mobiltelefons mit integrierter Digitalkamera vollständig überzeugt sein und trotzdem wird er nicht zum Kauf stimuliert, da sein Kartenvertrag noch eine Laufzeit von 9 Monaten hat. In diesem Fall könnte die **Überwindung der Wechselbarrieren** eine wirkungsvolle Kaufstimulierung sein. Z.B. wäre an eine Übernahme der Wechselkosten des alten Kartenvertrages durch den Provider oder den Austausch des alten Mobiltelefons gegen Aufpreis zu denken.

4.1.2.3 Instrumente zur Kundenüberzeugung

Für die Umsetzung der entwickelten Kundenakquisitionsstrategien gibt es eine Vielzahl von Instrumenten. Der Versuch, diese nach ihrer Anwendung zur Überzeugung von Nicht-Verwendern oder Kunden der Konkurrenz zu trennen, ist nicht sinnvoll, da z.B. eine Teststellung des Produktes für beide Kundengruppen verwendet werden kann. Es kommt nur darauf an, wie mit den dabei gewonnenen Testergebnissen gegenüber dem Nicht-Verwender im Sinne einer Nutzen- oder beim Konkurrenzverwender im Sinne einer wettbewerbsvergleichenden Argumentation vom Verkäufer weitergearbeitet wird. Deswegen werden die einsetzbaren Instrumente zur Kundenüberzeugung nachfolgend zusammengefasst beschrieben und sind in der Abbildung 4-5 dargestellt.

Im Rahmen **leistungsbezogener Kommunikation** bieten sich alle Kommunikationsformen an, mit denen die Leistung des Produktes herausgestellt werden kann. Entscheidend ist, möglichst einfach und prägnant den besonderen Nutzen oder den wesentlichen Wettbewerbsvorteil zu kommunizieren. Diesen gilt es auch in speziellen **Vorführungen** oder in einer Leistungsschau möglichst plastisch zu demonstrieren. Reichen Vorführungen nicht aus, um die potentiellen Kunden zu überzeugen, ist der kurzfristig billigere Schritt zur Kundenüberzeugung die Abgabe von **Garantien**, bevor (unverbindliche) Test- und Probiermöglichkeiten angeboten werden. Mitunter kann auch der **Preis als Signal für eine adäquate Qualität** stehen, denn „ was nichts kostet ist nichts wert". Auch ein **exklusives Fachhändlersystem** ist ein gutes Argument für eine angestrebte Qualitätsstufe und kann helfen, die Wahrnehmung der Leistungsqualität in den Augen der Kunden zu steigern. Weitere Möglichkeit der Überzeugung von der Leistungsqualität ist das **Angebot kundenindividueller Lösungen** nach speziellen, vertraglich festgehaltenen Vorgaben, so dass der Abnehmer eine maßgeschneiderte Leistung (zum entsprechenden Preis) erhält. Man erkennt, dass alle Komponenten des Marketing-Mix abhängig von der Branche zur Demonstration von Leistungsqualität beitragen.

Instrumente zur Kundenüberzeugung von der Leistungsqualität des Angebots

Leistungsbezogene Kommunikation (z.B. Vorher-Nachher-Werbung)

(bei Nicht-Verwendern: mit Nutzenargumentation auf den kaufentscheidungsrelevanten Kriterien des Kunden)

(bei Kunden der Konkurrenz: mit Wettbewerbsvergleichen und Darstellung des kunden-spezifischen Nutzens der jeweiligen Wettbewerbsvorteile)

Nutzenvorführungen bzw. Demonstration der Wettbewerbsvorteile des Leistungsangebotes

(u.a. in selbstorganisierten Vorführungsveranstaltungen und auf Messen bis zu rechner-gestützten Simulationen der Anwendung von Maschinen und Anlagen in Kompetenzzentren)

Einsatz von Garantien zum Leistungsangebot oder für spezielle Serviceleistungen

(U.a. Qualitätsgarantie durch Hervorhebung von Umfang und Dauer über gesetzlicher Gewährleistungspflicht, Preisgarantie, Rückgabe- mit Geld-zurück-Garantie, Kompatibilitätsgarantie z.B. für technische Schnittstellentauglichkeit, Kostenloser Vor-Ort-Service, kostenlose Servicehotline und Kundentelefon, orts- und zeitunabhängige Fernwartung)

Probierpackungen, „Schnupperkurse", Testversionen bzw. Produktüberlassungen zu Testzwecken

Angebot kundenindividueller Lösungen

Preis als Qualitätsargument (d.h. hoher Preis = Qualitätsprodukt)

Qualitätsadäquates Vertriebs- und Servicenetz

Abb. 4-5: Instrumente zur Überzeugung von der Leistungsqualität (in Anlehnung an Helm 2001, S. 98, Bruhn 2001, S. 147, Backhaus 1999)

Jedoch beruht die Überzeugung der potentiellen Kunden zum Erstkauf bei einer Unternehmensgründung nicht nur auf der wahrgenommenen Leistungsqualität des Angebots, sondern auch auf der **Vertrauenswürdigkeit des Anbieters.** Je innovativer das Angebot ist und je schwerer sich damit meist die Überprüfbarkeit der Leistungsqualität für den potentiellen Kunden gestaltet, desto höher ist die Bedeutung der Vertrauenswürdigkeit der erhaltenen Informationen. Deshalb kommt der Informationsquelle zur Beurteilung der Glaubwürdigkeit der Informationen eine entscheidende Rolle zu. Um einen Kunden von der Leistungsqualität eines Angebotes zu überzeugen, bieten sich folgende Instrumente an:

Instrumente zur Kundenüberzeugung von der Vertrauenswürdigkeit des Anbieters	
a) Kompetenzvermittlung der Problemlösefähigkeit des jungen Unternehmens ...	
durch Dritte	**durch Eigendarstellung**
Werbung mit zufriedenen Kunden bzw. für den Kunden besonders glaubwürdigen **Vertriebs- oder Kooperationspartnern**	**Kompetentes Auftreten aller Mitarbeiter mit Kundenkontakt** u.a. durch Schaffung von **Ähnlichkeit zu Personal und Organisation des Kunden**
Besuche bei Referenzkunden (...deren Einsatz des Leistungsangebots des Anbieters eine möglichst große Nähe zum Kundenproblem aufweisen sollte)	**(Kostenlose) Problemanalyse und Beratung** bei der Auswahl eines optimalen Produktes bzw. Dienstleistung
Zugang zu Informationen von user groups z.B. in chat rooms	**(Kostenlose) Kundenseminare** oder **Newsletter** zu Themen rund um das Leistungsangebot
Unabhängige Produktbesprechungen / Testberichte in der Fachpresse	**Abgabe von Selbstverpflichtungen** (z.B. eine schwierige Leistung in kurzer Zeit zu erbringen) **und deren Einhaltung**
Presseberichte über das Unternehmen	**Marken- / Unternehmensimage / Reputation** (entsteht erst nach längerer Marktpräsenz oder hohen Kommunikationskosten, entfällt meist für eine Gründung!)
b) Vermittlung von Beständigkeit und Zuverlässigkeit (u.a. gleichbleibender Ansprechpartner für Kunden, unbedingte Einhaltung von Terminen bzw. frühzeitige Ankündigung von Terminverzögerungen, Preisstabilität, Stabilität der Unternehmensentwicklung)	
c) Vermittlung von Integrität (z.B. durch vertraulichen Umgang mit Informationen, keine Ausnutzung von Fehlern des Kunden)	
d) Vermittlung von Loyalität (z.B. Einhaltung von Zusagen und Absprachen)	
e) Darstellung von Aufgeschlossenheit und Interesse gegenüber dem Kunden	

Abb. 4-6: Instrumente zur Überzeugung des Kunden von der Vertrauenswürdigkeit des Anbieters (in Anlehnung an Helm 2001, S. 98, Plöttner 1995, S. 162, Kenning 2001, S. 186)

Wichtigster Punkt bei der Erzielung von Glaubwürdigkeit ist der **Beweis von Kompetenz** des jungen Unternehmens. Dieses gelingt am besten, in dem über das junge Unternehmen durch **unabhängige Dritte** z.B. durch die Fachpresse berichtet wird. Wichtig ist, dass man möglichst frühzeitig die ersten zufriedenen Kunden in die Unternehmenskommunikation mit einbindet. In den USA ist der Abdruck von Statements der Erstanwender inzwischen schon Standard, wobei in Deutschland die Werbung mit glaubhaften „**Erfolgsgeschichten**" bei weitem nicht so gepflegt wird. Verfügt das junge Unternehmen über glaubwürdige Kooperations- oder Vertriebspartner, sollte es diese Möglichkeit in der eigenen Kommunikation so verwenden, dass stets der gute Name des Kooperationspartners zusammen mit dem jungen Unternehmen genannt wird (Imagetransfer!). Vom Grundtenor ist darauf zu achten, dass das präsentierte Leistungsergebnis ohne die Verbindung beider Partner nicht möglich gewesen wäre. Des weiteren helfen alle positiven Meinungen von Pilotnutzern oder Referenzkunden bei der Vermittlung von Glaubwürdigkeit und Seriosität sowie unabhängige Berichte der Fachpresse über Produkte und Unternehmen.

Die wahrgenommene Kompetenz des jungen Unternehmens kann auch durch die **Eigendarstellung** beeinflusst werden. Haupteinflussfaktor ist ein **kompetentes Auftreten der Personen mit Kundenkontakt**. Dieses wird außer durch hohe Produkt- und Fachkenntnisse sowie lange Branchenzugehörigkeit auch durch eine möglichst hohe Ähnlichkeit der Personen auf Anbieter- und Kundenseite vermittelt. Deshalb wird z.B. im Business-to-Business-Marketing darauf geachtet, dass der Geschäftsführer des Kunden auch mit dem Geschäftsführer des Anbieters verhandelt, so dass zumindest Ähnlichkeiten in der hierarchischen Struktur der Verhandlungspartner geschaffen werden. Teilt man darüber hinaus auch ähnliche Meinungen über den persönlichen Lebensstil und das Auftreten mit dem Kunden gelingt der Vertrauensaufbau umso leichter.

Für die Bildung von Vertrauen ist es darüber hinaus besonders wichtig, dass der Anbieter zu Beginn der Geschäftsbeziehung erklärt, an einer **vertrauensvollen Beziehung** interessiert zu sein und auch bereit ist, diesbezüglich die Initiative zu übernehmen, indem er sich zu etwas verpflichtet. Das kann z.B. die Besorgung einer für den Kunden entscheidungsrelevanten Information aus einer zuverlässigen Quelle o.ä. sein. Löst er dieses Versprechen ein, so ist der Grundstein für eine vertrauensvolle Beziehung gelegt. Der Kunde gerät „in Zugzwang" und wird indirekt aufgefordert, einen Schritt in ähnlicher Höhe entgegenzukommen. Allerdings ist darauf zu achten, dass der „erste kleine Schritt" nicht als Anbiederung verstanden wird, wodurch eher Ablehnung als die Wahrnehmung eines Aktes zur Schaffung von gegenseitigem Vertrauen entsteht (Plöttner 1995, S. 150).

Darüber hinaus haben alle Personen mit Kundenkontakt sich zur Schaffung von Kundenvertrauen zuverlässig, integer und loyal gegenüber dem Kunden zu verhalten. Das macht sich z.B. bei der Diskussion über Vor- und Nachteile von Wettbewerbsprodukten bemerkbar. Dabei sollte vermieden werden, über Wettbewerbsprodukte oder Verkäufer anderer Organisationen „herzuziehen". Die Vermittlung von Zuverlässigkeit und Beständigkeit erfolgt vor allem durch die **Beibehaltung des Ansprechpartners** für den Kunden während der Akquisitions- und möglichst auch in der Kundenbindungsphase. Ist ein Wechsel notwendig, sollte der neue Ansprechpartner zumindest vom vorhergehenden Kundenbetreuer persönlich bekannt gemacht werden.

Abschließend ist noch auf das in der Praxis so wichtige **Unternehmensimage einzugehen.** Ein unbekanntes Unternehmen verfügt aufgrund fehlender Marktpräsenz noch nicht über einen sogenannten „guten Ruf" (**Reputation**) in einer Branche. Es kann bestenfalls versuchen, sich durch den Erwerb von unternehmensspezifischen **Gütesiegeln** (z.B. geprüfter Online-Shop, Qualitätsmanagementsystem nach DIN ISO 9000) als seriöser Anbieter zu profilieren. Allerdings sind mit der Erlangung eines Gütesiegels in vielen Fällen erhebliche innerbetriebliche Anstrengungen erforderlich. Es ist spätestens in der Frühentwicklungsphase durch die Geschäftsleitung zu prüfen, welche Gütesiegel in der jeweiligen Branche Mindeststandard sind und welche eine wirkliche Differenzierung zum Wettbewerb ermöglichen.

Doch auch wenn der Kunde Vertrauen zum Anbieter besitzt und vom Leistungsangebot überzeugt ist, kann es trotzdem sein, dass ein Kauf nicht stattfindet, weil Barrieren diesem Kauf im Wege stehen, die durch Maßnahmen der Kundenstimulierung abgebaut werden können.

4.1.2.4 Instrumente zur Kundenstimulierung

Für die Stimulierung von Kunden zum Erstkauf ist die **Überwindung von Innovations-barrieren bei Nicht-Verwendern** und **Wechselbarrieren bei Kunden der Konkur-renz** erforderlich.

4.1.2.4.1 Überwindung von Innovationsbarrieren

Innovationsbarrieren können in Anlehnung an Hauschildt (1993, S. 85) auf einer **perso-nenbezogenen Ebene** unterschieden werden in Barrieren des **Nicht-Wissens, Nicht-Könnens, Nicht-Dürfens** und **Nicht-Wollens.**

Nicht-Wissen bezeichnet Informationsdefizite, Nicht-Können Fähigkeitsdefizite und Nicht-Dürfen Machtdefizite des Kunden. Die Barriere des Nicht-Wollen bringt eine ne-gative Einstellung gegenüber einem neuartigen Leistungsangebot zum Ausdruck.

Dazu werden auf einer **oberflächlichen Ebene** häufig **technologische, ökonomische und organisatorische Gründe** gegen einen Kauf angeführt. Diese dienen häufig dazu, von den wahren persönlichen Gründen abzulenken oder diese zu überspielen. Nachfol-gend sind einige Instrumente zur Überwindung der genannten Barrieren aufgeführt, die eine Stimulierung des potentiellen Kunden erzeugen können.

Bei der Auswahl der Instrumente kommt es immer auf die individuelle Anpassung an die jeweilige Situation und den potentiellen Kunden an. Jedoch sollte im Fokus der Bemü-hungen zur Kundengewinnung stehen, es diesem so leicht wie möglich zu machen, das Leistungsangebot zu erwerben. Andererseits ist darauf zu achten, das späten Nicht-Verwendern (sogenannten Nachzüglern) im Kaufprozess Peinlichkeiten aufgrund ihres geringen Informationsstandes über das Leistungsangebot erspart bleiben.

Instrumente zur Überwindung von Innovationsbarrieren zur Erstkaufstimulierung	
Oberflächliche Ebene von Innovationsbarrieren	**Instrumente zur Überwindung**
Technologische Gegenargumente	z.B. Technische Beratung zur Herstellung von technologischer Kompatibilität mit den vorhandenen Systemkomponenten.
Ökonomische Gegenargumente	z.B. Wirtschaftlichkeitsberechnungen, Angebot von Finanzierungshilfen (Absatzkredite, Leasing, tilgungsfreie Jahre u.a.), ggf. Preisanpassung oder Leistungsveränderung beschränkt auf Kernnutzen.
Organisatorische Gegenargumente	z.B. Entwicklung von Einführungskonzepten für das Leistungsangebot möglichst zusammen mit Mitarbeitern der Abnehmerorganisation.
Persönliche Ebene von Innovationsbarrieren	**Instrumente zur Überwindung**
Barriere des Nicht-Wissens	z.B. Bereitstellung von Informationsmaterial auf dem Wissensstand und in der für den Kunden optimalen Präsentationsform, Kontaktvermittlung zu erfahrenen Nutzern, die auch komplexe Sachverhalte einfach erklären können, Nutzung „neutraler" Berater.
Barriere des Nicht-Könnens	z.B. Bereitstellung von Bedarfserfassungs-, Planungshilfen, Bedienungsanleitungen vor dem Kauf, Zusicherung von Einführungskursen und begleitenden Produktschulungen, Angebot von „schlüsselfertigen" Komplettlösungen, ggf. Übernahme von Projektplanung und Qualitätssicherung für den Kunden.
Barriere des Nicht-Dürfens	z.B. Bereitstellung von Argumentationshilfen zur Überzeugung von entscheidungsrelevanten Personen im Kreis von Familie oder Organisation durch den potentiellen Kunden.
Barriere des Nicht-Wollens	z.B. Erklärung von Konsequenzen des Nicht-Kaufs, Abwägung von Risiken und Chancen, Erzeugung von Zweifeln an der Richtigkeit der Entscheidung „Nicht-Kauf", Erzeugung von „dosiertem" Zeitdruck z.B. durch Sonderaktion.

Abb. 4-7: Instrumente zur Überwindung von Innovationsbarrieren bei der Erstkaufstimulierung speziell von Nicht-Verwendern

4.1.2.4.2 Überwindung von Wechselbarrieren

Im Unterschied zu Nicht-Verwendern haben Kunden der Konkurrenz eine mehr oder weniger stark ausgeprägte Geschäftsbeziehung zu einem Händler oder Lieferanten. Für die Stimulierung des Kunden zum Erstkauf bei der Unternehmensgründung sollte man demzufolge wissen, ob die jeweilige Person **faktisch oder psychologisch** an das Konkurrenzunternehmen gebunden ist. Faktische Wechselbarrieren können ökonomischer, technisch-funktionaler und vertraglicher Art sein. Darüber hinaus weist Karg (2001, S. 115) darauf hin, dass die **Bindung** des Kunden **an die Organisation**, die **Leistung** oder an eine **einzelne Person** (z.B. einen Verkäufer) bestehen kann.

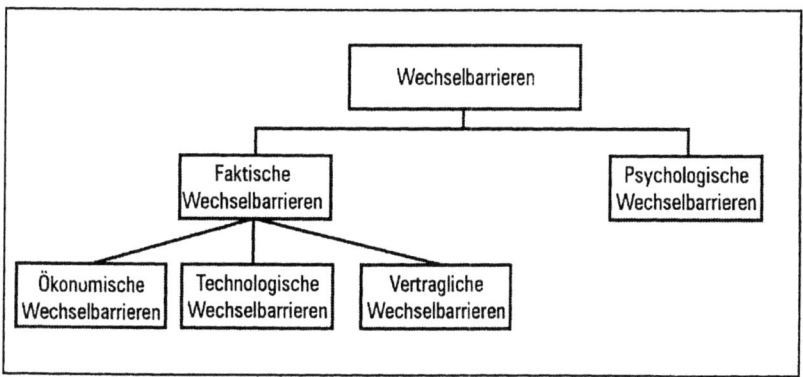

Abb. 4-8: Übersicht über die Wechselbarrieren

Faktische Bindungen an die Organisation bestehen z.B. in der Automobilindustrie bei hoher Verflechtung von Kunde und Lieferant im Rahmen von Just-in-time-Belieferungskonzepten. Faktische Bindungen an die Leistung bestehen bei exzellenten Produkten, beim Angebot von kundenseitig besonders geschätzten Zusatzleistungen und speziellen Konditionensystemen. Personelle Bindungen bestehen, wenn der Kunde persönlich besondere Vergünstigungen durch den Anbieter erfährt. Dieses soll z.B. bei Ärzten vorkommen, die von Bildungsreisen verknüpft mit der Möglichkeit zum Ski-Urlaub seitens der Medikamentenhersteller profitieren. Unter Rückgriff auf die Ausführungen von Karg (2001, S. 117-119) lassen sich verschiedene Instrumente zur Überwindung der **faktischen Bindungsarten** finden.

Alle Tabellen betrachten die Perspektive des potentiellen Kunden und sind wie folgt zu lesen: „Ein Abnehmer ist an einen Lieferanten / Händler gebunden auf der Ebene der ... (Bindungsebene) ... durch .... (Bindungsart) .... Diese Wechselbarriere kann von einem Neuanbieter ggf. aufgelöst werden durch folgendes ... (Instrument zur Überwindung).

Instrumente zur Überwindung faktischer ökonomischer Wechselbarrieren		
Bindungsebene	**Bindungsart**	**Instrument zur Überwindung**
Organisation	- Aufeinander abgestimmte Unternehmensprozesse (z.B. gemeinsames Marketing)	- Angebot zur gemeinsamen Entwicklung individuellerer und besserer Prozesse
	- gemeinsam getätigte Investitionen (z.B. für Forschung und Entwicklung)	- Übernahme von Nachteilen, die der Organisation aus dem Verzicht auf den alten Anbieter entstehen
	- Vorgaben der Muttergesellschaft	
Leistung	- Exzellente Produktleistung	- „Gleiches besser machen"
	- Spezielle Zusatzdienstleistungen	- Angebot erweiterter Services
	- Rabatt- und Bonussystem	- Inzahlungnahme / Entsorgung von Konkurrenzprodukten
		- Alternative Preis- und Konditionengestaltung
Person	- Annahme von persönlichen Vergünstigungen (Incentives)	- Angebot individuellerer personenbezogener Leistungen

Abb. 4-9: Instrumente zur Überwindung faktischer ökonomischer Wechselbarrieren

Weiterhin besteht die Möglichkeit, dass der Kunde aufgrund technologischer Wechselbarrieren nicht von einem anderen Anbieter akquiriert werden kann. Beispiele für derartige Barrieren finden sich in der nachfolgenden Tabelle sowie Anregungen zur Überwindung dieser Widerstände.

Instrumente zur Überwindung faktischer technologischer Wechselbarrieren

Bindungsebene	Bindungsart	Instrument zur Überwindung
Organisation	- Nutzung neuester technologischer Informationen durch Pilotkunden-Status - Vernetzung von Informations- und Kommunikationssystemen (z.b. bei Warenwirtschafts- oder Logistiksysteme)	- „Gleiches besser machen" - Angebot gemeinsamer, individuellerer Optimierung von technologisch anspruchsvollen Prozessen
Leistung	- Technologischer Vorsprung des Leistungsangebotes (z.b. durch Patentierung)	- „Gleiches besser machen" - (Kundenindividuelle) Entwicklung von Produkten auf Basis offener Standards
Person	- Expertenkompetenz einzelner Konkurrenzmitarbeiter	- Angebot von Zugang zu kundenrelevantem Wissen auf Basis von Kooperation mit Informationsanbietern

Abb. 4-10: Instrumente zur Überwindung faktischer technologischer Wechselbarrieren

Hauptstoßrichtung bei der Überwindung technologischer Wechselbarrieren auf einer individuellen Ebene ist die Versorgung von z.B. Entwicklungsmitarbeitern von Kundenunternehmen mit relevanten Informationen für ihre Tätigkeit. Je exklusiver diese Informationen sind, desto leichter fällt es diesen Mitarbeitern, auf die Vorteile einer Geschäftsbeziehung mit Fachspezialisten der Konkurrenz zu verzichten. Meist muss einem Wechsel jedoch ein Schlüsselereignis voraus gehen (Nichteinhaltung von Absprachen o.ä.) Auf der Leistungsebene kann man die Integration des Kunden in Test- und Entwicklungsarbeiten des eigenen Unternehmens und kundenindividuelle Leistungen anbieten. Dieses lohnt sich jedoch nur bei langfristig ertragreichen Groß- oder potentiellen Referenzkunden mit hoher Branchenbedeutung. Die nächste Stufe ist das Angebot von edv-technischer Vernetzung zwischen Kunden- und Anbieterorganisation, um z.b. zwischen Zulieferer und Hersteller eine Just-in-time-Fertigung zu realisieren.

Schließlich gibt es noch vor allem auf der Ebene der Organisation und der Leistung vertragliche Wechselbarrieren, die den Kunden in der Geschäftsbeziehung mit einem Konkurrenten halten können. Hierbei geht es im einfachsten Fall um die Übernahme der Wechselformalitäten (z.B. bei der Kündigung von Stromverträgen). Nächste Stufe ist die Unterstützung bei der rechtlichen Prüfung der Wechselmöglichkeiten aus Konkurrenzverträgen. Die für den Anbieter „teuerste" Variante ist die Übernahme von Verbindlichkeiten aus Vertragsbestandteilen des Kunden, was praktisch ein Herauskaufen des Kunden aus dem Vertrag mit dem Konkurrenten darstellt.

Instrumente zur Überwindung faktischer vertraglicher Wechselbarrieren		
Bindungsebene	**Bindungsart**	**Instrument zur Überwindung**
Organisation	- Kapitalbeteiligung des Konkurrenten am Kunden - Rahmenverträge auf Gesamtunternehmensebene	- Rechtliche Unterstützung zur Identifikation von Vertragslücken" - Übernahme von Vertragsvereinbarungen / -bestandteilen
Leistung	- Verträge zur Leistung (Leasing, Kauf, Finanzierung) mit Sanktionen - Verträge über Zusatzleistungen (z.B. Versicherung, Garantieerweiterungen)	
Person		

Abb. 4-11: Instrumente zur Überwindung faktischer vertraglicher Wechselbarrieren

Anders ist auf psychologische Bindungen seitens des jungen Unternehmens zu reagieren, die vor allem auf gewonnenes Vertrauen, Zufriedenheit mit Leistungen und Personen sowie auf einer „inneren Verpflichtung" beruhen (Karg 2001, S. 115). Wichtige Wechselbarrieren sind besonders das **Unternehmens- bzw. Markenimage** sowie **gewohn-**

heitsmäßiges Bestellverhalten. Dazu kommt Vertrautheit mit Schlüsselpersonen des Konkurrenzunternehmens, Sympathie und Zufriedenheit mit persönlicher Betreuung sowie manchmal sogar familiäre Bindungen.

Instrumente zur Überwindung psychologischer Wechselbarrieren		
Bindungsebene	**Bindungsart**	**Instrument zur Überwindung**
Organisation	- Unternehmensimage - Erwähnung als Referenzkunde - Tradition und Gewohnheit	- Hinweise auf mögliche Abhängigkeiten - Bedürfnis nach Abwechslung ansprechen
Leistung	- Markenimage - Innovationsausblick (bei großen, forschungsintensiven Konkurrenten) - Tradition und Gewohnheit	- Einbeziehung in Entscheidungsprozesse - ggf. Bezug auf vorhandenes positives Eigenimage herstellen
Person	- Zufriedenheit mit persönlicher Betreuung - „Kennen" von Schlüsselpersonen - Sympathie - Familiäre Bindung	- Rationales Verhalten ansprechen - Abwerbung von Konkurrenzmitarbeitern - Weckung von Neugierde - Vorabinvestitionen in Geschäftsbeziehung tätigen

Abb. 4-12: Instrumente zur Überwindung psychologischer Wechselbarrieren

Das junge Unternehmen kann durch Verweis auf mögliche Abhängigkeiten zumindest die bisherige Beziehung zu Konkurrenten in Frage stellen und dadurch vielleicht erreichen, dass der neue Anbieter einmal aus Neugier ausprobiert wird. Für die Überwindung psychologischer Wechselbarrieren sind ebenfalls schon in den vorherigen Kapiteln angesprochene Maßnahmen zur Gewinnung von Kundenvertrauen in Betracht zu ziehen. Letztendlich ist in der speziellen Situation in Erfahrung zu bringen, worauf sich fehlende Wechselbereitschaft gründet und kundenindividuelle Gegenmaßnahmen zu entwickeln. Die oben aufgeführten Beispiele können dafür als Hilfestellung dienen.

4.1.3   Die Kundenbindungsphase

4.1.3.1   Marketingziele in der Kundenbindungsphase

Sobald das junge Unternehmen die ersten Kunden akquiriert hat, tritt neben das Marketingziel der Erstkäufergewinnung das Ziel, die gewonnenen Kunden nicht nur durch die
Auftragsabwicklung zufrieden zustellen, sondern auch an das Unternehmen dauerhaft zu
binden. Grundlage hierfür ist die Schaffung von Kundenzufriedenheit und Kundenloyalität. Die Einflussgrößen auf den Kundenbindungserfolg zeigt die folgende Abbildung.

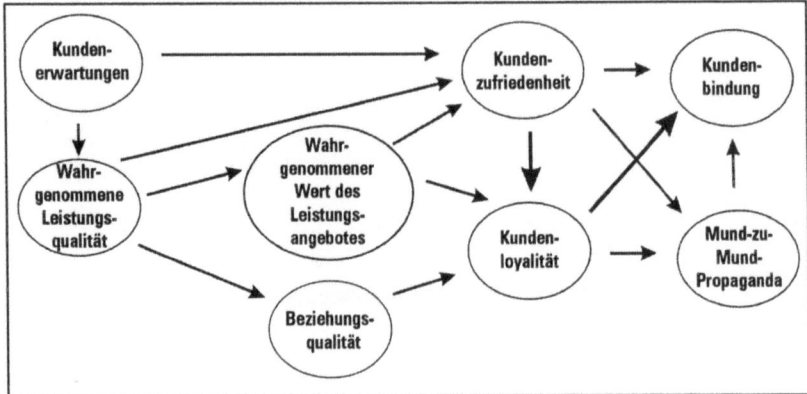

Abb. 4-13: Einflussgrößen des Kundenbindungserfolges (in Anlehnung an Bruhn 2001,
S. 59)

Kundenzufriedenheit wird im folgenden verstanden als das Resultat eines Soll- / Ist-
Vergleichs zwischen den Erwartungen der Kunden (Soll) mit den Leistungen eines Anbieters (Ist). Dieser Soll-/ Ist-Vergleich führt zu einer Bestätigung („confirmation") oder
Nichtbestätigung („disconfirmation") der Erwartungen und damit zu Zufriedenheit oder
Unzufriedenheit (Töpfer / Mann 1999, S. 71). **Kundenloyalität** bezeichnet die Absicht
eines Kunden, ein Leistungsangebot wieder zu kaufen oder weiterzuempfehlen. Kundenloyalität bildet die Vorstufe einer faktischen **Kundenbindung**, die sich im Ergebnis in
tatsächlicher Weiterempfehlung oder erneutem Kaufverhalten widerspiegelt, dass z.B.
durch eine Wiederholkaufrate gemessen werden kann.

Allerdings kann Kundenbindung auf **Gebundenheit** (z.B. durch Kartenvertrag beim Mobiltelefon) oder auf **Verbundenheit** (z.B. aufgrund emotionaler Beziehung mit dem Unternehmen) beruhen. Bliemel / Eggert (1998, S. 43) weisen jedoch darauf hin, dass Verbundenheit auch ohne Vorhandensein von Gebundenheit zu Kundenbindung führt.

Demgegenüber sind gebundene Kunden meist schnell bei einem Konkurrenzanbieter, sobald sich eine Chance zur Beendigung des Vertrages bei Unzufriedenheit bietet oder auch technische Bindungsursachen (wie z.B. Inkompatibilität eines Betriebssystems) wegfallen. Ein Relationship-Marketing zielt deshalb primär auf die **Verbundenheit mit profitablen Kunden**. Dazu ist es erforderlich, die profitablen Kunden zu identifizieren, wofür möglichst frühzeitig Kerninformationen über die akquirierten Kunden zusammengestellt und analysiert werden müssen.

4.1.3.2   Analyse der Kundenbasis

Abhängig von der Geschwindigkeit der Neukundengewinnung und Auftragsabwicklung lohnt sich eine erste Analyse der vorhandenen Kundenbasis einer Unternehmensgründung erfahrungsgemäß nach drei bis neun Monaten. Die bekanntesten Instrumente hierfür sind die **ABC-Analyse**, die **Kundendeckungsbeitragsanalyse** und verschiedene Formen von **Kundenportfolios**.

Die **ABC-Analyse** ist ein Instrument der Konzentrationsanalyse, das nicht nur auf Kunden, sondern auch auf Leistungsangebote oder bearbeitete Märkte angewendet werden kann. Die Grundfragestellung lautet: **Wie viel Prozent der Kunden erbringen wie viel Prozent vom Umsatz ?**

Voraussetzung für die Nutzung dieses Verfahrens ist die Kenntnis der Kunden und der mit ihnen erzielten Umsätze, was im Business-to-Business-Marketing und auf der Händlerebene im Konsumgütermarketing problemlos möglich ist. Schwierigkeiten ergeben sich im Gastronomiebereich, wo man allenfalls „Stammkunden" wiedererkennt und im Verkauf von Konsumgütern auf Massenmärkten. Im Konsumgütergeschäft versucht man, dieses Informationsproblem vor allem durch die Ausgabe von Kundenkarten zu lösen, um Informationen über das Einkaufsverhalten der Stammkundschaft zu erlangen.

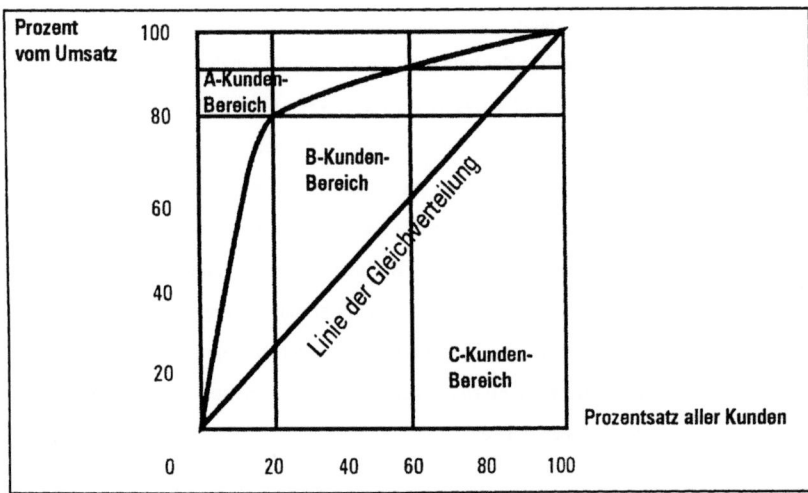

Abb. 4-14: ABC-Analyse zur Ermittlung der Umsatzkonzentration

Verfügt man als Gründer über die Zuordnung von getätigten Umsätzen und Kunden trägt man alle Kunden nach der Höhe ihres Umsatzes in einer Reihe von links nach rechts auf der x-Achse eines Diagramms ab. Die Umsätze werden dann nach jedem Kunden kumuliert und in Prozent vom Gesamtumsatz auf der y-Achse ebenfalls eingetragen. Das Ergebnis ist häufig, dass eine relativ kleine Anzahl von Kunden (ca. 20%) einen Großteil des Umsatzes (ca. 80%) ausmacht. Dieses Verhältnis wird auch als **20/80-** oder **Pareto-Regel** bezeichnet. Diese 20% der Kunden, die 80% des Umsatzes erbringen, werden dann als **A-Kunden** bezeichnet. Die Kunden, die für die letzten 10% Umsatz verantwortlich sind, werden als C-Kunden klassifiziert. Natürlich ist die Aufteilung von A-, B- und C-Kunden nicht zwingend und kann vom Management nach eigenen Überlegungen entschieden werden. Sie gibt aber einen guten Anhaltspunkt, welcher Kunde bzw. welche Kundengruppe eigentlich für das Unternehmen überlebenswichtig ist, was man mit zunehmender Größe der Kundenbasis mitunter leicht aus den Augen verliert.

Neben der Frage, welche Kunden für die Umsätze und die Auslastung des Unternehmens sorgen, kommt es betriebswirtschaftlich noch viel mehr darauf an, welche Kunden für die Profitabilität des Unternehmens verantwortlich sind. Als Beurteilungsgröße berechnet man **Kundendeckungsbeiträge** (KDB) nach folgendem Schema:

Kundendeckungsbeitragsrechnung
Bruttoumsatz (ohne Mwst.) des Kunden
- Erlösschmälerungen (Rabatte, Provisionen)
= **Netto-Umsatz**
- (Herstellkosten + Verwaltungsgemeinkostenanteil)
= **Kundendeckungsbeitrag I**
- zurechenbare Marketingkosten (Werbemaßnahmen)
= **Kundendeckungsbeitrag II**
- zurechenbare Vertriebskosten (Besuchskosten, Auftragsabwicklungskosten usw.)
= **Kundendeckungsbeitrag III**
- zurechenbare Nachkauf-Kosten (Transport, Service, Kulanz)
= **Kundendeckungsbeitrag IV**

Abb. 4-15: Kundendeckungsbeitragsrechnung (Preißner 2000, S. 110)

Anhand dieser Aufschlüsselung kann man feststellen, ob sich die Belieferung eines Kunden überhaupt lohnt. Dann kann aus der Information positiver oder negativer Deckungsbeiträge ermittelt werden, ab welchem Punkt ein Kunde z.b. zu betreuungsintensiv ist. Wäre nämlich z.b. der KDB II stark positiv und der KDB III stark negativ, würde das bedeuten, dass die Betreuungskosten z.b. durch den Außendienst verringert werden müssten. Allerdings ist vor derartigen Maßnahmen vor allem die sich daraus ergebende Konsequenz für das Unternehmen (z.b. Auftragsverlust oder Minderbezug) zu bestimmen.

Aus den Informationen der Umsatzanteile sowie der Kunden-Umsatzrenditen (Deckungsbeiträge der Kunden in Prozent vom Kundenumsatz) kann man ein **Kundenrendite-Portfolio** aufstellen. Aus diesem ist ersichtlich, welche Kunden hohe Umsatzanteile und hohe Rentabilitäten erzielen.

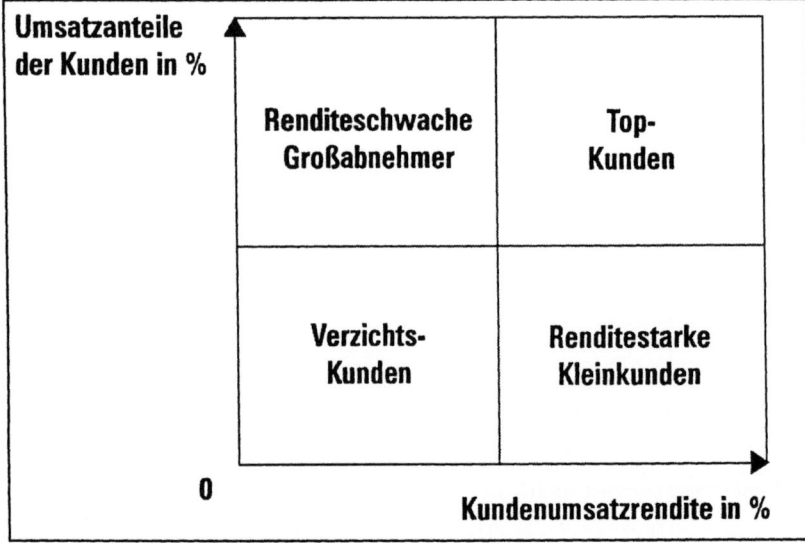

Abb. 4-16: Kundenrendite-Portfolio

Dieses relativ einfach zu handhabende Instrument ermöglicht schnelle Transparenz über den Umsatz- und Ergebnisbeitrag jedes einzelnen Kunden. Dadurch werden wichtige Kunden identifiziert und man kann nachfolgend den Marketingbemühungen eines Relationship-Marketing für die umsatz- **und** ergebnisstarken Kunden mehr Priorität einräumen (Winkelmann 2000, S. 283).

4.1.3.3 Kundenbindungsstrategie

Relationship-Marketing zielt auf die Erhöhung der Bindung der aktuellen Kunden an das Unternehmen, wenn z.B. das Unternehmen eine hohe Wechselrate aufweist, Neukunden sofort wieder verliert, Kunden auch Leistungen von Konkurrenten für dasselbe Leistungsangebot in Anspruch nehmen oder zuwenig andere Leistungsangebote aus dem Sortiment von den Kunden gekauft werden (Bruhn 2001, S. 118).

Um diese Probleme zu lösen, bietet sich dem jungen Unternehmen die schon erwähnte **Gebundenheits- oder Verbundenheitsstrategie** an, wobei die Kombination mit dem kurzfristigen bzw. langfristigen Zeithorizont der Bindung vier verschiedene Kundenbindungsstrategien ergibt.

Art der Kundenbindung \ Fristigkeit	Kurzfristig	Langfristig
Gebundenheit	**Kurzfristige Gebundenheitsstrategie** Beispiele: - Kurzfristige Verträge - Mengenrabatte	**Langfristige Gebundenheitsstrategie** Beispiele: - Langfristige Verträge - Abonnements
Verbundenheit	**Kurzfristige Verbundenheitsstrategie** Beispiele: - Niedrigpreisangebote - Überraschungsgeschenke	**Langfristige Verbundenheitsstrategie** Beispiele: - Mitarbeiterbindung - Leistungsindividualisierung

Abb. 4-17: Typen der Kundenbindungsstrategie (Bruhn 2001, S. 119)

Man unterscheidet die **kurzfristige Gebundenheitsstrategie**, bei der durch Aktionsmaßnahmen eine Kundenbindung für einen kurzen Zeitraum z.B. vertraglich für 30 Tage bei Zeitschriften erreicht wird.

Langfristige Gebundenheitsstrategien findet man z.B. bei Abonnements oder Mobilfunkverträgen über 24 Monate.

Kurzfristige Verbundenheit entsteht z.B. durch das periodische Angebot von Niedrigpreisen oder Aktionswochen sowie speziellen Geschenken für Familienmitglieder (z.B. der Lutscher für Kinder in „Tante-Emma-Läden").

Langfristige Verbundenheit ist meist das Resultat von hoher Wertschätzung in persönlichen Beziehungen zu Geschäftsführung, Verkäufern oder speziellen Mitarbeitern in der

Kundenbetreuung einer Organisation. Dazu ermöglichen kundenindividuelle Angebote ein hohes Maß an persönlicher Verbundenheit, wenn der Kunde sicher ist, ein speziell auf ihn abgestimmtes Angebot zu erhalten, was besonders häufig bei Dienstleistungen und Leistungsangeboten mit hohem Beratungsanteil zu erkennen ist.

Vorteil bei allen **Gebundenheitsstrategien** ist, dass daraus – Zahlungsfähigkeit des Kunden vorausgesetzt – ein kurz- bzw. mittelfristig fester Einnahmenstrom resultiert, der klar aufgrund der zugrundeliegenden Verträge prognostizierbar ist. **Nachteil** ist der möglicherweise erzwungene Verbleib des Kunden in der Geschäftsbeziehung. Gelingt es nicht, diesen von der Vorteilhaftigkeit des Angebotes zu überzeugen, wird der Kunde bei der nächst möglichen Gelegenheit die Geschäftsbeziehung verlassen.

Dagegen bringt die **Verbundenheitsstrategie** ein anfänglich hohes Unsicherheitspotential mit sich, weil man nicht einschätzen kann, ob der Kunde wirklich vom Leistungsangebot und vom jungen Unternehmen überzeugt ist oder einfach nur etwas Neues ausprobieren will. Gelingt es jedoch eine emotionale Bindung zwischen Kunde und Unternehmen aufzubauen und diesen mit besonderen Leistungen zu begeistern, dann wird sich dieses in hoher langfristiger Kundentreue auch monetär auszahlen. Unabhängig davon, welche Kundenbindungsstrategie vom jungen Unternehmen gewählt wird, muss diese mit den dem Relationship-Marketing zur Verfügung stehenden Instrumenten möglichst hochwertig umgesetzt werden.

4.1.3.4 Umsetzung der Kundenbindungsstrategie

Aus der Perspektive eines jungen Unternehmens mit vergleichsweise niedrigen Ressourcen ist die Umsetzung der Kundenbindungsstrategien Gebundenheit und Verbundenheit nicht einfach. Einerseits kann man nur in Kunden langfristig **sicher** investieren, deren Wechsel zur Konkurrenz relativ unwahrscheinlich ist und andererseits dürfen aufgebaute Wechselbarrieren keine negative Grundstimmung gegen das Unternehmen aufkommen lassen. Da ein junges Unternehmen meist über kein großes Angebotsprogramm im Vergleich zu etablierten Unternehmen verfügt, steht das **Halten der gewonnenen Kunden** z.B. durch individualisierte Angebote und Zusatzserviceleistungen und ggf. auch durch den Aufbau von Wechselbarrieren – sowie die **Verhinderung der Abwanderung** mittels eines gut funktionierenden Beschwerdemanagements im Vordergrund. Darüber hinaus sind Folgekäufe der schon gekauften Produkte zu stimulieren. Später kann durch Erweiterung des Angebotsprogramms um an den Bedürfnissen der Kunden ausgerichtete neue Produkte ein Cross-Selling, also die Inanspruchnahme weiterer Leistungsangebote aus dem Angebotsprogramm, erreicht werden. Die **Steigerung der Profitabilität des Kunden** kann nicht nur durch Mehrverkäufe, sondern auch durch die Senkung der Kundenbeziehungskosten z.B. durch die Standardisierung von Leistungen erreicht werden.

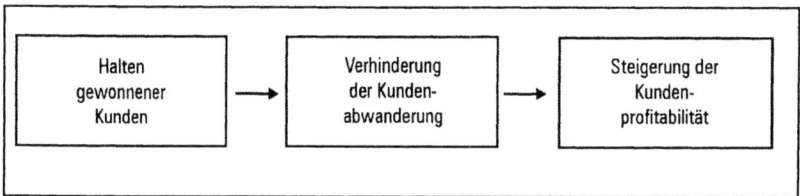

Abb. 4-18: Prozess der Umsetzung der Kundenbindungsstrategie

4.1.3.4.1 Halten gewonnener Kunden

Ein junges Unternehmen ist natürlich daran interessiert, dass der einmal gewonnene Kunde zumindest das Leistungsangebot, mit dem er Kunde des jungen Unternehmens wurde, noch einmal kauft. Dieses Halten gewonnener Kunden zur Stimulierung eines Wiederkaufs einer einmal bezogenen Leistung kann über mehrere Wege gelingen. Stolpmann (2000, S. 47) unterscheidet zwischen den Optionen

1) Minimierung des Kaufaufwandes,

2) Mehrwertschaffung,

3) vertrauensbildende Maßnahmen und dem

4) Aufbau von Wechselbarrieren.

Im Gegensatz zu Wechselbarrieren, die eher zur Erzielung von Gebundenheit führen, setzen die ersten drei Maßnahmen an der Schaffung von Verbundenheit mit dem Unternehmen an. **Ziel** ist es, den Kunden von den eigenen Leistungen zu begeistern, die **Kundenzufriedenheit** zu erhöhen und dadurch Wiederholkäufe zu stimulieren.

1) Minimierung des Kaufaufwandes: Einfachste Möglichkeit ist oftmals die **Aufwandsminimierung** beim Kauf für den Kunden, wofür sich folgende Umsetzungsmöglichkeiten anbieten:

Beispiele zur Aufwandsminimierung beim Kauf für den Kunden
- Leicht – auch für Produktlaien - verständliche Präsentationsmaterialien und Angebote mit dosierter Verwendung von Fachsprache,
- Websites mit intuitiver Navigation und minimierter Anzahl der erforderlichen Klicks bis zur gesuchten Information (Richtlinie: nicht mehr als 3 von der Homepage aus!),
- Möglichst hohe an das Kundenverhalten angepasste Verfügbarkeits- und Öffnungszeiten, Aufbau von Kontaktmöglichkeiten des Kunden auf möglichst vielen Kanälen (z.B. Telefon, Fax, e-mail, Call-Back-Button einer Website, SMS),
- Personalisierte Adresse für Rückfragen,
- Schnelle und kompetente Beantwortung der Kundenanfragen,
- Möglichst kundenangepasstes Angebot an Liefer- und Zahlungsformen,
- Schnelle und exakte Auftragsbestätigungen,
- Schnellstmögliche Information über Verzögerungen bei Lieferterminen,
- Möglichkeit der Meinungsäußerung zum Produkt bzw. Kaufprozess (besonders bei Internet-Anbietern),
- Möglichkeit zur Weiterempfehlung (ebenfalls besonders bei Internet-Anbietern).

Abb. 4-19: Beispiele zur Aufwandsminimierung beim Kauf für den Kunden

Dieses einfache Instrument der Aufwandsminimierung wird leider von vielen jungen Unternehmen nicht konsequent verwendet. Mitunter findet man einfachste Abwicklungsfehler wie unverständliche Broschüren und Angebote, unzureichende Auftragsbestätigungen, fehlende Allgemeine Geschäftsbedingungen oder schwer auffindbare oder sogar nicht vorhandene Kontaktadressen vor. Die Ursache hierfür sind unzureichende interne Unternehmensprozesse für den Kundenumgang. Deswegen ist es für ein junges Unternehmen ganz besonders wichtig, die kundenbezogenen Prozesse **konsequent einfach** zu gestalten, um dem gewonnenen Kunden auf Anhieb den Eindruck eines professionellen Unternehmens zu vermitteln.

2) Mehrwertschaffung: Zweiter Aspekt der Kundenbindung ist die Schaffung von Mehrwert für den Kunden. Als Möglichkeiten bieten sich hierbei die **Individualisierung des Leistungsangebotes** und die **Integration des Kunden** in Prozessabläufe des Unternehmens an (Bruhn 2001). Kern der Individualisierung ist oftmals eine Mitgliedschaft, die zum Erhalt von wertstiftenden Zusatzleistungen (**Value Added Services**) berechtigt. Bekannte Instrumente sind vor allem Kundenkarten und –clubs, mit denen der Kunde die Möglichkeit zur Nutzung spezieller Sonderangebote oder Rabatte erhält. Value Added Services können nach Bruhn (2001, S. 156) unterschieden werden in **materielle und immaterielle** Zusatzleistungen, die **mit oder ohne Aufpreis** angeboten werden.

Art der Leistung \ Aufpreis	Ohne Aufpreis	Mit Aufpreis
Materiell	**Materielle Zusatzleistungen ohne Aufpreis** Beispiele: - Ersatzauto bei KFZ-Reparatur - Unterrichtsmaterial bei Seminar	**Materielle Zusatzleistungen mit Aufpreis** Beispiele: - Autoradio von KFZ-Anbieter - Reiseführer im Reisebüro
Immateriell	**Immaterielle Zusatzleistungen ohne Aufpreis** Beispiele: - Versicherungsschutz bei Kreditkarten - Beratung bei Badplanung	**Immaterielle Zusatzleistungen mit Aufpreis** Beispiele: - Reiseversicherung bei Flugbuchung - Mitarbeitereinweisung in Maschine

Abb. 4-20: Typen von Zusatzleistungen (Bruhn 2001, S. 157)

Die individuelle Ausgestaltung derartiger Zusatzleistungen kann jedoch nur erfolgen, wenn der Anbieter z.B. durch die Mitgliedschaft genauere Informationen über seinen Kunden erhält. Voraussetzung für derartige Maßnahmen ist die **Erfassung von kunden-**

spezifischen, kaufverhaltensrelevanten Merkmalen in einer gut organisierten **Datenbank**. Durch Auswertung des spezifischen Kundenverhaltens können **Kundentypen** erkannt und nachfolgend **spezielle Zusatzleistungen** genau an diese Kunden offeriert werden. Was als Value Added Services angeboten werden soll, hängt davon ab, welche Leistungen für den Kunden einen wirklichen Mehrnutzen erzeugen und vom jungen Unternehmen mit geringem Aufwand angeboten werden können. Im Business-to-Business-Bereich sind vor allem bei erklärungsbedürftigen Produkten **verwendungsrelevante Informationen** wichtig. Bei einem Messgerät zur Wasseranalyse ist das z.B. eine Beratung zur Probennahme und Durchführung von Analysen, da hierbei ein Großteil der Messfehler entstehen. Da viele Anwender keine Analytikausbildung haben, trägt eine solche Kundenbetreuung zur Mehrwertschaffung bei und ist relativ leicht von einem ausgebildeten Analytiker zu betreuen. Insgesamt sollten die Zusatzleistungen zusammen mit dem Kernleistungsangebot ein **einzigartiges Leistungsbündel** ergeben, so dass eine Aufkündigung der Geschäftsbeziehung für den Kunden wirkliche Nachteile mit sich bringt.

Eine andere Form der Mehrwertschaffung ist die **Integration des Kunden** in Prozessabläufe des Anbieters. Einfachste Integrationsstufe bei der Angebotskonzeption ist die Teilnahme des Kunden bei der **Diskussion neuer Produktideen** und am **Test von Konzeptbestandteilen** neuer Produkte oder Marketingprogramme. Dazu gehört auch die **Beurteilung von Prototypen**, wie das z.B. in sogenannten Car-clinics der Automobilindustrie seit langem erfolgt, wo Kunden verschiedene Produktvarianten anhand definierter Kriterien miteinander vergleichen. Eine derartige Einbeziehung erzeugt beim Kunden das Gefühl, dass der Anbieter es ernst meint, Angebote nach den Vorstellungen der Kunden konzipieren. Darüber hinaus wird die Verbundenheit zum Unternehmen durch den Eindruck „mitreden" zu können erhöht. Eine tiefere Form der Zusammenarbeit ist die **Gemeinschaftsentwicklung** von Produkten mit besonders innovativen Kunden (sogenannten Lead User). Dabei erhält der Kunde am Ende der Entwicklung z.B. ein maßgeschneidertes Produkt für seine Einsatzverhältnisse (Mehrwert!), woraus sich die Teilnahmemotivation und nachfolgend auch die Anbieterverbundenheit ergibt.

3) Vertrauensbildende Maßnahmen: Weiteres Element zur Erzeugung von Kundenbindung ist die Schaffung von Vertrauen zum Anbieter. Auf Maßnahmen zur Vertrau-
ensbildung im Rahmen der Kundenakquisition ist schon intensiv eingegangen worden.
An dieser Stelle soll deshalb nur darauf hingewiesen werden, **interne Standards** für die
Ausführung von kundenbezogenen Leistungen zu setzen. Sobald man diese Standards in
einem Großteil der Fälle beherrscht, kann man diese in Form von **Qualitätsgarantien**
dem Kunden gegenüber kommunizieren. Beispiele sind Geld-zurück-Garantien bei Un-
pünktlichkeit (United Parcel Service) oder abgeschwächt vor einiger Zeit Fahrpreisgut-
schriften bei Überschreiten einer Pünktlichkeits-Toleranzgrenze (Deutsche Bahn). Die
Veröffentlichung von Dankesbriefen (Einverständnis vorausgesetzt!) kann das Vertrauen
in den Anbieter sowohl bei Interessenten als auch Kunden steigern und bestätigen, dass
die eigene Entscheidung richtig war. Eine weitere schon diskutierte Möglichkeit sind
Gütesiegel wie z.B. die Qualitätsmanagementnormen nach ISO 9000.

4) Aufbau von Wechselbarrieren: Während die vorher dargestellten Möglichkeiten der
Kundenbindung überwiegend zur Schaffung von Verbundenheit mit dem Unternehmen
dienen, können vom jungen Unternehmen mit dem Beginn der Vermarktung auch technologische, ökonomische oder vertragliche **Wechselbarrieren** (siehe auch das diesbe-
zügliche Kapitel) zur Erzeugung von **Gebundenheit des Kunden** aufgebaut werden.
Ökonomische Wechselbarrieren bedeuten immer einen meist finanziellen Verlust von
Vorteilen (z.B. Rabatte, geldwerte Informationen), der durch Treueprogramme aufrecht
erhalten wird. Häufig wird die Zugehörigkeit zu einer „previligierten Gruppe" durch
Zahlung eines Mitgliedsbeitrages erkauft, der eine kleine ökonomische aber eine größere
psychologische Wechselbarriere darstellt. Durch die Kopplung mit einer automatischen
Verlängerung der Mitgliedschaft werden diese Kundenbindungen dann häufig zu einem
Zeitpunkt auf den Prüfstand gestellt, wo die Möglichkeit zur Kündigung für den Kunden
erst in einiger Zeit gegeben ist. Damit verbundene Verpflichtungen zur Mindestabnahme
von Leistungen werden durch die integrierten Bonus-Systeme bzw. Rabattstaffelungen
oder spezielle Zusatzleistungen (E-Mail-Newsletter, Eventeinladungen etc.) kompensiert.

Technisch-funktionale Barrieren beinhalten Leistungen oder Voraussetzungen, die beim Anbieterwechsel nicht ohne weiteres wiedererlangt werden können oder vorhanden sind. Z.B. sind auch heute noch einige Softwareprogramme nicht für das Betriebssystem eines Apple-Rechners erhältlich, so dass ein Wechsel von DOS / Windows die Flexibilität in der Softwarenutzung einschränkt. Auch das Online-Banking-Angebot der Internet-Pioniere unter den Geschäftsbanken war für viele Kunden zu Beginn ein Grund, die Bank nicht zu wechseln, obwohl sie mit den sonstigen Leistungen und Konditionen nicht unbedingt zufrieden waren. Auch die kostenlose E-Mail-Adresse von Online-Anbietern ist ein gutes Kundenbindungsinstrument, da der Nutzer diese aus technischen Gründen nicht einfach zu einem anderen Anbieter übertragen kann.

Vertragliche Wechselbarrieren finden sich in vielfältigster Form, u.a. bei Mobilfunknutzern oder Versicherungen, in Leasingverträgen, bei Garantieverträgen oder langfristigen Finanzierungs- und Rahmenabnahmeverträgen bei höherwertigen Gebrauchsgütern oder Industriegütern. Ob der Kunde nach dem Fall derartiger Wechselbarrieren (z.B. nach Auslaufen des Mobilfunkvertrages) wieder zum Anbieter zurückkehrt, hängt vor allem mit der wahrgenommenen Leistungsqualität und der erzielten Zufriedenheit des Kunden mit Leistungsangebot und Unternehmen als Gesamtheit ab.

4.1.3.4.2 Verhinderung der Kundenabwanderung

Da es kein fehlerfrei arbeitendes Unternehmen gibt, kommt dem Umgang mit Kundenbeschwerden zur Verhinderung der Kundenabwanderung eine hohe Bedeutung zu. Kundenbeschwerden sind eine Artikulation der Unzufriedenheit gegenüber einem Unternehmen, wenn der Kunde die wahrgenommenen Probleme **subjektiv als schwerwiegend betrachtet**. Dabei ist jede **Beschwerde positiv zu bewerten**, da man als Anbieter bei Beschwerdekunden die Möglichkeit hat, die bevorstehende Abwanderung zu verhindern. Leider beschweren sich jedoch nur ein Teil der Kunden (durchschnittlich zwischen 4 und 70% abhängig von der Branche und vom subjektiv wahrgenommenen Wert des gekauften Leistungsangebotes). Der Rest wendet sich vom Anbieter ab und übt sich ggf. zusätzlich in negativer Mund-Propaganda, ohne das das Unternehmen etwas über die Unzufriedenheit erfährt. Deswegen ist die Kenntnis der „Spitze des Eisbergs der

Unzufriedenheit" für ein junges Unternehmen höchst wichtig, um schnellstmöglich Feedback über die Kundenwahrnehmung der eigenen Leistung zu erhalten und wenigstens über die Beschwerdebearbeitung eine **Beschwerdezufriedenheit** zu erzielen.

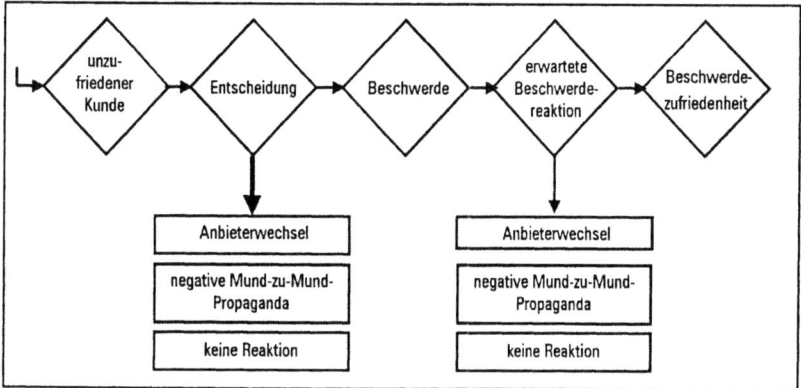

Abb. 4-21: Beschwerde und Beschwerdezufriedenheit

Hierfür kommt dem Aufbau eines funktionsfähigen **Beschwerdemanagements** (Stauss / Seidel 1998, Günter 1998, Bruhn 2001) eine hohe Bedeutung zu. Nachfolgend werden wesentliche Aspekte des Beschwerdeprozesses erläutert. Informationen für adäquates Verhalten im Beschwerdefall finden sich z.b. bei Dietze (1997). Die Bestandteile des **Beschwerdemanagementprozesses** gliedern sich in direkte und indirekte Bestandteile. Der direkte Beschwerdeprozess besteht aus der Beschwerdestimulierung, Beschwerdeannahme sowie Beschwerdebearbeitung und -reaktion.

Ziel der **Beschwerdestimulierung** ist es, ein möglichst hohes Feedback über die existierende Unzufriedenheit der gewonnenen Kunden zu erreichen. Dazu muss man es dem Kunden so leicht wie möglich machen sich zu beschweren. Dafür sollte der Kunde wissen, auf welchem Weg er sich bei wem über seine Unzufriedenheit „Luft machen kann". Einige Möglichkeiten hierzu sind Meinungskarten und –kästen in Hotels oder Handelsunternehmen, die Unterhaltung einer „Kundenhotline" oder eines Beschwerdebuttons auf der Website, wenn man es mit einer weitgehend anonymen Kundschaft zu tun hat.

Vielversprechender als das Warten auf Beschwerden ist jedoch –besonders wenn man den Kunden persönlich kennt - der aktive Umgang mit Problemen, in dem man sich beim Kunden über wahrgenommene Probleme in der Geschäftsbeziehung unterhält. Ein schlichtes „**Hätten wir für Sie etwas besser machen können?**" genügt, um viel über Verbesserungschancen vom Kunden zu erfahren.

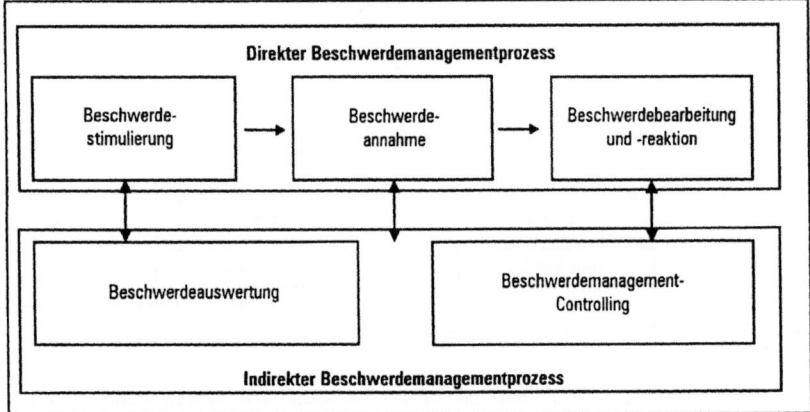

Abb. 4-22: Beschwerdemanagementprozess (Stauss / Seidel 1998, S. 66)

In der **Beschwerdeannahme** geht es darum, dem Kunden zuerst einmal zuzuhören, den Grund für seine Beschwerde zu erfahren und zu klären, ob es sich um eine Erst- oder Folgebeschwerde handelt. Dazu ist die Sachlage, bzw. die Veränderungen der Sachlage seit dem letzten Kontakt festzuhalten und die Erwartungen des Kunden in Hinblick auf eine Problemlösung zu erfragen. Zusätzlich ist zu ermitteln, ob die Beschwerde berechtigt ist.

Wenn die Beschwerde nicht kurzfristig lösbar ist, weil z.b. Ursachen oder Schuldfragen ungeklärt sind, sind genaue Analysen während der **Beschwerdebearbeitung** durchzuführen. Dabei ist darauf zu achten, dass der Kunde über den Verlauf der Beschwerdebearbeitung informiert wird und genannte Bearbeitungstermine unbedingt eingehalten werden. Bei Problemen ist der Kunde über geänderte Bearbeitungszeiten unverzüglich zu informieren. Insgesamt ist auf eine möglichst schnelle und sachgerechte Beschwerdeab-

wicklung zu achten. Es bietet sich an, die aufgenommenen Beschwerden in der Kundendatenbank bei den kundenspezifischen Informationen zu erfassen, da dann sofort beim
Kundendatenzugriff automatisch der Beschwerdevorgang präsent ist. Die nach der Beschwerdebearbeitung erforderliche **Beschwerdereaktion** sollte eine möglichst **vollständige, individuelle und faire Problemlösung** (Stauss / Seidel 1998, S. 250) beinhalten,
die vor allem den Wert des Kunden in der Zukunft berücksichtigt.

Mit der Abwicklung der Beschwerde ist jedoch noch nicht die Arbeit des Unternehmens
beendet, da häufig zwar Beschwerden mit dem Kunden abgewickelt werden können, jedoch die eigentliche Ursache für die Beschwerde erst in einer **Beschwerdeanalyse** identifiziert werden kann. Die einfachste Methode hierfür ist es, **fünfmal die Frage „warum?"** zu stellen, um sich den Wurzeln des Problem zu nähern und dann die
identifizierte Ursache unverzüglich abzustellen.

Beispiel zur Beschwerdeursachenermittlung

Frage:	Warum ist die Ware verspätet beim Kunden eingetroffen?
Antwort:	Weil die Ware zu spät verpackt wurde.
Frage:	Warum wurde die Ware zu spät verpackt?
Antwort:	Weil der Lieferschein fehlte.
Frage:	Warum fehlte der Lieferschein?
Antwort:	Weil Herr Siebert krank war.
Frage:	Warum wurde der Lieferschein nicht trotzdem geschrieben?
Antwort:	Weil niemand die Aufgaben von Herrn Siebert übernommen hat.
Frage:	Warum hat niemand die Aufgaben von Herrn Siebert übernommen?
Antwort:	Weil es keine Vertretungsregelung für Herrn Siebert gibt.

Ergebnis: Mit Vertretungsregelung wäre die Lieferung sicher pünktlich eingetroffen!

Verfügt man als junges Unternehmen nach einer gewissen Zeit über eine größere Kundenbasis und ein vielfältigeres Angebotsprogramm wird es sehr schwierig, jede Be-
schwerdeursache unverzüglich abzustellen. Deshalb müssen Prioritäten z.B. mit Unterstützung einer **Frequenz-Relevanz-Analyse** gesetzt werden. Dazu sortiert man die
Beschwerden nach ihrer Häufigkeit und dem beim Kunden ausgelösten Verärgerungs-

grad. Diesen sollte man bei der Beschwerdeaufnahme mit festgehalten haben, da es eine sehr wichtige Information ist, ob es sich um ein wirklich wichtiges Kundenproblem (z.B. ausgelöster Produktionsstillstand) oder eine Ärgerlichkeit (defekte Tabulatortaste aber sonst vollständig funktionsfähiges Gerätes) handelt.

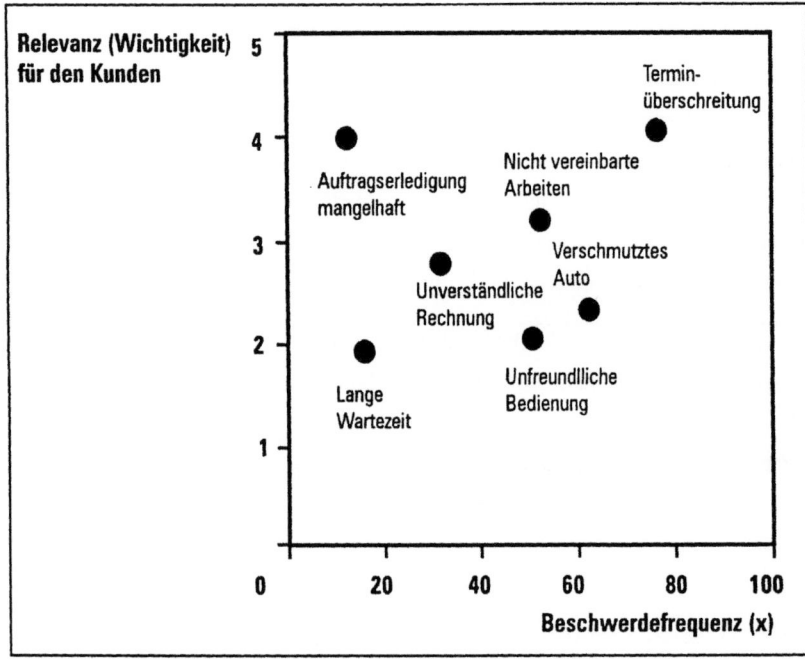

Abb. 4-23: Beispiel für ein Frequenz-Relevanz–Analyse-Diagramm (Stauss / Seidel 1998, S. 220)

Abhängig von Lösungsaufwand und –schnelligkeit sowie den zukünftig vermehrt erwarteten Problemen kann man dann entscheiden, welche Beschwerdeursachen man vordringlich einer Bearbeitung zuführt.

Letztes Element des Beschwerdemanagementprozesses ist das **Beschwerde-Controlling**, in dem für die **vier Qualitätsdimensionen Zugänglichkeit, Interaktionsqualität, Reaktionsschnelligkeit und Angemessenheit / Fairneß** (Stauss / Seidel 1998,

S. 253) Messgrößen und Standards definiert werden. Nachfolgend einige Beispiele mög-

licher Kennzahlen für die Steuerung des Beschwerdemanagementprozesses:

Kennzahlenbeispiele zur Steuerung des Beschwerdemanagementprozesses	
Zugänglichkeit	**Beschwerdewegquote** (z.B. Telefon): Anteil der (telefonischen) Beschwerden an der Gesamtbeschwerdezahl
Interaktionsqualität	**Informationsvollständigkeitsquote:** Anteil der bearbeiteten Beschwerden mit vollständig erfassten Informationen an der Gesamtbeschwerdezahl
Reaktionsschnelligkeit	**Erstkontaktquote:** Anzahl der Beschwerden, die sofort am Telefon oder mündlich gelöst werden konnten im Verhältnis zur Gesamtbeschwerdezahl
Angemessenheit / Fairneß	**Folgequote:** Anteil der bearbeiteten Beschwerden, die zu einer erneuten Beschwerde geführt haben an der Gesamtbeschwerdezahl

Abb. 4-24: Kennzahlenbeispiele zur Steuerung des Beschwerdemanagementprozesses (aus Stauss / Seidel 1998, S. 253)

Mit Hilfe eines funktionierenden Beschwerdemanagements ist es dann möglich, selbst

aus verärgerten Kunden durch schnelle und überzeugende Abwicklung des Beschwerde-

prozesses Fürsprecher des Unternehmens zu machen.

4.1.3.4.3   Steigerung der Kundenprofitabilität

Verfügt das junge Unternehmen nach einiger Zeit über einen gewissen Kreis an Stamm-

kunden, stellt sich die Frage, wie man das mit diesem Kundenstamm erzielte Ergebnis

systematisch steigern kann. Dafür kann man entweder die **Kosten der Kundenbezie-**

hung senken oder deren Erlöse steigern. Für eine **Erlössteigerung** gibt es drei Ansatz-

punkte:

- Erhöhung der vom Kunden erworbenen Menge pro Kauf bisher gekaufter oder zusätzlicher Leistungsangebote,

- Erhöhung der Kauffrequenz,

- Ausschöpfung der Preisbereitschaft.

Senkung der Kosten der Kundenbeziehung: Bruhn (2001, S. 162) weist auf die Möglichkeit der Standardisierung der Marketingaktivitäten hin. Eine Möglichkeit bezieht sich auf die **Leistungsstandardisierung**, d.h. ein Leistungsangebot wird systematisch auf Kostensenkungspotentiale an den Stellen untersucht, wo sie für den Kunden nicht sichtbar oder unwichtig sind. Z.B. können selbst erstellte teuere Bauteile durch Standardkomponenten ersetzt werden. Dabei kommt es auf ein optimales Beschaffungsmanagement an, das mit zunehmender Erfahrung bei der Leistungserstellung europa- oder weltweit vorhandene Preisunterschiede nutzt. Die Erschließung von **Kostensenkungspotentialen in der Kommunikationspolitik** kann durch die Einführung neuer Kommunikationsformen bei Stammkunden erfolgen. Beispiel ist eine Online- statt einer Rechnung auf Papier oder die Nutzung von internetbasierten Bestellmöglichkeiten für Einkäufer. Ebenso kann eine **Standardisierung der Distributionspolitik** erfolgen, in dem nur ein Weg der Warenverteilung (z.B. nur Download von Software) möglich ist. **Preisstandardisierung** betrifft z.B. den Ersatz der Abrechnung von Anfahrtskilometern bei Servicetechnikern durch Anfahrtspauschalen oder Zonentarife.

Allerdings muss bei allen Standardisierungsmaßnahmen immer darauf geachtet werden, dass die Erschließung von Standardisierungsvorteilen nicht durch erhöhte Kundenabwanderungsraten und nachfolgende Umsatzverluste überkompensiert wird.

Um die Erlöse zu steigern, kann man versuchen, die **erworbene Menge pro Kauf** zu steigern. Dieses kann sich einerseits auf eine Mengensteigerung **mit bisher schon gekauften Produkten** beziehen. Z.B. kann durch das Angebot von **Großpackungen** die Absatzmenge in gewissen Grenzen erhöht werden, da z.B. eine 1,5l-Flache eines Fruchtsaftes fast genauso schnell leer getrunken wird wie eine 1 Liter-Flasche. Darüber hinaus kann man Kunden, die teure Kleinmengen aufgrund höherer Rechnungsstellungs-, Transport- und Verpackungskosten pro Auftrag kaufen, durch **Mindestbestellmengen** oder frachtfreie Lieferung ab einem bestimmten Warenwert dazu bringen, mehr pro Bestellung einzukaufen. Allerdings gilt es auch hier, die geplanten Veränderungen in ihren positiven wie negativen Auswirkungen genauestens im Vorfeld zu kalkulieren und mit ausgewählten Kunden die angedachten Maßnahmen zu besprechen. Eine weitere Mög-

lichkeit für die Steigerung der verkauften Menge ist das sogenannte **Cross-Selling**.
Hierbei soll der Kunde dazu überzeugt werden, möglichst viele Leistungsangebote aus
dem Angebotsprogramm des Unternehmens zu kaufen. Ein Beispiel beim Online-
Buchhändler Amazon.de ist der mit einem aufgerufenen Buch verbundene Einkaufsvor-
schlag, dass Kunden, die dieses Buch kauften, auch folgende weitere Bücher bestellten.
Dadurch erhält man Anregungen über ggf. unbekannte Titel. Diese Vorschläge können
mit zunehmender Länge der Geschäftsbeziehung und damit höherer Bekanntheit der
Kundeninteressen immer präziser ausgerichtet werden, so dass die Kaufwahrscheinlichkeit hierfür steigt.

Da Unternehmensgründungen mitunter als Ein-Produkt-Unternehmen starten, stellt sich
oftmals die Frage, welche **zusätzlichen Leistungen** angeboten werden sollen, um weitere Erlöse mit den Stammkunden zu generieren. Hier zeigt sich die Verbindung zu den
schon angesprochenen Value Added Services, die nicht nur kostenlos, sondern auch kos-
tenpflichtig angeboten werden können. Während für Pilotkunden diese wertsteigernden
Zusatzleistungen kostenfrei zur Verfügung gestellt werden, können diese im Anschluß
im Sinne eines Cross-Selling an andere Kunden verkauft werden. Homburg / Krohmer
(2002, S. 797) systematisieren mögliche **Stoßrichtungen des Cross-Selling** nach der
Verfügbarkeit zusätzlicher Produkte und dem Bedarf der Kunden.

Das junge Unternehmen muss sich diesbezüglich entscheiden, ob es z.B. bei Wettbewerbern vorhandene Produkte, die die Stammkunden dort beziehen, ebenfalls anbieten
möchte (**Verdrängungsprodukte**) oder ob es einen beim Kunden noch nicht gedeckten
Bedarf für **Ergänzungsprodukte** befriedigen möchte. Eine Beantwortung dieser Frage
kann nur im Einzelfall unter Abwägung der jeweiligen Wettbewerbssituation erfolgen
und muss berücksichtigen, welche Leistungen für eine Fortführung der Geschäftsbeziehung mit dem schon vom Kunden bezogenen Einstiegsprodukt unbedingt erforderlich
sind. Beispielsweise möchte ein Automobilhersteller nicht mehr Tachometer und Dreh-
zahlmesser von verschiedenen Herstellern beziehen, sondern drängt darauf, beide Produkte von einem Hersteller zu kaufen. Dann wird man - will man als Zulieferer den

Großkunden nicht verlieren – eine Möglichkeit finden müssen, beide Produkte im Paket anzubieten.

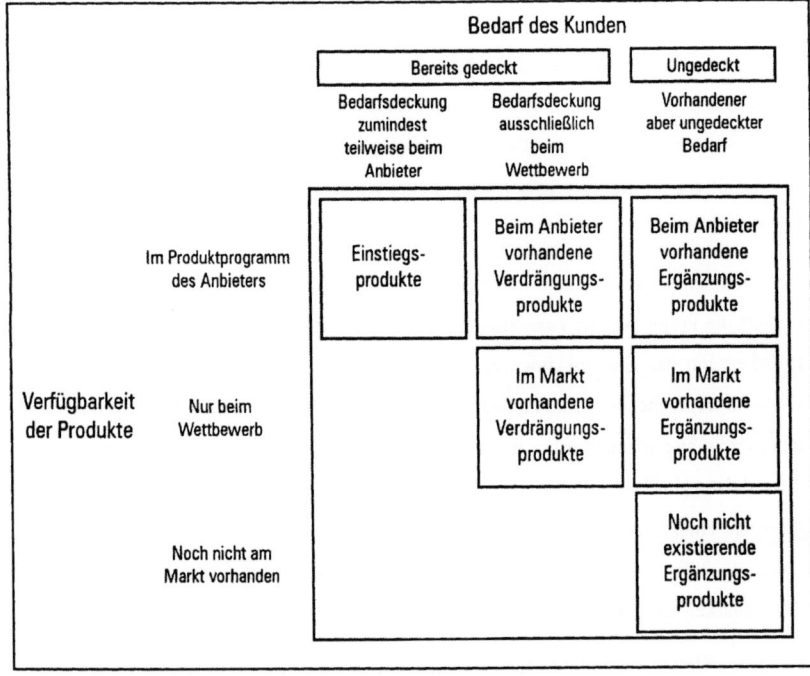

Abb. 4-25: Systematisierung von Stoßrichtungen des Cross-Selling (Homburg / Krohmer 2003, S. 797)

Eine weitere Möglichkeit, die Erlöse zu steigern, ist die **Erhöhung der Kaufhäufigkeit** der von Stammkunden bezogenen Leistungsangebote. Becker (2001, S. 150) nennt als Beispiele die Steigerung des Ersatzbedarfs durch technische Obsolenz (Auslegung einer Glühlampe auf eine bestimmte Betriebsstundenzahl), „künstliche" Obsolenz (Mode bzw. Saisonprodukte) oder Produktmodifikation (Jeden-Tag-Haarshampoo durch mildere Waschsubstanzen). Natürlich besteht auch die Möglichkeit zusätzliche Verkaufsförderung zu unternehmen bzw. konsumsteigernde Werbung zu machen (z.B. „Ruf doch mal an!").

Letzte Möglichkeit zur Erlössteigerung ist die **Ausschöpfung der Preisbereitschaft** des Stammkunden. Hierfür ist es erforderlich, ggf. Maßnahmen zur Preiserhöhung zu prüfen und vorhandene Preisspielräume zu identifizieren (s. das Kapitel Preisdifferenzierung).

Aber auch hier ist genauestens zu prüfen, welche Mengeneffekte und vor allem welche Kundenverluste durch eine derartige Maßnahme auftreten können, bevor man sich zu einem solchen Schritt entschließt.

4.2 Früherkennung

4.2.1 Früherkennungsarten

Sobald ein junges Unternehmen sich einen Kundenstamm erarbeitet hat, mit dem die Kosten des Geschäftsbetriebs gedeckt werden können, ist es prinzipiell überlebensfähig. Dieses Ziel der Überlebensfähigkeit sollte es am Ende der Frühentwicklungsphase erreicht haben. Hierzu ist ein Mindestumsatz erforderlich und für das junge Unternehmen kommt es darauf an, möglichst frühzeitig zu wissen, ob dieser Mindestumsatz in den nächsten Monaten der Geschäftstätigkeit substantiell bedroht ist. Um festzustellen, ob eine solche Bedrohung besteht, finden Früherkennungssysteme auf der Basis von Frühindikatoren Verwendung.

Dabei wird zwischen **Früherkennungsindikatoren** für strategische Früherkennung und **Frühwarnindikatoren** für operative Frühwarnung zur Vorhersage des zukünftigen Marketing- bzw. Vertriebsergebnisses unterschieden. Während operative Früherkennung sich üblicherweise mit der Erkennung von Entwicklungen beschäftigt, die sich in ihrem Zeithorizont eher im Monatsbereich ansiedeln, ist strategische Früherkennung auf die Erkennung langfristig wirkender Umfeldveränderungen ausgerichtet, die starke Auswirkungen auf die vom Unternehmen bearbeiteten Märkte besitzen.

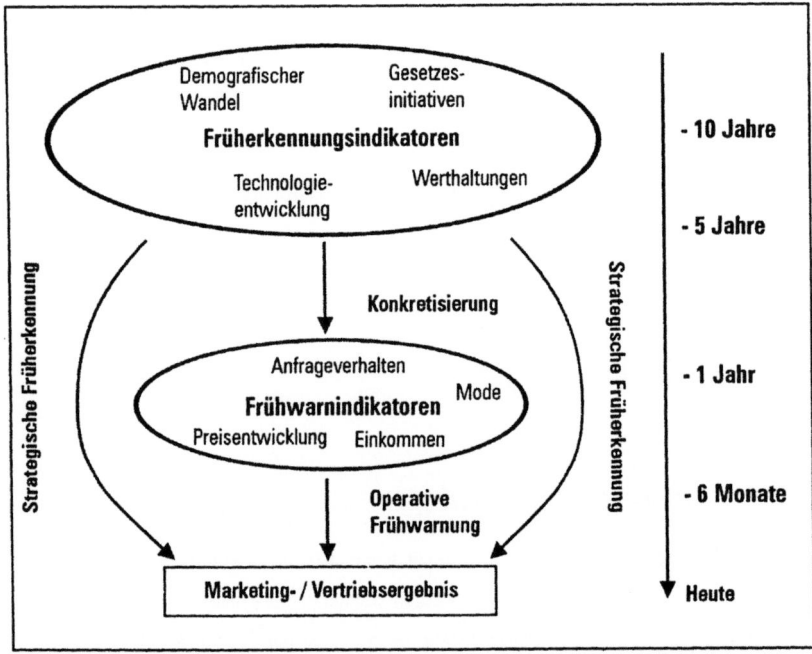

Abb. 4-26: Operative und strategische Früherkennung (Preißner 2000, S. 166)

Da im Vorfeld der Gründung gerade die Frage der langfristigen Überlebensfähigkeit sorgsam im Rahmen der Strategieentwicklung geprüft worden ist, kommt es in der Frühentwicklungsphase unter dem Gesichtspunkt der Überlebenssicherung deswegen zuerst einmal darauf an, die operative Entwicklung richtig einzuschätzen. Allerdings sollte operative Früherkennung an die strategisch wichtigen Einflussgrößen für den Unternehmenserhalt anknüpfen.

4.2.2   Aufbau eines Früherkennungssystems

Die nachfolgenden Ausführungen zum Aufbau eines Früherkennungssystems zur Umsatzprognose sind an den Ausführungen von Preißner (2000, S. 167-175) orientiert, der hierfür fünf wesentliche Schritte unterscheidet:

1. Bestimmung der Zielgröße des Früherkennungssystems,

2. Bestimmung operativer Abhängigkeiten und Einflussfaktoren,

3. Ergänzung strategischer Einflussfaktoren,

4. Messbarmachung (Operationalisierung) der Zusammenhänge und

5. Festlegung der Verantwortlichkeiten zur Beobachtung der Frühindikatoren.

Diese werden über die Ausführungen Preißners hinaus um gründungsspezifische Aspekte ergänzt.

4.2.2.1 Bestimmung von Zielgröße und Einflussfaktoren

Zielgröße für die weiteren Ausführungen ist der **Umsatz** des jungen Unternehmens. Es werden nun **Frühindikatoren** des zukünftigen Umsatzes gesucht, die der tatsächlichen Umsatzentwicklung möglichst weit vorauslaufen. Dadurch verbleibt dem jungen Unternehmen eine möglichst lange Reaktionszeit, im Fall von Nachfragerückgängen die Kosten zu senken oder im Fall von zu erwartenden Umsatzsteigerungen die Produktionskapazitäten zur Leistungserstellung anzupassen. Im volkswirtschaftlichen Bereich verwendet man Stimmungsindikatoren wie z.B. den Einkaufsmanagerindex oder das Verbrauchervertrauen für die Abschätzung der zukünftigen Konjunkturentwicklung. Die Grundidee eines Frühindikators verdeutlicht die folgende Graphik.

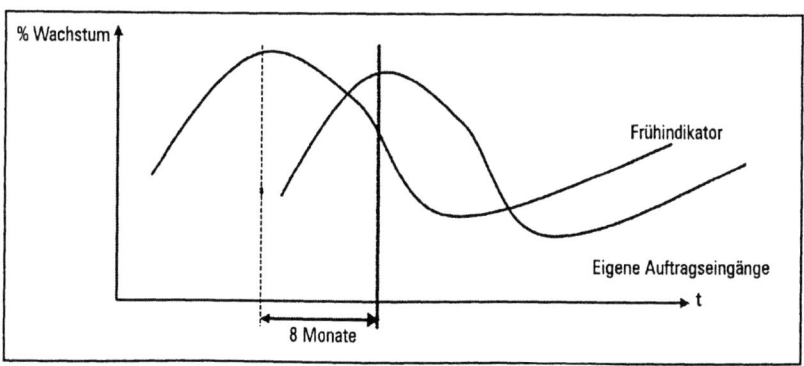

Abb. 4-27: Wesen eines Frühindikators (Backhaus 1999, S. 161)

Ziel der weiteren Ausführungen ist es, einige wesentliche Kenngrößen zu identifizieren, die aussagekräftig für die zukünftige Umsatzentwicklung eines Unternehmen sind. Dabei muss darauf hingewiesen werden, dass derartige **Frühindikatoren fast immer branchenspezifisch angelegt** sind und **stark abhängig vom Typ der Unternehmung** (Händler, Dienstleister, Produzent im Business-to-Business- oder Business-to-Consumer-Bereich). Deshalb wird nur das Vorgehensprinzip dargestellt, um deutlich zu machen, wie unternehmensspezifisch Frühindikatoren entwickelt werden können.

Ausgangspunkt für die Gründer bei der Entwicklung eines umsatzbezogenen Früherkennungssystems ist die Frage: **Wovon ist der erforderliche Mindestumsatz des jungen Unternehmens abhängig ?**

Grundsätzlich besteht der Umsatz eines Unternehmens immer aus Erst- und Wiederholkäufen auf einem bestimmten Preisniveau. Hat ein junges Unternehmen keine Wiederholkäufer ist es nur von seiner Neukundenakquisition, also der Qualität seines Vertriebs, abhängig. Dasselbe gilt sogar über mehrere Jahre, wenn in der entsprechenden Branche nur sehr wenige Wiederholkäufe in großen zeitlichen Abständen von Kunden getätigt werden. Das ist z.B. bei langlebigen Gebrauchsgütern oder im Industriegüterbereich z.B. bei Telefonanlagen der Fall.

Sobald das junge Unternehmen jedoch erste Stammkunden gewonnen hat, ist zu bestimmen, wovon der mit diesen Kunden in Zukunft erzielbare Umsatz abhängig ist und welche Potentiale bei jedem wichtigen Stammkunden in den nächsten Monaten bestehen. Dazu ist eine **ABC-Kundenanalyse** (s. auch das Kapitel Kundenbindung) Voraussetzung, so dass man die Kunden oder Kundengruppen kennt, die einen Großteil des Umsatzes bzw. des Ergebnisses des Unternehmens erwirtschaften. Anschließend sind **Frühwarnkennzahlen** für die Umsatzerzielung zu bestimmen, die Preißner (2000, S. 169) allgemein am Beispiel eines Industrieunternehmens entwirft.

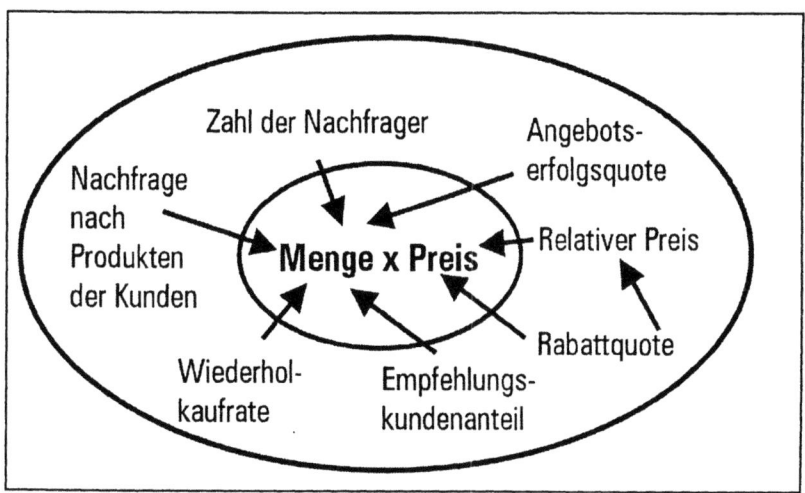

Abb. 4-28: Operative Frühwarnkennzahlen für ein Industrieunternehmen (in Anlehnung
an Preißner 2000, S. 169)

Dabei wird die **Mengenkomponente** des erwarteten Umsatzes über die Entwicklung der
Kennzahlen Anzahl der Nachfrager, Angebotserfolgsquote, Wiederholkaufrate, Empfeh-
lungskundenanteil sowie die Nachfrage nach Produkten der Kunden abgeschätzt. Rückschlüsse auf die zu erwartende Entwicklung der eigenen am Markt durchsetzbaren Preise
werden mit Hilfe der Rabattquote sowie dem Preis-Leistungs-Verhältnis im Verhältnis
zum Wettbewerb gezogen. Die Definitionen der verwendeten Kennzahlen sind in der
Tabelle auf der folgenden Seite aufgeführt.

Die Entwicklung der Kennzahlen im Zeitverlauf ist nun hinsichtlich der zu erkennenden
Tendenzen vom Management zu interpretieren, ob sich Bedrohungen oder Chancen für
das junge Unternehmen ergeben. Sinkt beispielsweise die Angebotserfolgsquote muss
das nicht immer bedeuten, dass das Unternehmen an Wettbewerbsstärke verliert. Es
kann sein, dass Kunden in Folge erhöhter Sparmaßnahmen weniger Aufträge vergeben.
Das bedeutet, dass erst die Kombination der Entwicklung verschiedener Kennzahlen ein
klares Bild der Lage ergibt, bevor entsprechende Maßnahmen eingeleitet werden.

Kennzahlen und deren Interpretation für die operative Frühwarnung	
Anzahl der Nachfrager	Eine steigende Anzahl an Nachfragern (Konsumenten oder Organisationen) lässt auf künftig steigende Umsätze schließen. Dabei muss ggf. zwischen verschiedenen bearbeiteten Marktsegmenten unterschieden werden.
Nachfrage nach Produkten der Kunden	Wenn die Kunden des Unternehmens ihre Produkte gut verkaufen können, dann sind (im Business-to-Business-Bereich) fast immer steigende Umsätze zu erwarten.
Angebotserfolgsquote = Verhältnis des akquirierten Auftragsvolumens im Verhältnis zum angebotenen Auftragsvolumen.	Sinkt diese Quote wird die Wettbewerbsstärke des Unternehmens meist bei der anvisierten Zielgruppe niedriger. Abhängig vom Zeitraum zwischen Angebotsabgabe und Umsatzrealisierung verbleibt noch Zeit um bei sinkender Angebotsquote die Auftragslücke durch vermehrte Akquisition zu schließen.
Wiederholkaufrate = Verhältnis der mindestens zweimal gekauften Leistungsangebote zur Gesamtabsatzmenge dieses Leistungsangebot.	Je höher die Wiederholkaufrate bei einem Produkt, desto höher ist im Normalfall auch die diesbezügliche Kundenzufriedenheit.
Empfehlungskundenanteil = Verhältnis der Anzahl der auf Empfehlung zum Unternehmen gekommenen Kunden zur Gesamtzahl der akquirierten Kunden.	Hierfür ist es erforderlich, vom Kunden direkt Informationen („Wie sind sie auf uns gekommen?") abzufragen. Je höher die Anzahl der Empfehlungskunden, desto höher die Kundenzufriedenheit.
Rabattquote = Gewährtes Rabattvolumen zum Brutto-Umsatz.	Ein steigender Rabattanteil deutet auf eine verschärfte Wettbewerbssituation hin, da Zugeständnisse über den Preis gemacht werden müssen.
Relativer Preis = Verhältnis vom Preis eines Leistungsangebots zum durchschnittlichen Preis der Wettbewerbsprodukte für alle aus Nachfragersicht relevanten Konkurrenzprodukte.	Ist ein Indikator für die Positionierung eines Produktes. Erhöht sich der relative Preis sollte überlegt werden, wie dieses dem Kunden erklärt werden kann bzw. ob die relative Preissteigerung durch Leistungsaspekte wettgemacht wird oder ob man nur Kostennachteile besitzt.

Abb. 4-29: Kennzahlenbeispiele zur operativen Frühwarnung

4.2.2.2 Ergänzung um strategische Einflussfaktoren

Die operativen Frühwarnindikatoren untersucht man in einem nächsten Schritt daraufhin, wie sie von eher langfristigen Entwicklungen im Umfeld des Unternehmens (u.a. Trends in der Branche, im Nachfragerverhalten oder bei Umfeldfaktoren) beeinflusst werden. Preißner (2000, S. 171) zeigt für das beschriebene Beispiel diese Erweiterung um strategische Früherkennungsindikatoren.

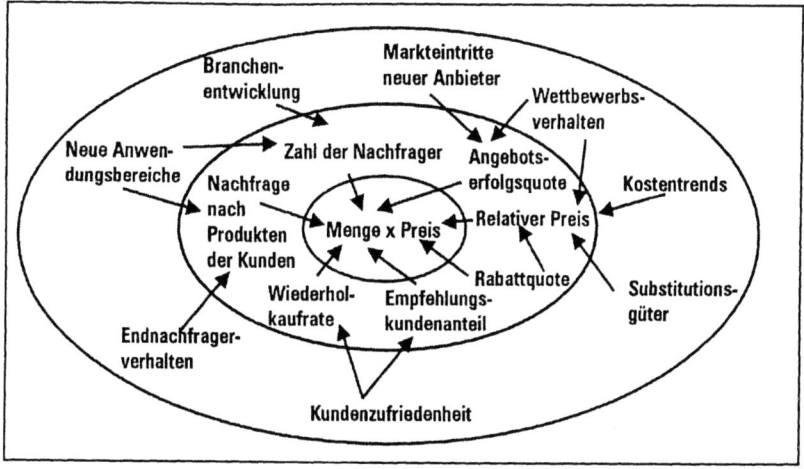

Abb. 4-30: Ergänzung um strategische Früherkennungsindikatoren (in Anlehnung an Preißner 2000, S. 171)

Man erkennt wie verschiedene Aspekte der Nachfrage (neue Anwendungsbereiche, Endnachfragerverhalten), der Branche (neue Markteintritte, Wettbewerbsverhalten, neue Substitutionsgüter oder Fertigungsverfahren als Treiber von Kostentrends) oder der eigenen Kunden (Kundenzufriedenheit) mittelbar sich auf die Umsatzprognose auswirken. Entscheidend ist, durch den Aufbau eines solchen unternehmensumfeldspezifischen Frühindikatorensystems einen **Zeitvorteil** gegenüber dem Wettbewerb zu erlangen. Dann können Reaktionsmaßnahmen zu einem Zeitpunkt vorgenommen werden, an dem die Wettbewerber daran noch nicht denken.

Während das oben dargestellte Früherkennungssystem von Preißner (2000) auf die **unternehmensexternen Einflussgrößen** des Umsatzes Bezug nimmt, soll im folgenden noch der Bezug zu **unternehmensinternen Schlüsselgrößen des Umsatzes** dargestellt werden. Das Beispiel eines werbefinanzierten Stadtinfomationsportals im Internet soll diese Überlegungen illustrieren.

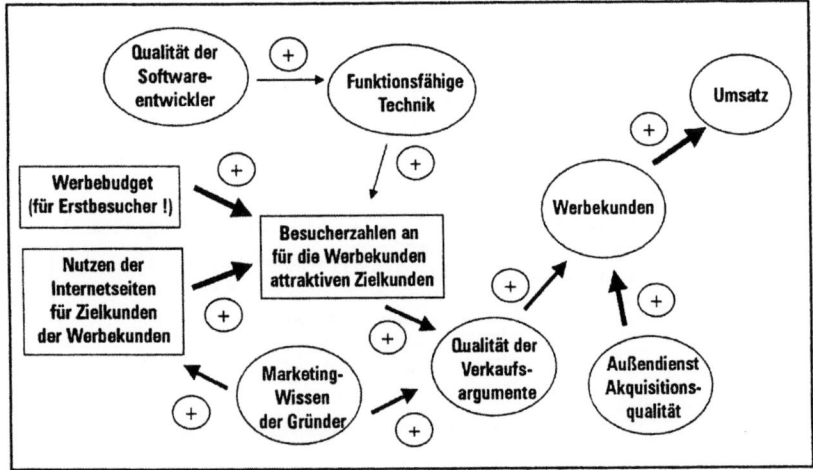

Abb. 4-31: Einflussgrößenmodell auf den Umsatzerfolg einer Internetplattform

Das Unternehmen lebt überwiegend von den Werbeschaltungen regional und überregional aktiver Unternehmen auf dessen Website. Auf dieser Website finden sich alle Hinweise rund um Veranstaltungen und Ereignisse in einer Großstadt sowie Informationen zur Stadtverwaltung. Der Umsatz des Unternehmens ist davon abhängig, in welchem Maß es gelingt, die Werbeflächen der Website zu verkaufen. Das ist vor allem von den Besucherzahlen der Website abhängig, da der Werbekunde dafür bezahlt, dass für ihn interessante Zielkunden die Website nutzen. Dazu muss die Website als Grundvoraussetzung technisch funktionsfähig, ein Minimum an Werbebudget zur Besucherwerbung vorhanden sein und ein für die Zielkunden der Werbenden relevanter Nutzen durch die auf der Website enthaltenen Informationen angeboten werden. Allerdings führt dieses Besucherpotential nur dann zu Umsatz, wenn es dem Unternehmen gelingt, den Werbekunden zu beweisen, dass ein Engagement auf der Website vorteilhaft ist, was ein Problem der Qualität des Vertriebsaußendienstes des Unternehmens ist. In technischer Hinsicht sind **Erfolgsfaktoren der Umsatzentstehung** exzellente Softwareprogrammierer und ein leistungsfähiger Provider zur Sicherstellung der technischen Funktionsfähigkeit der Website. Dazu ist ein Spezialist für das Web-Marketing erforderlich, der bedarfsgerecht den Inhalt der Website zusammenstellt und diesen mit dem vorhandenen Werbebudget optimal bewirbt. Weiterhin wird ein Vertriebsspezialist gebraucht, um die gewonnene Zielkundengruppe mit exzellenten Verkaufsargumenten an die Werbetreibenden zu vermarkten.

Unter einem **strategischen Früherkennungsgesichtspunkt** müsste ein Gründer also Indikatoren dafür besitzen, ob die **Schlüsselpersonen** des Unternehmens (Softwarenentwickler, Web-Promotor und Vertriebsleiter) mit der Situation im Unternehmen unzufrieden sind oder sogar beabsichtigen, zu einem anderen Unternehmen zu wechseln. Diese unternehmensinternen, die Lebensgrundlage des Unternehmens gefährdenden Schlüsselgrößen gilt es ebenfalls zu identifizieren, um sie nachfolgend durch geeignete Frühindikatoren zu beobachten. An dieser Stelle spannt sich der Bogen zur Personalführung, da die Mitarbeiter des Unternehmens mit ihrem Wissen die Kernressource eines jungen Unternehmens sind. Deshalb kommt dem **Zusammenhalt des Teams an Schlüsselpersonen für die Umsatzentstehung** höchste Bedeutung bei der Sicherstellung der Lebensgrundlagen des jungen Unternehmens zu.

4.2.2.3 Messbarmachung der Zusammenhänge

Das größte Problem eines Frühwarnsystems besteht darin, dass die beobachteten Entwicklungen der Frühindikatoren keine vollständige Sicherheit geben, wie sich die Prognosegröße (z.B. der Umsatz) anschließend entwickelt. Die Probleme liegen auf den Ebenen **Wirkungsrichtung, Wirkungsstärke und Zeitverhalten.**

Die **Wirkungsrichtung** wird bei der Auswahl der Frühindikatoren untersucht, in dem nur solche Frühindikatoren verwendet werden, die in einem ursächlich positiven oder negativen Zusammenhang zur prognostizierten Größe stehen. Normalerweise führt eine

Steigerung der Kundenzufriedenheit zu einer Erhöhung der Wiederholkaufrate und damit zu Mehrumsatz, jedoch gibt es auch Studien, in denen in speziellen Fällen oder bei spezifischen Rahmenbedingungen dieser Zusammenhang nicht eingetreten ist. Demzufolge ist bei der Interpretation der Entwicklung verschiedener Frühindikatoren das gesamte sich bietende Bild zu betrachten und nicht die besonders positive oder negative Entwicklung einer Kennzahl (z.B. der Kundenzufriedenheit) in den Vordergrund zu stellen.

Für die Abschätzung der **Wirkungsstärke** einer durch einen Frühindikator beobachteten Entwicklung muss man sich fragen, welchen Einfluss z.B. das Absinken des Empfehlungskundenanteils um 10% auf den Umsatz in sechs Monaten hat. Derartige Zusammenhänge zu bestimmen ist äußerst schwierig und erfordert eine längere Beobachtungszeit, von der man bei einem jungen Unternehmen im ersten Geschäftsjahr nicht ausgehen kann. Deswegen liegt der Zweck derartiger Informationen in der Aufforderung an das Management, den best case und worst case aufgrund von Plausibilitätsüberlegungen abzuschätzen, die Auswirkungen in die Umsatzplanung zu integrieren und für die Gesamtunternehmenssteuerung zu berücksichtigen. Die Hilfestellung durch den Frühindikator liegt also in der Möglichkeit, durch systematische Beobachtung kritischer Größen mehr über die Empfindlichkeit (Sensitivität) des eigenen Umsatzes zu lernen und sich über mögliche Folgen und ggf. Gegensteuerungsmöglichkeiten Gedanken zu machen.

Bei der Betrachtung der Entwicklung eines Frühindikators ist ebenfalls noch von Bedeutung, wann die in eine bestimmte Richtung mit einer bestimmten Stärke ausfallende Reaktion der Prognosegröße eintreten wird. Dieses Problem beschreibt das **Zeitverhalten** eines Frühindikators. Ist einem Gründer bekannt, dass eine Senkung des Empfehlungskundenanteils um 10% zu einer Umsatzeinbuße von ca. 5% führt, dann ist für die Umsatzplanung von entscheidender Bedeutung, ob diese Einbuße sofort, in drei oder sechs Monaten eintreten wird. Dabei ist darauf zu achten, dass man seine Frühindikatoren so wählt, dass sie möglichst eine Entwicklung zu einem Zeitpunkt anzeigen, wo noch eine breite Palette an Handlungsmöglichkeiten besteht. Sehr positiv ist es, wenn wenigstens einer der für den Umsatz verwendeten **Frühindikatoren** einen **Prognosehorizont** aufweist, der **länger ist als die durchschnittlich für die Akquisition eines Kunden erforderliche Zeit**. Dann besteht die Chance ggf. zu erwartende Umsatzeinbrüche durch Neukundenakquisition auszugleichen. Um solche Frühindikatoren in der jeweiligen Branche zu finden, bedarf es guter Branchenbeobachtung, und es hängt vor allem davon ab, wie tiefgreifend die Gründer die Abhängigkeit der Branchenentwicklung von bestimmten Umfeldfaktoren verstanden haben.

Abschließend sei an dieser Stelle darauf hingewiesen, dass in bestimmten Branchen der Auftragseingang noch weit vom Zahlungseingang entfernt sein kann, so dass das Problem der Früherkennung sich über Umsatzrisiken hinaus auf das **Problem von Zahlungsrisiken** ausdehnen lässt. Im nachfolgenden Beispiel aus dem Business-to-Business-Marketing besteht die durchschnittliche Zeitspanne zwischen dem Beginn der Akquisition und dem Zahlungseingang im internationalen Geschäft knapp acht Monate. Hier sind exzellente Frühindikatoren für die Bonität des potentiellen Kunden und für den erwarteten Auftrags- und Zahlungseingang gefragt, da man ansonsten „sehenden Auges" in Liquiditätsschwierigkeiten kommen kann.

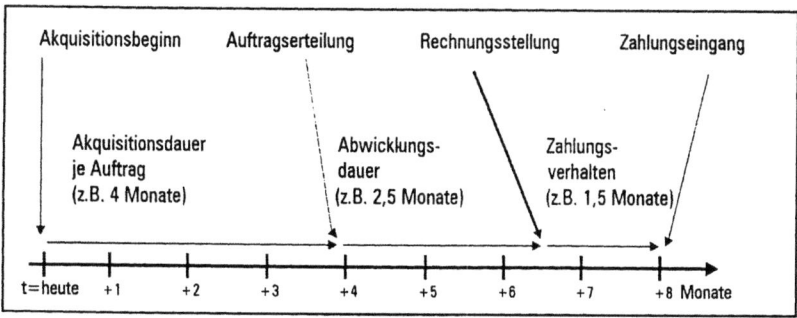

Abb. 4-32: Durchschnittliche Zeitspanne von der Kundenakquisition bis zum Zahlungseingang in einer Industriegüterbranche

4.2.2.4 Implementierung und Festlegung der Verantwortlichkeiten

Letzter Punkt der Erstellung eines Früherkennungssystems ist die **Festlegung der Verantwortlichkeiten** zur Beobachtung der relevanten Frühindikatoren. Erfahrungsgemäß werden die **Gründer zusammen mit ihren wichtigsten Mitarbeitern** die Anfänge eines Früherkennungssystems in der Frühentwicklungsphase des Unternehmens erstellen und dabei auch festlegen, wer für die Beschaffung welcher Informationen verantwortlich ist. Auf der Basis guter Beziehungen zu Stammkunden können relativ schnell einige der genannten Frühindikatoren erhoben werden, und das junge Unternehmen gewinnt durch die Beschäftigung mit der Indikatorenentwicklung eine gewisse Zukunftssicherheit.

Möchte man ein derartiges Früherkennungssystem für den Umsatz formalisieren, sind alle Frühindikatoren in einer Tabelle aufzuführen, die genaue jeweilige Definition festzulegen sowie die Mitarbeiter zu bestimmen, die das zugrundeliegende Datenmaterial erheben und die Kennzahlen zu einem definierten Zeitpunkt auswerten.

Prinzip eines Früherkennungssystems				
Strategische Frühindikatoren	**Operative Frühindikatoren**	**Definition des Frühindiktors**	**Verantwortlich für Erhebung**	**Auswertung immer zum.....**
Wettbewerbsverhalten		Einzelinformationen	Geschäftsführung	Quartalsende
Markteintritte		Anzahl neuer Anbieter	Geschäftsführung	Quartalsende
usw.				
	Angebotserfolgsquote	Verhältnis des akquirierten zum angebotenen Auftragsvolumen	Vertriebsleiter	Monatlich
usw.				

Abb. 4-33: Prinzip eines Früherkennungssystems nach Preißner (2000, S. 175)

Abschließend ist hinzuzufügen, dass auch beste Früherkennungssysteme kein Schutz gegen besondere Ereignissen (Diskontinuitäten) in Umwelt und Gesellschaft sind. Diese können nicht mit Sicherheit vorhergesehen werden und sind nur durch hohe Anpassungsfähigkeit der betroffenen Unternehmen und ihrer Mitarbeiter bewältigbar.

Literaturverzeichnis

Abell, D., Defining the Business, The Starting Point of Strategic Planning, Englewood Cliffs, New York 1980

Backhaus, K., Industriegütermarketing, 6. Aufl., München 1999

Backhaus, K. / Erichson, B. / Plinke, W. / Weiber, R., Multivariate Analysemethoden, 9. Aufl., Berlin u.a. 2000

Becker, J. , Marketing-Konzeption, 7. Aufl., München 2001

Berekoven, L., Erfolgreiches Einzelhandelsmarketing, 2. Aufl., Wiesbaden 1995

Berekoven, L. / Eckert, W. / Ellenrieder, P., Marktforschung, 8. Aufl., Wiesbaden 1999

Birkigt, K. / Stadler, M.M. / Funk, H.J., Corporate Identity, 8. Aufl., Landsberg 1995

Bjerke, B. / Hultman, C.M., Entrepreneurial Marketing – the Growth of Small Firms in the New Economic Era, Cheltanham Northhampton 2002

Bliemel, F.W. / Eggert, A., Kundenbindung. Die neue Sollstrategie?, in: Marketing ZFP, 20. Jg., Sonderheft Nr. 35, 1998, S. 1-19

Bruhn, M., Relationship Marketing: Das Management von Kundenbeziehungen, München 2001

Bruhn, M., Kommunikationspolitik, 2. Aufl., München 2003

Bundesministerium für Wirtschaft und Technologie, Kooperationen planen und durchführen – ein Leitfaden für kleine und mittlere Unternehmen, Berlin 2002

Caspar, M. / Hecker, A. / Sabel, T., Markenrelevanz in der Unternehmensführung – Messung, Erklärung und empirische Befunde für B2B-Märkte, Marketing Centrum Münster / McKinsey & Company Arbeitspapier Nr. 4, Münster 2002

Cooper, R.G., Top oder Flop in der Produktentwicklung, Erfolgsstrategien: Von der Idee zum Launch, Weinheim 2002

Danneberg, H., Vertriebsmarketing – wie Strategien laufen lernen, 2. Aufl., Berlin 1997

Dietze, U., Reklamationen als Chance nutzen, Landsberg / Lech 1997

Dowling, M., Erfolgs- und Risikofaktoren bei Neugründungen, S. 17-27, in:
     Dowling, M. / Drumm, H.-J., Gründungsmanagement: vom erfolgrei-
     chen Unternehmensstart zu dauerhaftem Wachstum, Berlin u.a. 2002

Doyle, P., Value-based Marketing. Marketing Strategies for Corporate
     Growth and Shareholder Value, Chichester u.a. 2000

Fill, C., Marketing-Kommunikation. Konzepte und Strategien, München 2001

Gausemeier, J. / Ebbesmeyer, P. / Kallmeyer, F., Produktinnovation, Strategi-
     sche Planung und Entwicklung der Produkte von morgen, München
     Wien 2001

Gilbert, X. / Strebel, P.J., Developing Competitive Advantage, in: Quinn, J.B./
     Mintzberg, H., / James, R.M. (Hrsg.), The Strategy Process, Prentice
     Hall 1988, S. 70-79

Godefroid, P., Business-to-Business-Marketing, 2. Aufl., Ludwigshafen 2000

Gummesson, E., Relationship-Marketing: von 4 P zu 30 R; wie sie von den 4
     Marketingprinzipien zu den 30 Erfolgsbeziehungen gelangen, Lands-
     berg / Lech 1997

Günter, B., Beschwerdemanagement, S. 285-299, in: Simon, H. / Homburg,
     C., Kundenzufriedenheit: Konzepte - Methoden - Erfahrungen, 3. Aufl.
     Wiesbaden 1998

Haller, S., Handels-Marketing, Ludwigshafen 1997

Haller, S., Handels-Marketing, 2. Aufl., Ludwigshafen 2001

Hamel, G., Das revolutionäre Unternehmen, München 2001

Hamman, P. / Erichson, B., Marktforschung, 2. Aufl., Stuttgart 1990

Hauschildt, J., Innovationsmanagement, München 1993

Helm, R., Planung und Vermarktung von Innovationen. Stuttgart 2001

Henze, A., Marktforschung. Grundlage für Marketing und Marktpolitik,
     Stuttgart 1994

Heucher, M. / Ilar, D. / Kubr, T. / Marchesi, H., Planen, gründen, wachsen.
     Mit dem professionellen Businessplan zum Erfolg, Zürich 1999

Homburg, C. / Krohmer, H., Marketingmanagement. Strategie – Instrumente
     – Umsetzung – Unternehmensführung, Wiesbaden 2003

Kairies, P., So analysieren Sie ihre Konkurrenz: Konkurrenzanalyse und
     Benchmarking in der Praxis, 3. Aufl., Renningen 2002

Kaas, K. / Hay, C., Preisschwellen bei Konsumgütern: eine theoretische und empirische Analyse, Zeitschrift für betriebswirtschaftliche Forschung, Vol. 36, 1984, Nr. 5, S. 333-346

Kamenz, U., Marktforschung, Stuttgart 1997

Kano, N. / Seraku, N. / Takahashi, F. / Tsuji, S.: Attractive Quality and Must be Quality, in: Quality Journal 14, Nr. 2, 1984, S. 39-48

Kapferer, J.-N., Strategic Brand Management, London 1997

Karg, M., Kundenakquisition als Kernaufgabe im Marketing, Scheßlitz 2001

Kenning, P., Customer Trust Management. Ein Beitrag zum Vertrauensmanagement im Einzelhandel, Wiesbaden 2002

Knyphausen-Aufseß, D. zu / Meinhardt, Y., Revisiting Strategy: Ein Ansatz zur Systematisierung von Geschäftsmodellen 2002, S. 63-89, in: Bieger, T. u.a., Zukünftige Geschäftsmodelle: Konzept und Anwendung in der Netzökonomie, Berlin u.a. 2002

Kotler, P., Grundlagen des Marketing, London u.a. 1999

Kotler, P. / Bliemel, F., Marketing-Management, 10. Aufl., Stuttgart 2001

Kulicke, M. u.a., Chancen und Risiken junger Technologieunternehmen: Ergebnisse des Modellversuchs "Förderung technologieorientierter Unternehmensgründungen" des Bundesforschungsministeriums, Heidelberg 1993

Kuß, A., Marketing-Einführung. Grundlagen, Überblick, Beispiele, Wiesbaden 2001

Levinson, J.C. / Godin, S., Das Guerilla Marketing Handbuch, 2. Aufl., Frankfurt / Main 2000

Lipson, H.A. / Reynolds, F.D., A Two-Phase Interaction Process for Marketing Model Construction, in: MSU Business Topics, 1970, S.34-44

Loddish, L.L. / Morgan, H.L. / Kallianpur, A., Entrepreneurial Marketing. Lessons from Wharton´s Pioneering MBA Course, New York u.a. 2001

Lötters, C., Grundlagen des Marketing, Wien 1998

Macharzina, K., Unternehmensführung: das internationale Managementwissen. Konzepte - Methoden – Praxis, 2. Aufl., Wiesbaden 1995

Meffert, H., Marketing-Management, Analyse - Strategie – Implementierung, Wiesbaden 1994

Meffert, H., Marketing. Grundlagen marktorientierter Unternehmensführung. Konzepte – Instrumente - Praxisbeispiele, 8. Aufl., Wiesbaden 1998

Meffert, H., Marketing. Grundlagen marktorientierter Unternehmensführung, Konzepte – Instrumente - Praxisbeispiele, 9. Aufl., Wiesbaden 2000

Müller-Stewens, G. / Lechner, C., Strategisches Management – wie strategische Initiativen zum Wandel führen, Stuttgart 2001

Nagle, T.T. / Holden, R.,K., The Strategy and Tactics of Pricing, 2. Aufl., Englewood Cliffs N.Y. 1995

Osterwaldner, A. / Lagha S.B. / Pigneuer, Y., An Ontology for Developing e-Business Models, 2002, im Internet: URL:http://www.hec.unil.ch/aosterwa/download.php?op=viewsdownload&sid=1 (Abruf vom 11.05.2003)

Pepels, W., Einführung in die Kommunikationspolitik, Stuttgart 1997

Pepels, W., Business-to-Business-Marketing, Neuwied 1999

Pepels, W., Kommunikations-Management, Marketingkommunikation vom Briefing bis zur Realisation, 4. Aufl., Stuttgart 2001

Plöttner, O., Das Vertrauen des Kunden. Relevanz, Aufbau und Steuerung auf industriellen Märkten, Wiesbaden 1995

Porter, M.E., Competitive Strategy: Techniques for Analyzing Industries and Competitors, New York 1980

Porter, M. E., Wettbewerbsstrategie: Methoden zur Analyse von Branchen und Konkurrenten, 7. Aufl., New York 1992

Porter, M. E., Wettbewerbsvorteile, 4. Aufl., New York 1996

Preißner, A., Marketing- und Vertriebssteuerung: Planung und Kontrolle mit Kennzahlen und Balanced Scorecard, München Wien 2000

Reicheld, F.F. / Sasser, W., Zero-Migration: Dienstleister im Sog der Qualitätsrevolution, in: Harvard Manager, 13.Jg., 1990, Nr.4, S. 108-116

Roberts, E.B., Entrepreneurs in High Technology, New York u.a. 1991

Remmerbach, K.-U., Markteintrittsentscheidungen. Schriftenreihe Unternehmensführung und Marketing, Bd. 21, Wiesbaden 1988

Rogers, E.M., Diffusion of Innovations, New York 1962

Rüggeberg, H., Strategisches Markteintrittsverhalten junger Technologieunternehmen. Erfolgsfaktoren der Vermarktung von Produktinnovationen, Wiesbaden 1997

Simon, H., Schaffung und Verteidigung von Wettbewerbsvorteilen, in: Simon, H., (Hrsg.) Wettbewerbsvorteile und Wettbewerbsfähigkeit, Stuttgart 1988, S. 1-17

Simon, H., Preismanagement, 2. Aufl., Wiesbaden 1992

Simon, H., Hidden Champions. Lessons from 500 of the World´s Best Unknown Companies, Boston Massachusetts 1996

Stähler, P., Geschäftsmodelle in der digitalen Ökonomie, Lohmar 2001

Stauss, B. / Seidel, W., Beschwerdemanagement. Fehler vermeiden -, Leistung verbessern – Kunden binden, 2. Aufl., München Wien 1998

Steinmann, H. / Schreyögg, G., Management. Grundlagen der Unternehmensführung, 4. Aufl., Wiesbaden 1997

Stender-Monhemius, K., Marketing. Grundlagen mit Fallstudien, München Wien 2002

Stolpmann, M., Kundenbindung im E-Business, Bonn 2000

Struck, U., Geschäftspläne. Für erfolgreiche Expansions- und Gründungsfinanzierung, Stuttgart 2001

Töpfer, A. / Mann, A., Kundenzufriedenheit als Meßlatte für den Erfolg, S. 59-110, in: Töpfer, A., Kundenzufriedenheit messen und steigern 2.Aufl., Neuwied 1999

Trommsdorff, V., Konsumentenverhalten, 2. Aufl., Stuttgart u.a. 1993

Unger, F. / Durante, N.-V. / Gabrys, E. / Koch, R. / Wailersbacher, R., Mediaplanung: methodische Grundlagen und praktische Anwendungen, 2. Aufl., Heidelberg 1999

Unger, Fritz, Mediaplanung: methodische Grundlagen und praktische Anwendungen, 3. Aufl., Heidelberg 2002

Webster, F.E. jr. / Wind, Y., Organizational Buying Behavior, Englewood Cliffs New York 1972

Weis, H.C., Verkauf, 3. Aufl., Ludwigshafen 2000

Weis, H.C., Marketing, 12. Aufl., Ludwigshafen 2001

Winkelmann, P., Marketing und Vertrieb – Fundamente für die Marktorientierte Unternehmensführung, 2. Aufl., München Wien 2000

Zacharias, C., Gründungsmanagement als komplexe unternehmerische Aufgabe, S. 37-48 in: Koch, L.T. (Hrsg.), Gründungsmanagement mit Aufgaben und Lösungen, Wien 2001

Stichwortverzeichnis

Gabler Marketing-Lehrbuch-Highlights

Ludwig Berekoven/ Werner Eckert/
Peter Ellenrieder
Marktforschung
Methodische Grundlagen
und praktische Anwendung
9., überarb. Aufl. 2001.
449 S. mit 142 Abb.
Br. EUR 45,00
ISBN 3-409-36990-2

Manfred Bruhn
Marketing
Grundlagen für Studium und Praxis
6., überarb. Aufl. 2002.
331 S. mit 82 Abb.
Br. EUR 25,90
ISBN 3-409-63646-3

Manfred Bruhn
Marketing interaktiv
Grundlagen für Studium und Praxis
1999. CD-ROM EUR 34,90*
ISBN 3-409-19841-5

Manfred Bruhn
Marketingübungen
Basiswissen, Aufgaben, Lösungen.
Selbständiges Lerntraining
für Studium und Beruf
2001. 339 S. mit 60 Abb.
Br. EUR 24,00
ISBN 3-409-11640-0

Franz-Rudolf Esch (Hrsg.)
Moderne Markenführung
Grundlagen – Innovative Ansätze –
Praktische Umsetzungen
3., akt. u. erw. Aufl. 2001.
XX, 1274 S. mit 352 Abb.
Geb. EUR 49,90
ISBN 3-409-43642-1

Wolfgang Fritz
**Internet-Marketing und
Electronic Commerce**
Grundlagen – Rahmenbedingungen –
Instrumente. Mit Praxisbeispielen
3., überarb. u. erw. Aufl. 2003.
ca. 280 S.
Br. EUR ca. 29,90
ISBN 3-409-31663-9

Andreas Herrmann,
Christian Homburg (Hrsg.)
Marktforschung
Methoden – Anwendungen –
Praxisbeispiele
2., akt. Aufl. 2000. 1152 S.
Geb. EUR 49,90
ISBN 3-409-22391-6

Alfred Kuß
Marketingeinführung
Grundlagen – Überblick – Beispiele
2., akt. Aufl. 2003. XII, 307 S. mit 85 Abb.
Br. EUR 24,90
ISBN 3-409-21791-6

Alfred Kuß/Torsten Tomczak
Marketingplanung
Einführung in die marktorientierte
Unternehmens- und Geschäftsfeldplanung
3., überarb. Aufl. 2002.
X, 301 S. mit 105 Abb.
Br. EUR 29,90
ISBN 3-409-33683-4

Christian Homburg / Harley Krohmer
Marketingmanagement
Strategie – Instrumente – Umsetzung –
Unternehmensführung
2003. XX, 1128 S.
Geb. EUR 49,90
ISBN 3-409-12263-X

*unverb. Preisempfehlung
Änderungen vorbehalten. Stand: Juli 2003.

Gabler Verlag · Abraham-Lincoln-Str. 46 · 65189 Wiesbaden · www.gabler.de

GABLER

MEFFERT Marketing Edition

Heribert Meffert
Marketing
Grundlagen marktorientierter Unternehmensführung.
Konzepte – Instrumente – Praxisbeispiele.
Mit neuer Fallstudie VW Golf
9., überarb. u. erw. Aufl. 2000.
XXIV, 1472 S. Geb. EUR 39,90
ISBN 3-409-69017-4

Heribert Meffert/Christoph Burmann
Strategisches Marketing-Management
Analyse – Konzeption – Implementierung
2., vollst. überarb. u. erw. Auflage 2004.
ca. 600 S. Geb. ca. EUR 44,90
ISBN 3-409-33613-3

Heribert Meffert/Manfred Bruhn
Dienstleistungsmarketing
Grundlagen – Konzepte – Methoden. Mit Fallstudien
4., vollst. überarb. u. erw. Aufl. 2003.
XVI, 841 S. Geb. EUR 44,90
ISBN 3-409-43688-X

Manfred Bruhn/Heribert Meffert
Exzellenz im Dienstleistungsmarketing
Fallstudien zur Kundenorientierung
2002. X, 394 S. Geb. EUR 39,90
ISBN 3-409-11923-X

Heribert Meffert/Christoph Burmann/Martin Koers (Hrsg.)
Markenmanagement
Grundfragen der identitätsorientierten Markenführung.
Mit Best Practice – Fallstudien
2002. XX, 680 S. Geb. EUR 39,00
ISBN 3-409-11821-7

Heribert Meffert
Marketing Arbeitsbuch
Aufgaben – Fallstudien – Lösungen
9., akt. u. erw. Aufl. 2003.
VIII, 547 S. Br. EUR 29,90
ISBN 3-409-99086-0

Änderungen vorbehalten. Stand: Juli 2003.

Gabler Verlag · Abraham-Lincoln-Str. 46 · 65189 Wiesbaden · www.gabler.de   **GABLER**